U0113762

新视角读
「二十六史」

新视角读

唐史

宋玉山 著

中国文史出版社

图书在版编目（CIP）数据

新视角读唐史 / 宋玉山著 . —北京：中国文史
出版社，2023.3
（新视角读"二十六史"）
ISBN 978-7-5205-4060-5

Ⅰ.①新… Ⅱ.①宋… Ⅲ.①中国历史—唐代—通俗
读物 Ⅳ.①K242.09

中国国家版本馆 CIP 数据核字（2023）第 064566 号

责任编辑：金　硕
策　　划：金　硕　曲童利

出版发行：中国文史出版社
社　　址：北京市海淀区西八里庄路 69 号　　邮编：100142
电　　话：010 - 81136606/6602/6603/6642（发行部）
传　　真：010 - 81136655
印　　装：北京温林源印刷有限公司
经　　销：全国新华书店
开　　本：787mm × 1092mm　1/16
印　　张：21.5
字　　数：310 千字
版　　次：2024 年 1 月北京第 1 版
印　　次：2024 年 1 月第 1 次印刷
定　　价：69.00 元

总序　历史是最好的老师

魏礼群

习近平总书记多次强调指出，"历史是最好的老师，它忠实记录下每一个国家走过的足迹，也给每一个国家未来的发展提供启示。""领导干部要多读一点历史，从历史中汲取更多精神营养。"

历史是人民创造的。历史经验是社会发展规律的体现和反映，是人类长期生活的总结和升华，是现代人民用来对照的一面明镜。欲知大道，必先知史。学习历史，可以观成败、鉴是非、知兴替、明规律，可以以史资政、修身励志、汲取力量、创造人生。

我党历来重视历史。我党历代领导人都善于把历史经验运用到中国革命、建设和改革的实践当中，都强调领导干部要多学习一些历史知识。在新的历史时期，要实现中华民族伟大复兴的中国梦，更需要我们用好历史这个最好的老师，遵循规律、明确方向、坚定道路、凝聚共识，去书写新的历史，创造新的辉煌。

尊重历史也是中华民族的优良传统。中国历史源远流长，旷古悠久。从黄帝时代开始，中华民族有着五千年的文明史，经历了若干个朝代。一般来说，每个朝代都有为前一个朝代撰修史书的传统，经过官方撰修或认可的史书，称为正史。

清朝乾隆皇帝将《史记》《汉书》《后汉书》《三国志》《晋书》《宋书》《南齐书》《梁书》《陈书》《魏书》《北齐书》《周书》《隋

书》《南史》《北史》《旧唐书》《新唐书》《旧五代史》《新五代史》《宋史》《辽史》《金史》《元史》《明史》等二十四部史书，钦定为"二十四史"。民国时期，大总统徐世昌又把《新元史》列入正史，形成了"二十五史"。但"二十四史"和"二十五史"都只写到明代，如果再加上记载清朝历史的史书，就应该是"二十六史"。

正史是由官方修撰或认可，尤其是由后面的朝代完成的，史料比较全，真实性比较高，史实价值比较大，因而是历史研究中的主要参考依据。由于这些正史数量繁多，语言晦涩，除了专业人员外，很少有人能够通读下来。

"新视角读'二十六史'丛书"，对这些数量繁多的史书，做了精心挑选和简化概括，并有作者读史后的认识和体会，创作形成了一篇篇简明扼要的故事，以新的形式呈现给读者。这些故事，既独立成章，又相互联系、脉络清晰，能使人们大致了解历史进程、重大事件和主要人物。该书语言简练，通俗易懂，适合大部分人群，中学生阅读也没有问题。特别是该书站在现代社会的角度，以新的视角分析看待历史，有许多新观点、新见解，能够给人以启发和借鉴。因此，我认为，撰写"新视角读'二十六史'丛书"，是一项很有意义的工作。

我感觉，"新视角读'二十六史'丛书"的基本特点，是"忠于原著，丰富史料；以史为鉴，启迪人生"。

所谓"忠于原著，丰富史料"，是指作者撰写的每一篇历史故事，都是根据原著的记载写成的，都有史料依据，没有进行虚构。为了增强可读性，在语言细节方面做了适当的文字加工，但主要内容都是原著所提供的。同时，在忠于原著的基础上，为了使一些历史事件和历史人物更加丰满，也适当增加了一些其他史料，增添的史料也是有依据的。该书一个显著特点，就是史料丰富、知识点多、信息量大，能够让人开阔视野，增长知识。

所谓"以史为鉴，启迪人生"，是指作者创作历史故事的目的，是为了借鉴历史经验，服务于现代社会。所以，作者站在历史唯物主义和辩证唯物主义的立场上，辩证地、一分为二地看待历史现象，并且在故事的过程中，或者在故事的结尾，往往有着哲理性的评论和观点，给人以有益的启迪。我们学历史的目的，不仅是要了解历史知识，更重要的是要通过汲取历史经验和教训，对我们的工作和生活有所启发和借鉴。该书较好地做到了这一点，这是该书另一个显著的特点。

作者曾经是我得力的部下，我对他十分熟悉和了解。作者勤奋好学，长期从事政策研究和文字工作，理论素养和文字功底较好；先后在乡、县、市、省、国家五个层级工作过，有着丰富的阅历和实践经验；做事严谨，为人厚道，工作勤勉。尤为难能可贵的是，他把退休作为第二生命的开始，退而不休，锲而不舍，继续为社会做贡献，其志可贵，精神可嘉！

希望该书能够使人借鉴历史经验，起到以史为鉴、激励人生的作用。

是为序。

（魏礼群，曾任国务院研究室主任、国家行政学院党委书记、中国行政体制改革研究会会长，现任中国国际经济交流中心常务副理事长兼学术委员会主任。）

前　言

　　唐朝，是一个辉煌的时代，是一段值得怀念的历史。记述唐朝历史的正史，是《旧唐书》和《新唐书》。

　　笔者依据两唐书的记载，撰写了九十篇唐朝故事。这些故事，既独立成章，又相互连贯，使读者读后能够大体了解这一时期的历史脉络、重大事件和重要人物，从而对唐朝有一个大概的印象。

　　笔者在撰写过程中，坚持"忠于原著，丰富史料；以史为鉴，启迪人生"的原则，对原著记载的事件和人物不作虚构，只在细节和语言上适当做些加工，以增强可读性。同时，适当阐述笔者自己的观点和体会。

　　笔者在撰写过程中，根据原著记载和个人体会，提出了一些新的观点和看法。比如，《唐朝兴衰历程》《李渊造反是儿子逼的吗》《贞观之治探索治国之道》《李治并非软弱无能》《武则天至少有四大功绩》《千年妄议无字碑》《唐昭宗贤能却无力回天》等。这些观点不一定正确，仅作为一家之言，敬请读者指正。

　　由于笔者水平有限，书中难免有错误、缺陷和不足之处，希望广大读者给予批评，笔者将不胜感激。

目录

总序　历史是最好的老师　**魏礼群** 001

前言 004

① 《旧唐书》与《新唐书》 001

② 唐朝兴衰历程 004

③ 隋末大乱各地兴兵 008

④ 李渊造反是儿子逼的吗 011

⑤ 李渊起兵不反隋 017

⑥ 进军关中几乎夭折 021

⑦ 史上首支"娘子军" 024

⑧ 李渊建唐平天下 027

⑨ 瓦岗英雄归大唐 031

⑩ 天下未定杀功臣 035

⑪ 英雄难断家务事 039

⑫ 兄弟喋血玄武门 044

⑬ 大胸怀才能创大业 048

⑭ 贞观之治探索治国之道 051

⑮ 房谋杜断的启示 055

⑯ 魏徵不想当忠臣 058

⑰ 李靖灭掉东突厥 063

⑱ 李勣攻破高句丽 068

⑲ 当枪手当成宰相 ……………………… 073

⑳ 保家护院两门神 ……………………… 076

㉑ 欲殉帝葬两忠臣 ……………………… 081

㉒ 文成公主远嫁吐蕃 …………………… 085

㉓ 陈玄奘西天取经 ……………………… 089

㉔ 唐太宗皇后也贤明 …………………… 093

㉕ 李世民儿子挺闹心 …………………… 096

㉖ 李治并非软弱无能 …………………… 101

㉗ 中国第一女皇陈硕真 ………………… 106

㉘ 武则天先嫁李世民 …………………… 110

㉙ 武则天再嫁李世民儿子 ……………… 114

㉚ 王皇后引狼入室 ……………………… 117

㉛ 皇帝皇后并称二圣 …………………… 122

㉜ 武则天是怎样当上皇帝的 …………… 125

㉝ 徐敬业举兵并非反武 ………………… 129

㉞ 武则天至少有四大功绩 ……………… 133

㉟ 助武上台的李义府 …………………… 137

㊱ 中流砥柱狄仁杰 ……………………… 141

㊲ 唾面自干娄师德 ……………………… 146

㊳ 忠贞之臣魏元忠 ……………………… 150

㊴ 酷吏来俊臣 …………………………… 153

㊵ 武则天的男宠们 ……………………… 156

㊶ 神龙政变女皇下台 …………………… 159

㊷ 千年妄议无字碑 ……………………… 162

㊸ 李显被妻女毒杀 ……………………… 165

㊹ 韦皇后想当"武则天" ………………… 169

㊺ 老子狗熊儿好汉 ……………………… 172

㊻ 巾帼宰相上官婉儿 …………………… 175

㊼ 女中豪杰太平公主 …………………… 178

㊽ 唐玄宗与开元盛世 …………………… 183

(49) 向皇帝提条件的姚崇 186
(50) 先砍头再奉诏的宋璟 189
(51) 文武兼备的张说 192
(52) 优雅才高张九龄 195
(53) 口蜜腹剑李林甫 198
(54) 唐玄宗乱国先乱家 204
(55) 唐玄宗爱上儿媳妇 208
(56) 祸国宰相杨国忠 211
(57) 包藏祸心安禄山 214
(58) 安史之乱动摇天下 218
(59) 哥舒翰痛失潼关 221
(60) 杨贵妃命丧马嵬 226
(61) 平叛天子唐肃宗 230
(62) 惨烈的睢阳保卫战 234
(63) 骂贼不怕割舌的颜杲卿 239
(64) 忠武双全郭子仪 242
(65) 夷族忠臣李光弼 246
(66) 叛军屡见儿杀爹 249
(67) 盛世时期的李白 252
(68) 乱世之中的杜甫 255
(69) 唐代宗平乱遗后患 258
(70) 刘晏改革促恢复 262
(71) 唐德宗削藩惹兵变 265
(72) 宦官干政掌大权 269
(73) 短命的“永贞革新” 272
(74) 唐宪宗元和中兴 276
(75) “铁血宰相”武元衡 280
(76) “铁骨文人”韩愈 283
(77) 闲适洒脱白居易 286
(78) 唐穆宗游玩出意外 289

㉗ 宦官又杀一皇帝 292

㉘ 滑稽的染工暴动 295

㉙ 甘露之变宦官逞威 299

㉚ 唐武宗会昌中兴 303

㉛ 唐宣宗大智若愚 307

㉜ 书法大家柳公权 311

㉝ 唐懿宗昏庸骄奢 314

㉞ 唐僖宗败坏江山 317

㉟ 黄巢起义唐朝崩溃 320

㊱ 藩镇割据天下大乱 325

㊲ 唐昭宗贤能却无力回天 328

㊳ 朱温灭唐开启五代 331

《旧唐书》与《新唐书》

　　唐朝，从 618 年建立，到 907 年灭亡，共二百八十九年时间。唐朝是继隋朝之后又一个大一统的王朝，并且把中国封建社会推向鼎盛。唐朝的强盛和许多人物故事，长期被人们津津乐道。记述唐朝历史的正史有两部，分别是《旧唐书》和《新唐书》，它们都在"二十四史"之列。

　　唐朝灭亡以后，中原相继出现了后梁、后唐、后晋、后汉、后周五个政权，这一时期被称为五代时期。940 年，后晋皇帝石敬瑭为了总结唐朝经验，下诏修撰唐朝历史，由宰相赵莹主持编修。

　　赵莹，陕西华阴人，进士出身，是五代时期政治家、史学家。他组织张昭远、贾纬等一批文人，开始修撰唐史。从史料搜集，到制订修史计划、确定体例，再到组织人员撰写，均由赵莹负责。赵莹后来离开朝廷，到地方当了节度使，修史工作就由张昭远具体负责，宰相刘昫监修。

　　这个时候，离唐朝灭亡只有三十多年时间，留下的史料比较丰富。唐朝重视修史，多数皇帝都有《实录》，记录皇帝每日的言行；唐朝史学家吴兢、韦述等人，还分别撰写了唐国史。赵莹等人以唐国史为基础，又参考《实录》和其他史料，精心编写唐史。皇帝《实录》，应该是翔实的原始资料，可有不少学者认为，皇帝有干预甚至篡改《实录》的可能，因而并不一定完全真实。

　　经过四年多的辛苦努力，到 945 年，唐史修撰完成，取名《唐书》。按照当时的规定，宰相一般要作为国家修史的主编，所以，《唐书》便署上了刘昫的名字。后来，北宋时期出现了《新唐书》，《唐书》便被人们称为《旧唐书》了。

《旧唐书》共二百卷，包括帝王本纪二十卷、人物列传一百五十卷、志三十卷。《旧唐书》记载了自李渊起兵建唐，到朱温灭唐近三百年的历史，记述了唐朝的兴衰、重大事件和重要人物，保留了许多珍贵的历史资料，在史学界具有重要地位。

《旧唐书》的一个重要特点，是保存了大量唐朝的原始资料，包括当时的诏令、奏章、手札等。由于战乱，这些原始资料后来大多数荡然无存，而有赖于《旧唐书》收录才流传下来，为人们研究唐朝社会提供了第一手资料。特别是有关少数民族以及与日本、朝鲜等国关系方面的史料，更是弥足珍贵。

《旧唐书》的主要缺陷，是由于当时战乱不止，成书时间短，比较粗糙。《旧唐书》修成两年后，后晋就灭亡了。

后晋灭亡了，但《旧唐书》却流传下来。到了北宋时期，宋仁宗认为，《旧唐书》"纪次无法，详略失中，文采不明，事实零落"，很不满意，下诏重新修撰唐史，并任命大名鼎鼎的欧阳修、宋祁为主编。

大约在1044年，北宋开始重新修撰唐史，先后有宋敏求、范镇、吕夏卿、梅尧臣等名人参加。欧阳修主要负责本纪、志、表部分，宋祁主要负责列传部分。在很多人的努力下，历时十七年，完成了修史工作，取名《新唐书》。

《新唐书》成稿后，呈报宋仁宗审阅。宋仁宋看了，觉得这部史书出自二人之手，风格文采不太相同，便让欧阳修删改修饰，形成一体。欧阳修觉得宋祁是前辈，不好意思大改，只是校阅一遍，没做大的改动。

《新唐书》删除了《旧唐书》中一些谶纬怪诞的内容，增加了一些晚唐的史料，在语言上更加通顺流畅。另外，在志、表方面下了很大功夫，增加充实了许多内容，第一次写出了《兵志》《选举志》。《新唐书》共二百二十五卷，包括本纪十卷、列传一百五十卷、志五十卷、表十五卷。

《新唐书》也有明显缺陷。一是由于两人主编，存在着语言、风格不同的弊端，影响了该书质量；二是删去了《旧唐书》中许多原始史料，影响了该书的史学价值；三是采纳了一些社会上流传的笔记、杂史、小说内容，影响了该书的真实性。

由于欧阳修、宋祁属于一代文宗，名气很大，他们主编的《新唐书》受到人们青睐。所以，在很长时期内，《新唐书》广泛流行，而《旧唐书》却销声匿迹了。

随着时间推移，人们越来越觉得，《新唐书》与《旧唐书》相比，各有优缺点，《旧唐书》也有很高的价值，不应该被埋没。所以，到了明朝时期，《旧唐书》又开始流行起来。

清朝乾隆年间，乾隆皇帝钦定"二十四史"，把《旧唐书》和《新唐书》一并列入其中。民国时期，总统徐世昌确定"二十五史"时，《旧唐书》和《新唐书》仍在其中。

可见，《旧唐书》和《新唐书》，在反映唐朝历史方面，发挥着不同的作用，人们要想全面准确地了解唐朝历史，就应该把它们结合起来阅读，使之相得益彰。

唐朝兴衰历程

唐朝，是一个繁荣昌盛、名人辈出、国际声誉很高的时代。时至今日，许多地方仍然称中国人为唐人，有些国家仍然建有唐人街。然而，从两唐书记载来看，唐朝真正鼎盛时期，不过短短几十年时间，而形成鼎盛的过程，却很漫长。

唐朝，从 618 年建立，到 907 年灭亡，共二百八十九年时间，历经二十位皇帝（不含武则天和李重茂）。现在一般来说，人们往往把唐朝分为初唐、盛唐、中唐、晚唐几个时期。从唐朝发展过程来看，笔者认为，可以分为创业时期、鼎盛时期、衰退时期、没落灭亡时期。

从 618 年唐高祖李渊创建唐朝开始，到 712 年唐玄宗李隆基上台，属于唐朝的创业时期。这个时期，经历唐高祖李渊、唐太宗李世民、唐高宗李治、唐中宗李显、唐睿宗李旦五位皇帝和女皇武则天，时间长达九十四年。在建国和创业时期，贡献最大的是李渊、李世民、武则天三人。

唐高祖李渊，是个深藏不露、老谋深算的人物。他是隋朝高官、唐国公，又是隋炀帝杨广的表哥，却心怀异志，早有称帝野心，根本不是胆小怕事、平庸无能之人。

隋末大乱，各地起义风起云涌。李渊接受朝廷重任，镇守山西，主要任务是对外抵御突厥，对内镇压起义。李渊能力很强，两项任务都完成得很好，别的地方烽火连天，唯有山西比较平稳。李渊牢牢控制着山西局势，冷眼观看天下大势，耐心等待机会。

隋末农民大起义，是从 611 年前后开始的，很快席卷全国，逐渐形成了河南瓦岗、河北窦建德、江淮杜伏威三大军事集团。隋炀帝见北方已经失控，便跑到扬州，企图保住江南半壁江山。

李渊见形势已经明了，隋朝灭亡指日可待，便于 617 年在太原起兵，乘虚进入关中，于第二年建立唐朝。此时，天下正在混战，瓦岗军、窦建德起义军与朝廷军队王世充、宇文化及在中原地区打得难解难分，唯有关中地区比较平静。李渊坐山观虎斗，精心治理关中，积蓄力量，仍然耐心等待时机。

经过几年混战，宇文化及、瓦岗军被消灭，王世充、窦建德精疲力竭。李渊见时机一到，便令李世民率军出关，一举灭掉王世充、窦建德，降服杜伏威，又征服大大小小的割据势力，统一了天下。

李渊在建立唐朝、统一天下过程中功不可没，他精心谋划，冷静沉稳，后发制人。所以，他起兵最晚，损失最小，最后却成了大赢家。

李渊在对外方面算盘打得很精，可在对内家庭问题上却有些失算。他立长子李建成为太子，坐镇京师；让次子李世民率军征战，扫平天下。没想到，李世民不甘心做臣子，他依仗军功和实力，发动玄武门事变，杀了李建成、李元吉，夺取了皇位。

626 年，李世民登基称帝。李世民是一位雄才大略的政治家，他在位二十三年，开创了著名的贞观之治。由于社会刚经过战乱，百废待兴，因而贞观时期，经济上并不十分繁荣，甚至还赶不上隋朝。贞观之治的最大贡献，是李世民认真总结了隋朝灭亡的历史教训，探索出了一条宝贵的治国之路，为唐朝繁荣奠定了基础。

李世民死后，儿子李治继位。李治并不是软弱无能之辈，他执政前期，也有一些作为。李治继承了贞观之治，推动经济社会发展，使唐朝疆域达到最大，被称为永徽之治。可惜李治后来身体有病，武则天帮他处理政务。武则天精明强干，富有谋略，很快得到群臣认可，与李治并称二圣。

李治死后，他的两个儿子李显、李旦先后称帝。可是，李显昏庸，李旦软弱，两人都不是当皇帝的材料。年已六旬的武则天亲自上阵，撑起了大唐江山。武则天先是临朝称制，后来干脆当了女皇。

武则天实际执政四十多年，几乎比李世民在位时间多一半。武则天继承了贞观之治和永徽之治，推动经济社会持续发展。武则天虽然有些缺点和问题，但她在唐朝创业时期所做出的巨大贡献，是不容抹杀的。如果没有武则天，而是由她的两个不争气的儿子当皇帝，唐朝恐怕早就完了，哪里还有什么繁荣昌盛？

705年，已经八十二岁高龄的武则天被逼退位，她的儿子李显复位。李显果然把朝廷搞得一团糟，自己也被妻子韦皇后毒死了。好在李显在位时间不长，没有对社会造成太大危害。李显死后，李隆基发动政变，诛杀韦皇后，夺取皇位。大唐历史掀开了新的一页。

从712年李隆基称帝开始，到741年，属于唐朝的鼎盛时期，被后世誉为开元盛世。这一时期，是李隆基执政的前期。

李隆基上台后，奋发有为，励精图治，重用贤相姚崇、宋璟、张说、张九龄等人，君臣一心，在李渊、李世民、武则天艰苦创业基础上，把大唐王朝推向极盛。这一时期，政治清明，社会和谐，百姓富裕，国家强盛，人口达到唐朝时期顶峰，国际地位空前提高，是人们心目中的理想社会。

可惜，这一时期并不长，只有几十年时间。李隆基在执政后期，骄傲自满，怠于政事，追求享乐，重用奸臣李林甫、杨国忠，唐朝开始走下坡路。不久，爆发了长达八年的"安史之乱"，造成空前浩劫，开元盛世成果丧失殆尽，唐朝开始衰退了。

从755年的"安史之乱"，到859年唐宣宗大中之治结束，属于唐朝的衰退时期。这个时期，历经唐肃宗李亨、唐代宗李豫、唐德宗李适、唐顺宗李诵、唐宪宗李纯、唐穆宗李恒、唐敬宗李湛、唐文宗李昂、唐武宗李炎、唐宣宗李忱等十位皇帝，时间长达一百零四年。

"安史之乱"带来的最大后遗症，是藩镇势力开始强大，加上宦官干政，这两大弊端，长期困扰着朝廷。唐德宗试图削藩，结果引发兵变，没有成功。唐宪宗对藩镇势力打击力度最大，效果最好，唐武宗、唐宣宗也打击过藩镇，但都没有从制度上彻底解决这个问题。

宦官专权问题也很严重。在兵乱危急时刻，禁军没有起到保护唐德宗的作用，反而是百余名宦官舍身救了他的性命。唐德宗从此信任依靠宦官，禁军统领长期由宦官担任。唐顺宗、唐文宗都想削弱宦官势力，结果反受其害。宦官势力越来越大，以至于皇帝的生死废立，都由执掌兵权的宦官说了算。

这一时期，也出现了几个贤明皇帝。唐宪宗的元和中兴、唐武宗的会昌中兴、唐宣宗的大中之治，都取得良好成效，在一定程度上减缓了唐朝的衰退。不过，唐朝衰退趋势已经形成，很难逆转。由于这几个皇帝有所作为，使得唐朝的衰退之路，显得起伏又漫长。

从859年唐懿宗称帝，到907年朱温灭掉唐朝，属于唐朝的没落灭亡时期。这个时期，历经唐懿宗、唐僖宗、唐昭宗、唐哀帝四位皇帝，有四十八年时间。

唐懿宗和唐僖宗父子两代皇帝，都昏庸无能，而且骄奢淫逸。唐王朝本来就已经衰弱，又经过二人败坏，必然走向了末路。由于朝廷腐败，政治黑暗，经济衰退，社会动荡，再加上天灾人祸，终于爆发了大规模的黄巢起义，削弱了唐王朝的统治。

在镇压黄巢起义过程中，各地节度使趁机扩充实力，抢占地盘，形成了藩镇割据，不再听从中央号令，唐王朝名存实亡。

907年，割据势力之一的朱温，毒死唐哀帝，废掉唐朝，建立梁国，史称后梁。辉煌的大唐王朝灭亡。

唐朝的兴衰历程告诉我们：繁荣昌盛来之不易，需要长期艰苦奋斗才能实现；保持繁荣昌盛更不容易，如果不保持高度警惕，松懈下去，很容易走向衰退没落。

隋末大乱各地兴兵

581年，隋文帝杨坚篡周建隋。隋文帝具有雄才大略，深沉稳重，积极推进改革，取得了统一全国、创立三省六部制、开创科举制、修订《开皇律》、征服突厥等一系列辉煌成就。隋文帝在位二十三年，政治清明，社会稳定，国家强盛，被后人誉为开皇之治。

604年，隋炀帝杨广继位。隋炀帝怀有狂妄大志，好大喜功，他企图建立比黄帝、唐尧、周、汉还要辉煌的千秋功业，而且后世也无人能及，做一个空前绝后的伟大帝王。然而，隋炀帝却根本不懂治国之道，总觉得老子天下第一，自己英明伟大，视天下百姓为草芥，所以专横暴戾，损耗国力，不听谏言，骄奢豪华，结果众叛亲离，引发天下大乱，只当了十四年皇帝，就一命呜呼了。

隋炀帝称帝的前八年，雄心勃勃，意气风发，精力旺盛，很想干一番大事业。他很少在宫中享乐，而是不停地巡视四方，极尽奢华排场，借此宣扬国威，镇服天下。他不仅三下江南，而且巡视荒凉的塞北和西部地区，向西到达玉门关，是历史上西巡最远的皇帝。与此同时，隋炀帝大兴土木，穷兵黩武，建东都、开运河、筑长城、修驰道，又东征西讨，开疆拓土，重新打通丝绸之路，干了许多功在千秋、苦在当代的大事。

隋炀帝为了满足自己建立千秋大业的欲望，急功近利，在这么短的时间内，干了如此多的大事，严重违背了客观规律，大大超出了人民的承受能力，耗尽了国力民力，搞得民不聊生，民怨沸腾。隋朝在强盛的光环下面，充满了危机。

可是，隋炀帝沉湎于千秋大业的美梦之中，根本看不到这种危机，又集中全国的人力、财力，连续三年发动对高句丽的大规模战争，结果均以失败告终，损兵折将，劳民伤财。老百姓再也无法承担重负，为了生存，不得已举起了反抗大旗，各地相继爆发农民起义。

611年，山东人王薄首举义旗，拉开了农民起义的大幕。王薄是铁匠，因有一技之长，朝廷每次征召民夫，几乎都少不了他，他饱受痛苦，还常常面临死亡的危险。隋炀帝征伐高句丽，强迫青壮年都去当兵。王薄再也不能忍受，他召集一些年轻人，在长白山（今山东邹平、章丘一带）聚众起义，公开反抗朝廷。

王薄自称"知世郎"，意思是说，他能知道世道变化，隋朝快要完了。王薄编了《无向辽东浪死歌》，号召人们反抗朝廷，不要去辽东白白送死。歌曲道出了人民的心声，百姓多年积累的怨恨终于爆发了，纷纷参加起义军。在很短的时间内，王薄的队伍就达数万之众。在王薄带动下，山东一带的起义军达到三十多支。

王薄义旗一举，全国各地纷纷响应。河南人翟让，聚集了一批英雄豪杰，占据了瓦岗寨，起兵反隋。后来，出身关陇贵族集团的李密，也上了瓦岗寨。李密胸有大志，智谋过人，名气很大，他收编了河南地区许多起义军，当上了盟主。在李密领导下，瓦岗军迅速扩大到几十万人，多次打败隋军，成为隋末农民起义中势力最强的一支。

在河北，贫苦出身的窦建德聚众起义。窦建德全家老幼都被官府杀害，他身负血海深仇，誓与隋朝不共戴天，多次粉碎隋军围剿，兵力发展到十几万人。后来，窦建德占据了河北地区，与隋朝对抗。

在江淮一带，活跃着杜伏威领导的起义军。杜伏威是小偷出身，目不识丁，当时不到二十岁。但他为人侠义，有勇有谋，多次用计打败隋军。有一次，他把隋军引诱到芦苇荡中，四面放火，隋军全部葬身火海。

农民起义的星火形成燎原之势，不可阻挡，短短几年之内，全国各地的农民起义队伍，大大小小不下一百支，参加者达数百万人。隋朝被烧得焦头烂额，已经不能控制局面了。

不仅农民起义风起云涌，而且朝廷统治集团内部也发生了分裂。关陇贵族集团的重要成员、隋朝高官杨玄感，公开起兵造反，矛头直指隋炀帝杨广。杨玄感军队包围了洛阳城，差一点端了隋炀帝的老窝。杨玄感造反虽然失败了，但给了隋朝沉重一击，加速了隋朝的分崩离析。

这个时候，人们普遍认为，隋朝气数已尽，于是社会上广泛流传着一条谶语："李氏当为天子。"隋炀帝听说以后，十分惊恐。一个叫安伽陀的术士建议他，把姓李的人都杀光，以绝后患。

可是，天下姓李的人太多了，怎么可能杀得过来呢？隋炀帝认为，关陇贵族集团中姓李的人，最有可能符合谶语。关陇贵族集团，是宇文泰创立西魏时形成的功勋集团，由八柱国十二大将军组成，势力庞大，长期左右着朝廷。西魏统治者和北周、隋、唐三朝皇帝，都出自这个集团。

在关陇贵族集团中，李姓家族有三个，达数百人。隋炀帝经过仔细筛选，确定了三个重点怀疑对象。一是李密。李密此时已经造反，隋炀帝拿他没办法。二是李渊。李渊对隋炀帝一向忠心恭顺，此时正在山西围剿起义军。李渊又是皇亲国戚，他母亲与隋炀帝的母亲是亲姐妹。三是李敏。李敏是隋炀帝姐姐杨丽华的女婿，在朝廷担任柱国的高官。李敏文武双全，才华横溢，声望甚高，家族势力庞大。隋炀帝觉得，他的危险最大，抱着宁可信其有、不可信其无的原则，下令将李敏家族中三十二名成年男子全部诛杀，其余的流放外地。

隋炀帝滥杀无辜，暴露了他暴虐无道的本性，只会引发众叛亲离，加速他的灭亡。

李敏家族无故遭受灭族之灾，姓李的人全都吓坏了，李渊更是惶惶不可终日。他只好自污名节，整天吃喝玩乐，收受贿赂，以表示自己没有大志，希望能够蒙混过关。

那么，李渊的做法管用吗？隋炀帝会怎么对付他呢？李渊会不会起兵反抗呢？

李渊造反是儿子逼的吗

隋末天下大乱，再加上隋炀帝猜忌，617年，李渊终于在太原起兵造反了。李渊起兵，给了隋炀帝沉重一击，加速了隋朝灭亡。

由于受某些文学作品的影响，许多人认为，李渊是一个平庸之人，有些胆小怕事和无能，已经五十二岁了，他本不想造反，但被次子李世民等人逼迫，不得已才起兵。太原起兵的策划者和主谋，是雄才大略的李世民，而不是李渊。事实真的是这样吗？

两唐书记载，李渊是甘肃陇西人，出身于关陇贵族集团。李渊的祖父叫李虎，汉族，是西魏八大柱国之一，被封为唐国公。李渊和他的父亲李昞，都承袭了唐国公的爵位。李渊的外祖父叫独孤信，鲜卑族，也是西魏八大柱国之一，被封为卫国公。

独孤信有七个女儿，其中长女嫁给北周皇帝宇文毓，谥号明敬皇后；四女是李渊的母亲，被追封为元贞皇后；七女叫独孤伽罗，是隋文帝杨坚的皇后。三个女儿当皇后，而且是不同的朝代，这在历史上绝无仅有，独孤信因此被人戏称为"天下第一老丈人"。

李渊七岁时，父亲去世。姨妈独孤伽罗怜悯他，经常把他接进宫中，悉心照顾。李渊比表弟杨广大三岁，两人一块长大，关系亲密。杨广称帝后，李渊对他毕恭毕敬。

杨广对李渊很信任，先后任命他为荥阳、楼烦太守，后又让他入朝担任殿内少监、卫尉少卿。杨广攻打高句丽时，曾命杨玄感督运军粮，不料杨玄感借机造反，致使第二次东征失败。平定杨玄感叛乱之后，杨广把督运军粮的重任交给了他所信任的李渊。如果没有谶语之事，杨广与李渊的关系，应该是不错的。

隋炀帝三次东征，引发天下大乱，各地起义蜂起，社会上也流传起"李氏当为天子"的谶语。杨广恐慌，无故将李敏家族诛灭，同时也怀疑李渊。李渊正在山西镇压农民起义军，杨广召他入朝，李渊惊恐，借口有病不敢去。

有一天，杨广在宫中看见一个姓王的嫔妃，这个嫔妃是李渊的外甥女。杨广问她："你舅舅为何不来？"嫔妃回答："舅舅病了。"杨广冷笑一声，不怀好意地说："那会不会病死呢？"李渊知道以后，更加提心吊胆，只好自污名节，整天吃喝玩乐，以求自保。

杨广还没来得及除掉李渊，局面就变得不可收拾了。李密的瓦岗军、河北窦建德、江淮杜伏威，从东、北、南三个方向威胁洛阳。隋炀帝见势不妙，于616年跑到江都避难去了。临行前，留下孙子杨侗镇守洛阳，另一个孙子杨侑镇守长安。同时，命李渊镇守太原，既剿灭起义军，又抵御突厥。杨广对李渊仍不放心，任命亲信王威、高君雅为李渊的副手，对李渊进行监视和掣肘。

隋炀帝到了江都以后，感到千秋大业的梦想已经破灭，于是性情大变，一心追求享乐。他懒于政务，骄奢淫逸，整日沉湎于酒色之中，醉生梦死。

隋炀帝走后，北方更加混乱不堪。李密率瓦岗军包围了洛阳，奋力攻打；窦建德在河北建立了农民政权，公开与隋朝决裂；大大小小的起义军遍布各地，北方几乎不再归隋朝所有了。

在这种形势下，617年五月，李渊在太原起兵造反了。对于太原起兵的策划者和主导者，究竟是李渊，还是李世民，人们历来有不同的看法。《旧唐书》和《新唐书》，对李渊和李世民在起兵中的作用，都有记载，但却有两种截然不同的结论。

李渊太原起兵的时候，他的成年儿子有三个：长子李建成，二十九岁；次子李世民，二十岁；四子李元吉，十五岁。李渊的三子李玄霸，已经在614年病死了。李渊的这几个儿子都很优秀，尤其是次子李世民，胸怀大志，见识超群，有勇有谋，处事果断，喜欢结交豪杰，在诸子中尤为突出。

李世民看到天下混乱，隋朝气数已尽，觉得正是英雄用武之时，特别是听到"李氏当为天子"的谶语后，心潮澎湃，摩拳擦掌，很想大干一场。当时，李建成、李元吉在河东郡，只有李世民在父亲身边。李世民奉劝父亲，请求起兵造反，开创帝业。李渊一听，大惊失色，坚决不答应，甚至声称要告发李世民。

李世民见父亲不答应，虽然无奈，但并不甘心，就自己策划起来。当时太原有个名士，叫刘文静，担任晋阳县令。刘文静与李密有姻亲关系，因此被关在太原的监狱里。李世民与刘文静是朋友，知道他胸有谋略，便想与他商议。

两唐书在《刘文静传》中说，在一天夜里，李世民悄悄来到狱中。刘文静见李世民来看他，十分高兴。李世民却悄悄地说："今夜来此，并不是为了私情，而是要与您共商天下大事。"

刘文静知道李世民素有大志，曾对朋友裴寂说："唐公之子不是平庸之辈，而是汉高帝刘邦、魏太祖曹操一类的人物。"如今，刘文静听李世民说要商议天下大事，心里就明白了。

刘文静故意说："当今天下，丧亡离乱，非得有商汤、周武王、汉高帝一类的人物，才能平定。"李世民笑着说："您怎么知道没有呢？"言外之意说，我就是这一类英雄人物啊！

刘文静不再讳忌，向李世民和盘托出了起兵夺取天下的计谋。刘文静说："如今皇帝远避江南，北方无主。你李家世代贵族，名望甚高，又有谶语吉言，登高一呼，十万之众唾手可得。起兵之后，迅速攻取长安，占据关中作为基业，然后伺机平定中原，帝业可成。"李世民大喜，很是赞同，心中热血沸腾，起兵大计就这样定了下来。可是，李渊不愿造反，该怎么办呢？刘文静让李世民在裴寂身上打主意。

两唐书在《裴寂传》中说，裴寂是李渊的好朋友，当时任晋阳宫监。晋阳宫是隋炀帝杨广的行宫。李世民拿出私钱数百万，以赌博的方式送给裴寂，与他结成同党。

裴寂设下一计，有一天请李渊喝酒，把他灌得烂醉，让两个宫女陪他过夜。李渊酒醒后，吓了个半死。宫女是皇帝的人，奸污宫女，可是大逆不道的死罪。

裴寂趁机劝道："如今天下动荡，您二儿子世民欲举义旗。您已犯下大罪，没有活路了，不如一块举事。"李渊长叹一声，无奈地说："既然我儿早有此计，也只好从之。"李渊还悻悻地对李世民说："今日之事，族灭人亡由你，化家为国也由你。你就好自为之吧。"

从两唐书这些记载来看，李渊起兵确实像是被儿子逼的，完全出于无奈，李世民是太原起兵的策划者和主导者。在这些记载中，李渊胆小怕事，昏庸无能，甚至有些窝囊；李世民则是胸怀天下，有胆有识，扭转乾坤，是大唐王朝的真正开创者。李世民的形象高大完美，而李渊则是黯淡无光。不过，对这些记载的真实性，许多学者存在质疑。

两唐书是在唐朝原始资料基础上写成的，这些记载，原始资料上都有。可是，原始资料是不是被人篡改过，就很难说了。不过，原始资料浩如烟海，没有人能够把它们全都篡改完。因此，两唐书又根据其他原始资料，记述了李渊截然不同的另一面，太原起兵也就有了另一种版本。

同样是两唐书，却记载李渊是个英雄，早就有当皇帝的野心，而且对太原起兵蓄谋已久。

第一，李渊是位英雄人物，决非平庸无能之辈。

两唐书在《窦皇后传》中说，李渊年轻时，娶了窦氏为妻。窦氏可不是一般人，她出身高贵，是北周皇帝宇文邕的外甥女，才貌双全，自然要精心挑选女婿。可是，选了很多人，都不满意。后来，干脆在屏风上画了两只孔雀，让前来求婚的青年才俊比赛射箭，谁射中了孔雀眼睛，窦氏就嫁给谁。有数十人前来射箭，却没有一人射中。李渊来了，射了两箭，皆中孔雀眼睛，于是抱得美人归。这就是成语"雀屏中选"的来历。李渊箭术神妙，曾在战场上大展神威，一口气射死几十个敌人，十分英雄了得。

窦氏与李渊感情深厚，先后生了李建成、李世民、李玄霸、李元吉四个儿子和平阳公主，儿女们皆不是平凡之辈。杨坚篡周建隋后，窦氏痛心疾首，用头撞床，恨自己不是男儿，无法为北周报仇。窦氏具有强烈的反隋意识，这不能不对丈夫和儿女们产生影响。可惜，窦氏在李渊起兵之前就病死了。

第二，李渊胸怀大志，在年轻时就有当皇帝的想法。

《旧唐书》记载，李渊年轻时，胸怀坦荡，宽厚仁爱，文武双全，英俊潇洒，声望甚高。有个叫史世良的术士，善于给人看相，对李渊说："您的骨骼异常，日后必当帝王。"李渊听了，不仅高兴，而且很自负，认为自己确实有当皇帝的才能，"颇以自负"。《新唐书》却把这个记载删掉了。

两唐书都记载说，李世民小的时候，有个术士对李渊说："此儿有天子之相，日后必能济世安民。"李渊大喜，唯恐术士泄密，想把他杀了，但没有成功。所以，李渊为儿子取名叫李世民。

第三，李渊具有远见卓识，他早就悄悄做着起兵反隋的准备。

李渊是位沉稳老练的政治家，他见隋炀帝好大喜功，急功近利，大兴土木，穷兵黩武，耗尽国力民力，感到隋朝必不能长久，便暗中开始做着反隋的准备。早在隋炀帝尚未东征、政局表面上还比较平稳的时候，李渊就在汲郡、汾阴宫等地，多次与好友宇文士及密谋天下大事。宇文士及是权臣宇文述的第三子、隋炀帝的女婿，他与李渊是发小，关系亲密，无话不说。

后来，隋炀帝三次东征失败，引发天下震荡。杨玄感造反时，李渊的妻兄窦抗，知道李渊素有大志，建议他起兵响应。李渊觉得时机尚不成熟，没有同意。

在"李氏当为天子"谶语流行、隋炀帝冤杀李敏家族的时候，李渊正在山西平定起义军。他的副手夏侯端劝他造反，并说皇帝已经无故诛灭了李敏家族，下一个恐怕要轮到他了。李渊默然不语，一句话也没说。

李渊虽然不说话，却有行动。他私自收留了隋朝叛将刘弘基、长孙顺德等人，又派李建成、李元吉去河东，招揽英雄豪杰，暗地里做着各种准备。

在李世民、刘文静、裴寂等人心急火燎、谋划起兵大计的时候，李渊实际上已经盘算好了，胸有成竹，只是什么也不说，装糊涂罢了。李渊这样做，一是为了保密，因为隋炀帝的眼线王威、高君雅就在他身边，不能露出一点蛛丝马迹；二是为了锻炼李世民，让他放手去干好了，反正目标是一致的。

两唐书在《宇文士及传》中记载了一个十分有趣的事情，十分明确地证明，李渊早在多年之前，就密谋造反了。

李渊起兵攻占长安后，宇文士及前来投奔，说："我来晚了，但看在从前在涿郡、汾阴宫与您密谋大事的情分上，请您收留我。"李渊大笑，回头对刘文静、裴寂等人说："此人在六七年之前，就与我商讨过天下事，你们都在他之后。"刘文静等人一听，恍然大悟，原来都被李渊蒙在了鼓里。宇文士及后来当了唐朝宰相。

《大唐创业起居注》对太原起兵，记载得就更明确了。李渊被任命为太原留守，成为山西最高军政长官之后，非常高兴，对李世民说："我身为唐国公，唐国就在晋阳一带，如今管辖这一地区，岂不是天意吗？"李渊决定起兵时，又对李世民说："天意让我取天下，如果不取，违背天意，必有祸端，到那时家破人亡，徒为天下英雄所笑。"这充分表明，李渊早有起兵造反之意。

《大唐创业起居注》是李渊身边"专掌文翰"的温大雅所写，记录了自李渊起兵到建唐称帝三百五十七天的史事，可信度是比较高的。

从以上记载来看，李渊起兵造反，根本不是被儿子逼的，而是蓄谋已久，早有准备。太原起兵的主导者和大唐王朝的开创者，正是深藏不露的李渊。

李渊不仅不是窝囊废，反而心机很重，城府很深，老谋深算，甚至有点老奸巨猾，是一个胸怀大志、老练成熟的政治家和谋略家。当然，在起兵过程中，李世民、刘文静、裴寂等人的贡献，也不容抹杀。

《旧唐书》和《新唐书》，作为严肃的正史，却记载了两种不同的结论，其实并不奇怪。在史籍中，记事不一致的地方很多，这不是作者疏忽或者粗糙，而是作者有意为之。因为作者在撰写史书时，面对大量不同的原始资料，有时候难辨真伪，作者如果觉得都有可能，会把不同的说法都记载下来，这正体现了作者客观公正的治学态度。

史书的这个特点告诉人们，我们今天在阅读史书的时候，一定要全面阅读，最好多通读几遍全书。如果单凭史书中的某一篇记载，是很容易得出片面结论的。

李渊起兵不反隋

617 年五月，李渊公开在太原起兵，可他只反昏君杨广，不反隋朝。李渊打出的旗号是，废除昏君，另立明主，匡扶朝廷。当然，这只是一种策略，李渊起兵的目的，最终是要推翻隋朝，改朝换代，自己当皇帝。

李渊起兵，有很多优势。一是隋朝基本上失去了对北方的控制，只剩下长安、洛阳两座城池，洛阳还处在瓦岗军重重包围之中。所以，李渊起兵后，不用担心会遭到隋军镇压。二是李渊世代贵族，又有"李氏当为天子"的谶语，有很大的号召力。三是山西境内的起义军，基本上被剿灭了，李渊有一块比较稳固的根据地。四是李渊通过招降纳叛，身边聚集了一批谋臣武将，而且有数万兵力。

李渊起兵，也面临许多问题。一是兵力不足；二是北边面临突厥威胁；三是东边的李密，拥有百万之众，不知道能否允许李渊势力崛起；四是李渊来山西时间不长，根基不深，身边还有王威、高君雅监视掣肘。

李渊是 615 年到山西的，先任河东慰抚大使，负责镇压农民起义，后任太原留守。李渊刚来时，只有五千兵马，经过收罗豪杰、收编起义军，逐步发展到数万人。可是，这与李密、窦建德、杜伏威等起义军比起来，实力仍然差距很大。特别是，李渊起兵之后，需要攻打长安，占据关中，以此为基业夺取天下，这点兵力明显是不够的。李渊想招兵买马，可隋朝有规定，不经朝廷批准，地方官是不能自行招兵的。王威、高君雅以此为由，坚决不同意，李渊也没有办法。

就在李渊为这事焦心的时候，来了一个好机会。驻守马邑的隋军军官刘武周发动叛乱，杀死太守，开仓赈粮，招兵万余人，自称太守，后又称天子。刘武周依附突厥，被突厥封为"定杨可汗"。刘武周手下有个著名战将，名叫尉迟敬德，有万夫不当之勇。后来，尉迟敬德投降唐朝，成为李世民手下一员大将，屡建战功，是凌烟阁二十四功臣之一。现在人们过年时贴的门神，就是尉迟敬德和秦琼两人。

李渊听说刘武周叛乱，又惊又喜，觉得机会难得，赶紧把王威、高君雅叫来。李渊对他们说："马邑在我境内，刘周武叛乱，我等皆有责任。听说反贼要攻打汾阳宫。汾阳宫可是皇帝最喜爱的行宫，有不少珍宝和美女，如果汾阳宫丢失，皇上必定震怒，我等性命难保。你们看，应该怎么办呢？"

王威、高君雅没有真本事，只是靠着溜须拍马，才取得隋炀帝的信任，此时听李渊说得如此严重，他俩面面相觑，没有主意，只得说："您是主官，一切听您的意见。"

李渊说："刘武周有突厥撑腰，又有尉迟敬德那样的勇将，我们兵少将寡，恐怕难以抵御。当今之计，只有赶快征召士兵，扩大力量。事情紧急，来不及奏明皇帝了，只好过后再奏报吧。"王威、高君雅二人只得同意。

李渊打着征讨刘武周的旗号，以朝廷的名义，堂而皇之地进行征兵，很快征得大批青壮男子，实力大增。李渊把这些新兵交给刘弘基、长孙顺德统领，天天进行操练。

刘弘基、长孙顺德原是隋朝将领，因不满隋炀帝攻打高句丽，半路上当了逃兵，李渊将他们招至麾下。王威、高君雅见李渊将新兵交给叛将统领，并且不去讨伐刘武周，顿时起了疑心，再加上其他迹象，二人认为，李渊可能要造反。隋炀帝曾对二人交代过，只要李渊有反心，可以先斩后奏。于是，二人密谋，打算趁李渊到晋祠祈雨的机会，埋下伏兵，将其杀掉，夺其兵权。李渊处在十分危险的境地。

在这关键时刻，晋阳乡长刘世龙立了大功。刘世龙表面上与王威、高君雅来往密切，内心却倾向李渊，他得知阴谋，立即向李渊报告。李渊闻报后，先下手为强，把王威、高君雅抓了起来。李渊没有皇帝授权，是不能擅杀朝廷官员的，只好将二人关到监狱里，对外宣称二人勾结突厥，犯下大罪。

　　凑巧的是，两天之后，突厥数万骑兵真的来犯。李渊设了个空城计，把军队撤到城外埋伏下来，大开城门。突厥人见了，心中疑惑，没敢进城，绕了一圈后撤走了。李渊对外说，是因为把内应抓了起来，突厥才无功而返的。城里人都相信了，纷纷痛骂王威、高君雅。李渊名正言顺地将二人绑赴刑场，斩首示众。

　　扩充了军队，清除了障碍，李渊松了一口气。可是，如何对付北边的突厥呢？突厥势力强大，不可能灭掉，李渊最担心的，是他兵进关中之后，突厥在背后制造麻烦。李渊思来想去，没有别的办法，只好决定与突厥和好。

　　李渊派刘文静出使突厥，送上大批礼物。刘文静是谈判高手，能言善辩，一阵忽悠之后，突厥同意与李渊联盟，共同推翻隋炀帝。刘文静知道突厥人贪财，又许诺说，等打下了长安城，城中财物都归突厥所有。突厥很高兴，送给李渊两千匹战马。突厥人也不傻，他同意与李渊联合，除了贪图利益之外，更希望中原越乱越好，便于他从中渔利。因此，突厥支持李渊起兵。

　　摆平了突厥，周边的强敌，就剩下李密了。李密有野心，有智谋，也有实力，是中原农民起义军的盟主。他深知关中地区的重要性，如果派兵阻止李渊入关，李渊是很麻烦的。当时，李密正在奋力围攻洛阳，他想攻占城池后，在洛阳登基称帝。

　　李渊和李密都属于关陇贵族集团，两人早有来往，彼此印象不错，因此，李渊决定打感情牌。他给李密写了一封信，说要起兵推翻昏君，另立杨侑为皇帝，自己一心当隋朝的忠臣，没有夺取天下的想法，但不反对李密称天子，并对李密大大恭维了一番，态度十分谦逊。

　　李渊比李密大十七岁，地位、官职也比李密高得多，却对李密十分恭敬，这让李密心里很舒服。李密异想天开，想让李渊加入他的阵营，李渊不置可否。李密攻打洛阳正紧，抽不开身，只好默许李渊进入关中地区。

　　李渊在着力解决这些问题的同时，还广积粮草，购置兵器，做好军需物资准备。在这方面，山西文水县的富商武士彟帮了他大忙。武士彟多年经商，积攒了大量财富，他散尽家产，帮助李渊起兵，并参与谋划，被称为"太原元谋功臣之一"。武士彟，是大名鼎鼎武则天的父亲。

李渊紧锣密鼓地做好了起兵准备，他担心自己来山西时间不长，威望不够，于是在起兵之前，又想出一条妙计。李渊让刘文静伪造了隋炀帝的诏令，说要征召太原一带的青壮年全部从军，再去打辽东。杨广三征辽东，已经让民众痛苦不堪，如今还要去打，不是把百姓往死路上逼吗？一时之间，太原就像炸了锅，群情激愤，纷纷痛骂隋炀帝祸国殃民。

李渊见百姓被煽动起来，心中大喜。517年五月，李渊召集将士和百姓，历数隋炀帝祸国殃民的罪行，宣布起兵造反。李渊起兵，与其他农民起义军有明显不同，他打的旗号是，只反昏君，不反朝廷，反而要匡扶宗室，振兴隋朝。这样，不仅得到百姓拥护，一些隋朝官员和将领也纷纷响应，使李渊得到最广泛的支持。

从李渊起兵过程来看，李渊运筹帷幄，虑事周全，策略高明，是一位深谋远虑的政治家和谋略家。

李渊怀有大志，他起兵可不是为了割据山西，而是要夺取天下。所以，他在起兵两个月之后，就留下四子李元吉和大部分兵力，镇守老巢太原，自己亲率三万精兵，直扑关中地区。

那么，李渊攻占长安是否顺利呢？他在开创帝王大业的道路上，还有哪些艰难险阻呢？

进军关中几乎夭折

617 年七月，李渊挑选了三万精兵强将，开始向关中进军。李渊兵指长安，不是说要去创立自己的基业，而是打着一个漂亮的幌子，他要去拥戴杨侑当皇帝。

杨侑，是已故元德太子的儿子、隋炀帝的孙子，被封为代王，当时十四岁。隋炀帝南逃时，留下杨侑镇守长安。杨侑自幼聪明，气度非凡，但毕竟年龄太小，城中兵马又不多，无法有所作为。面对关中各地起义烽火，杨侑躲在长安孤城内，唉声叹气，一筹莫展，只能祈求苍天保佑。

杨侑听说李渊兵进关中，扬言要扶立自己当皇帝，不由得大吃一惊。杨侑虽然年少，却并不幼稚，他心里很清楚，李渊前来，绝不是为了拥戴他，而是会要了他的小命。当时，多数起义军都去围攻洛阳，长安城暂时比较平稳，可是，如果李渊来了，关中地区必然会更换主人。

杨侑赶紧调兵遣将，派宋老生率两万人马，去守霍邑（今山西霍州）；派屈突通带三万精兵，据守河东（今山西永济一带）。宋老生和屈突通都是隋朝名将，一生征战，屡立战功。杨侑希望这两位将军，能够把李渊阻挡在关中地区之外。

李渊起兵时，传檄各郡县，大多数郡县表示服从，只有西河（今山西汾阳）郡丞高德儒拒不听命。高德儒当过隋炀帝的亲卫校尉，对隋炀帝十分忠心。西河挡在李渊进兵关中的路上，李渊必须首先拔掉它。

李渊命李建成为主、李世民为副，带领一支部队，去攻占西河，打通进兵道路。这是李渊起兵的第一战，兄弟俩都是血气方刚，摩拳擦掌，他俩同心协力，只用九天时间，就攻克西河，杀了高德儒。李渊闻报，十分高兴，说："我有俩儿，足可以纵横天下。"

李渊率军南下，进兵神速，不到十天，就逼近霍邑。不料，此时正是雨季，大雨如注，连下十多天不停，无法行军打仗。将士们泡在泥水里，疲惫不堪。粮食快要吃完了，李渊派人回太原催运军粮。就在李渊军队陷入困境的时候，又有一个惊人消息传来，说突厥与刘武周联合起来，要攻打太原。李渊大惊，急忙召集众将商议。

《旧唐书》和《新唐书》记载说，当时有两种意见：一是回师太原；二是继续进兵。两种意见各有各的道理，争论得相当激烈，李渊面临两难选择。

裴寂坚决主张回师太原。他说："目前我军陷入困境，将士疲惫，霍邑有强敌据守，继续进兵前景难测；太原是我们的大本营，如果有失，我军将陷入进退两难、腹背受敌的境地。因此，不如暂回太原，等到时机成熟，再出兵不迟。这是最稳妥的办法。"

李世民坚决主张继续进军。他说："突厥攻击太原，只是传言，并无元吉公文。关中是成就大业之地，进可攻，退可守，目前空虚，正是乘虚而入的好机会，如果迟缓，被别人捷足先登，后悔就来不及了。何况我们兴正义之师，遇到困难就退缩，还能干成大事吗？"

李渊面色凝重，心里在反复掂量，他是个谨慎稳重之人，最终采纳了裴寂的意见，下令回师，并令先头部队即刻出发。李渊这次出兵，眼看就要夭折了。

李世民不甘心，想再去劝说父亲，可天色已晚，李渊回帐休息了。侍卫挡住李世民，不让他进帐。李世民站在帐外，不肯离去。他想想大业初创，就要半途而废，心中伤悲，不由得号啕大哭起来。李渊听见儿子号哭，便把他叫进来，问他缘故。

李世民哭泣着说："我军刚刚起事，凭的是仁义和士气，如果就此退军，半途而废，必然会导致军心涣散。到那时，敌军乘势从后面追杀，不仅大业不成，而且会死无葬身之地，所以感到悲伤。"

李渊见儿子进兵的意志如此坚强，受了感动，醒悟过来，取消了撤军的命令，并让李世民连夜把先头部队追回。

到了八月一日，雨过天晴，将士们处境转好。这时，从太原运来的大批军粮也到了，并报告太原平安无事，原来是个假消息。李渊长出了一口气，将士们也欢欣鼓舞。李渊下令进兵，一举攻占霍邑，杀了宋老生，然后沿汾水南下，占临汾，克绛郡，一路所向披靡，高奏凯歌，很快逼近关中地区。

两唐书的这段记载，表现了李世民的远见卓识和坚强意志，是他力挽狂澜，挽救了面临夭折的大唐帝业。李世民头上，又多了一道耀眼的光环。

不过，《大唐创业起居注》的记载，与两唐书却有出入。在李渊召集众将商议时，李世民确实坚持继续进兵，但并没有号哭之事。而且，李建成也是坚决主张进兵的，兄弟俩意见完全一致。两唐书只记载李世民，而不提李建成。

李渊大军逼近关中，抵达河东。据守河东的屈突通，是久经沙场的老将，经验丰富，已经六十多岁了。屈突通凭坚据守，并不出战，李渊多次攻城，不能奏效。李渊于是兵分两路，一路由李建成带领，留下来继续围攻河东，牵制屈突通；另一路由李世民为先锋，自己亲率大军随后，直奔长安城。

屈突通仍然坚守不出，后来听说长安被围，不得已率兵救援，却被刘文静率军击败。屈突通无奈之下投降了唐朝，成为李世民手下一员得力大将，在中原大战时屡建功劳，并参加玄武门事变，是凌烟阁二十四功臣之一。

李渊率大军渡过黄河，直扑长安。李渊军队纪律严明，严禁骚扰百姓，又打下永丰仓，开仓赈粮，深受百姓拥护。老百姓扶老携幼，夹道欢迎，纷纷献上酒肉食物。青壮年踊跃参军，每天都达数千人。关中地区的各路起义军，闻知李渊威名，争先恐后前来归附。李渊的队伍，像滚雪球一样不断壮大，等到兵临长安的时候，已经扩大到二十万人了。

李渊看着这生机勃勃的局面，高兴得合不拢嘴。更让李渊没有想到而且喜出望外的是，他的宝贝女儿平阳公主，率领着七万人的大军，正在长安城外迎接他呢。

史上首支"娘子军"

　　李渊的儿子能干,女儿也不简单,可以说巾帼不让须眉。李渊的三女儿平阳公主,就是有名的女英雄。她文武双全,有胆有识,在乱世之中,凭着一己之力,竟然也拉起一支数万人的队伍,与隋朝对抗,为大唐开国建立了不朽功勋。

　　平阳公主是窦氏所生,与李建成、李世民、李元吉是一母同胞。平阳公主自幼聪慧,喜欢读书,也喜欢跟着哥哥们练武,文韬武略都行,深得父母喜爱。

　　平阳公主成年后,嫁给武将柴绍为妻。柴绍出身名门,从小以"矫健有力,抑强扶弱"而闻名,有侠义之风。婚后夫妻俩感情深厚,常在一起切磋武艺。因柴绍在朝中任职,夫妻俩住在长安。

　　617年,李渊在太原决定起兵。李渊很器重柴绍,想让他来助己一臂之力,于是写来密信,要他们夫妻急速赶往太原。柴绍赶紧收拾行装,要携妻子一同前往。

　　平阳公主对丈夫说:"父亲催得这么急,肯定有大事,很可能要起兵。事情紧急,我走不快,你赶紧日夜兼程,一个人去吧。"

　　柴绍不舍,对妻子说:"我也觉得岳父可能要起兵,如果那样,你在长安就危险了,我不能把你一个人留下。"

　　平阳公主安慰丈夫说:"放心吧,我一个妇道人家,容易躲藏,不会有危险的。你赶快走吧,干大事要紧。"

　　李渊为了保密,在信中并没有说起兵之事,平阳公主夫妻却感觉到了,说明他们平时就知道李渊有创业干大事的志向。

　　柴绍依依不舍地告别妻子,快马加鞭,抄小路星夜兼程,以最快的速度赶到太原，帮助李渊筹划起兵之事。从此，柴绍先跟随李渊，后跟随李世民，南征北战，转战四方，屡立战功，名列凌烟阁二十四功臣之一。后来，柴绍的八世孙柴荣，当了五代时期后周的皇帝。

平阳公主自动留了下来，其实是另有打算，她想组织一支军队，也助父亲一臂之力。丈夫走后，平阳公主立即赶到鄠县（今陕西西安鄠邑区），李渊在那里有很大的庄园和许多家产。平阳公主女扮男装，自称李公子，把庄园和家产全部卖掉，用这些资金，招募士兵和购买兵器。当时天下大乱，民不聊生，大大小小的起义军不计其数，平阳公主很快拉起了一支几百人的队伍。

李渊起兵的消息传来，平阳公主倍感振奋，她借势招兵买马，扩大势力，许多李家子弟，也闻讯前来参加，队伍很快发展到上万人。平阳公主加强与附近农民起义军的联系，有时亲自上门游说，晓之大义，劝其归降，有四五支起义军愿意归附，平阳公主实力进一步增强。

平阳公主虽然是女性，但她懂得治军和布兵打仗。平阳公主号令严明，令行禁止，赏罚分明，在军中有很高的威信。平阳公主严格约束部队，不准扰民，还时常救济穷人，得到百姓拥护。后来，平阳公主的女儿身份暴露，全军将士和百姓对她更加肃然起敬。老百姓亲切地称平阳公主为"李娘子"，称她率领的军队为"娘子军"。

平阳公主率领"娘子军"，连续攻克了鄠县、周至、武功、始平等县城，打开官仓，赈济百姓，声威远扬，很多人不远千里，前来投奔。朝廷震惊，派兵镇压，均被平阳公主打败。后来，隋朝名将屈突通亲自率兵围剿，平阳公主不知用了什么计谋，竟然将名将屈突通打得大败。

关中有支起义军，首领叫何潘仁，聚集了数万兵马，人数比平阳公主军队还要多。平阳公主派手下将领马三宝前去招降。何潘仁是商人出身，很有头脑，他敬佩平阳公主，亲自前来拜见，甘愿率众归附，使平阳公主的兵力达到七万多人。

当李渊到达长安的时候，平阳公主手下已有一支强大兵力，而且占据了长安城附近的县城，打下了一大片地盘。平阳公主率兵迎接父亲，她与丈夫柴绍也在战场上重逢，一家人皆大欢喜。平阳公主与柴绍各领一军，跟随李渊攻克了长安城。

李渊占领长安后，封这位爱女为"平阳公主"，给予她大量赏赐，赏赐数量远在其他公主之上。李渊对平阳公主宠爱有加，不想让她再上战场涉险，可平阳公主不同意，愿意继续领兵，为大唐王朝打天下。

李渊拗不过女儿，也赞赏女儿的英雄气概，任命她做将军，让她率部驻守大本营山西。山西相对安全一些。

平阳公主率领她的"娘子军"，来到山西，驻扎在绵山山麓上的苇泽关。苇泽关是万里长城的著名关隘，被称为"天下第九关"，为历代兵家必争之地。平阳公主率军把守此关，防止外敌入侵，保护山西安全。后来，人们为了纪念平阳公主这位女英雄，把苇泽关改称"娘子关"。娘子关现在是山西省著名风景区。

623年，平阳公主不幸病逝。史书没有记载她的年龄，柴绍此时三十五岁，平阳公主的年龄应该与丈夫差不多，属于英年早逝。

李渊对爱女离世非常悲痛，赐女儿谥号为"昭"。此后，人们尊称她为"平阳昭公主"。平阳公主是唐朝第一位赐予谥号的公主。

李渊深知女儿热爱军旅生涯，打破常规，下令以军礼将其安葬。礼官上奏说，用军礼与礼制不合，自古以来，没有女人用军礼下葬的。李渊发怒说："平阳公主率数万之兵，亲临战场，身先士卒，冲锋陷阵，自古以来，有这样的女子吗？平阳公主本来就是将军，用军礼安葬，有何不可？"

在漫长的中国封建社会，平阳公主是唯一一位采用军礼殡葬的女性。平阳公主死亦荣光！

遗憾的是，两唐书没有记载平阳公主的名字。不过，名字并不重要，人们只需记住平阳公主的英雄事迹和崇高精神，并以此激励自己，就足够了。

李渊建唐平天下

617 年十一月，李渊率军攻占长安。李渊按照诺言，把惊恐不安的杨侑扶上龙椅，拥戴他当上皇帝，把远在江都的隋炀帝尊为太上皇。李渊当了唐王、大丞相、尚书令，掌握一切大权，随后迅速控制了整个关中地区，建立了夺取天下的基业。

隋炀帝听说李渊造反，另立新君，暴跳如雷，后悔没早点把他除掉，但已鞭长莫及，没有任何办法。隋炀帝知道北方回不去了，便想迁都建康，偏安江南，划江而治。可是，他的大臣和将士们都是北方人，不愿意南下，又痛恨隋炀帝暴虐，结果造成众叛亲离，爆发了历史上著名的江都兵变。

618 年三月，禁卫军发动兵变，攻入皇宫，杀死隋炀帝。宇文化及掌握了大权，拥立隋炀帝的侄子杨浩当上皇帝。消息传到洛阳，隋朝大将王世充随即拥立杨侗为帝，自己独揽大权。这样，隋朝出现了三个傀儡皇帝，局势更加混乱不堪。到了这个时候，人人心里都明白，隋朝已经名存实亡了。

618 年五月，李渊觉得时机成熟，强迫杨侑禅位于他，改国号为"唐"，建都长安。第二年，杨侑果然丢了小命，不明不白地死了，年仅十五岁。

大唐王朝正式建立，李渊当上皇帝，被称为唐高祖。李渊追封亡妻窦氏为皇后，封长子李建成为太子，封次子李世民为秦王，封四子李元吉为齐王，其他文臣武将皆有封赏，朝野上下一片欢腾。

唐朝建立之初，天下一片混乱，各种势力相互攻打。江都有宇文化及的十几万名隋军；江淮有杜伏威的农民起义军；窦建德占据河北，建立了自己的政权；李密率领着势力庞大的瓦岗军，正在洛阳与王世充打得难分难解。另外，在全国各地，大大小小的割据势力不计其数，各自称霸一方。李渊的唐朝，只有关中和山西两地，他想平定天下，依然充满艰辛和曲折。

李渊当时五十三岁，阅历丰富，是一位成熟老练的政治家。他没有急于出兵中原，而是专心治理自己的地盘。李渊通过采取一系列有效的政治、经济、军事措施，收买人心，稳定社会，发展经济，扩充、训练军队，巩固了自己的统治，为夺取天下奠定了坚实基础。

李渊巩固统治之后，开始谋取天下。他首先向西进兵，拓展自己的地盘。西部地区盘踞着许多割据势力，其中比较大的，有占据兰州的薛举、薛仁杲父子和河西走廊的李轨集团。当时，李建成作为皇太子，是国之储君，不宜轻动，李渊就命次子李世民率军，去平定西部。李世民不负众望，很快消灭了薛举等人，收服了许多割据势力，占领了西部大片土地，使唐朝势力进一步增强。

趁唐军西征之际，割据马邑一带的刘武周、宋金刚，勾结突厥，攻占了太原，镇守太原的李元吉兵败逃走。李世民又奉命北上，击溃了刘武周、宋金刚。两人兵败后逃往突厥，后来被杀。此役，李世民招降了著名战将尉迟敬德。

宇文化及杀掉隋炀帝以后，将士们要求回归家乡，宇文化及便率军西返，打算回到关中。这支部队是隋军精锐，将士们多是关中汉子，战斗力很强，他们如果回到关中，必定会对李渊造成很大威胁。可是，李渊并不惊慌，因为有瓦岗军和王世充在洛阳挡着呢。

李密领导的瓦岗军，有几十万之众，已经围攻洛阳多时。守城的隋将王世充，有勇有谋，狡诈多端，他凭借高大坚固的城墙和城中充足的兵器粮食，顽强抵抗，双方难分胜负。

宇文化及率军西归，使李密和城中皇帝杨侗都感到十分不安，李密担心腹背受敌，杨侗是怕丢了皇位。于是，两人经过协商，暂时联合起来，共同对付宇文化及。杨侗封了李密高官，李密向杨侗称臣，然后带领瓦岗军，去打宇文化及。

宇文化及带领的隋军虽然精锐，但宇文化及是个草包，瓦岗军又人多势众，结果几次大战下来，隋军死伤惨重，只剩下两万多人了。宇文化及只好带着残兵败将，向东逃窜，不料又遭到窦建德攻击，宇文化及兵败身死，这股势力就完了。

瓦岗军打败了宇文化及，自己也死伤过半，疲惫不堪，伤痕累累。正在瓦岗军战后疗伤的时候，洛阳城中的王世充早已养精蓄锐，此时背信弃义，突然杀出，凶猛地向瓦岗军扑来。瓦岗军认为已经归顺了皇帝杨侗，因而没做任何防备，措手不及，被打得大败，伤亡惨重，全军溃散。著名战将秦琼、罗士信、程咬金以及大批将士，不得已投降了王世充。李密见大势已去，带魏徵等人投靠了李渊。李密不久被杀。瓦岗军这股势力也完了。

王世充收降了瓦岗军大批将士，又占领了原来瓦岗军的地盘，实力猛增。619年，王世充强迫杨侗让位，自己当上皇帝，国号为郑。杨侗不久被王世充鸩杀。

中原地区经过多年混战，弱肉强食，此时只剩下洛阳一带的王世充、河北的窦建德和江淮的杜伏威了，而杜伏威早已表示臣服唐朝，所以，李渊的对手，只有王世充和窦建德。

在中原混战的时候，李渊稳坐关中，冷眼旁观，他就像一只老狐狸，又像一头潜伏在草丛中的猛兽，随时准备一跃而起，扑向猎物。此时，李渊觉得时机已到，他要兵出关中，收拾残局，平定天下了。

620年七月，李世民率领兵强马壮的唐朝大军，浩浩荡荡出关，杀奔洛阳而来。王世充不是等闲之辈，料到唐军会来进犯，早已做好御敌准备。可是，王世充没有想到，唐军战斗力如此之强，几仗下来，损兵折将，全是败绩，造成军心不稳。

王世充更没有想到的是，那些投降他的瓦岗军将士，其实早就对他背信弃义的行径十分痛恨，并不是真心归降，再加上李世民采取了招降策略，于是纷纷临阵倒戈。秦琼、罗士信、程咬金、徐世勣等人，先后归降了李世民，成为唐朝开国功臣。

只用了短短三个月时间，李世民就率军攻占了河南全境，许多州县闻风而降。王世充屡战屡败，最后又被围困在洛阳城中。所不同的是，这次围攻洛阳的，不是那个志大才疏的李密，而是雄才大略的李世民。

王世充被困在洛阳孤城之中，万般无奈，只好厚着脸皮，向窦建德求救。窦建德本来与王世充是仇敌，双方多次交战，可是，窦建德知道，王世充如果完了，李世民下一个目标，必定是他，唇亡齿寒，窦建德不得不去救洛阳。窦建德认为，他与王世充联手，有可能会打败李世民，总比坐以待毙要好。

于是，窦建德亲率十万大军，南下救援洛阳。李世民知道后，命李元吉、屈突通带领一部分兵力，继续围困洛阳，自己亲率主力部队，去迎战窦建德。双方在武牢一带相遇，随即展开激战。唐军训练有素，英勇善战，李世民又派兵烧毁了窦建德的粮草辎重，造成军心动摇。经过几次大战，窦建德部队大败溃散，窦建德受伤被俘，后被杀害。在此期间，王世充率军出城，想与窦建德会合，被李元吉设下埋伏，打得大败，只好又退回洛阳。

李世民打败了窦建德，回军继续围攻洛阳。坐镇长安的太子李建成，主动请缨，要去收复河北，李渊同意了。李建成率军打败窦建德的部将刘黑闼，消灭了窦建德残余势力，占领了河北。后来，刘黑闼势力又起，李世民率军将其彻底消灭。

621 年五月，王世充在洛阳城实在无法坚持了，只好向李世民投降。李世民把王世充带到长安，李渊把他流放蜀地，王世充却被仇人刺杀。

消灭了这几股大的力量，其他分散各地的割据势力就不在话下了。唐军随即向全国进军，迅速收复江陵，降服岭南，平定虔州，很快统一了全国。唐朝成为又一个大一统的王朝，开创了一个辉煌的时代。

瓦岗英雄归大唐

由于受隋唐小说的影响，瓦岗英雄的故事流传很广。李世民大战中原，消灭王世充，得到一个重大收获，就是招降了大批瓦岗军将士。许多瓦岗英雄，成了唐朝开国功臣，有的成为李世民的亲信，为他夺权登基立下大功。

瓦岗寨，在今河南省滑县，是著名的瓦岗军起义发生地。在隋末大乱的时候，滑县人翟让在瓦岗寨聚众起义，早期首领有徐世勣、单雄信等人。瓦岗军初期行侠仗义，打家劫舍，颇似绿林好汉。后来，贵族出身的李密加入，改变了瓦岗军的发展方向，瓦岗军以夺取天下为目标，形成了一支势力庞大的反隋力量。

李密，出身于关陇贵族集团，素有大志，胸有谋略，曾经当过隋炀帝的侍卫，因不被重用，感到怀才不遇，常常愤愤不平。613年，贵族杨玄感造反，李密充当谋士，失败后逃匿。616年，李密投奔瓦岗寨。翟让仁义宅厚，胸襟开阔，见李密文韬武略，十分佩服，主动将寨主之位让给了他。李密成了瓦岗军首领，如鱼得水，从此大显身手。

当时，社会上广泛流传"李氏当为天子"的谶语，不少人认为是指李密。李密凭着这个优势，再加上他机智敏捷，能言善辩，游说各个山头，使许多起义军纷纷归附。一些隋朝官吏、军官和英雄豪杰，也前来投靠，如大名鼎鼎的魏徵、秦琼、程咬金、罗士信、裴仁基、张亮等人，都先后加入了瓦岗军。瓦岗军总数达到几十万人，号称百万，是当时实力最强的军事集团。

李密拥有如此雄厚的资本，夺取天下、登基称帝应该不是梦想。

可惜李密志大才疏，犯了一系列错误，致使大业未成，抱憾终身。

李密犯的最大错误，是恩将仇报，谋杀了主动让位、对他有大恩的翟让。这个不仁不义的做法，使李密输掉了人格和道德，失去了人心和凝聚力，导致许多将士与他貌合神离。所以，李密一直不敢分兵，都是自己亲自统领队伍。

其次，李密犯了战略性错误。他一心想打进洛阳，在洛阳城内登基称帝，因而把全部兵力都集中在洛阳周围，长期与隋军对抗，而忽视了战略要地关中，结果让李渊渔翁得利，捷足先登，占领关中，成就帝业。

李密犯了组织体制上的错误。瓦岗军虽然人多势众，但却像加盟连锁店式地进行管理，各山头自成体制，独立性很强，一旦有变，很容易崩散。

当宇文化及军队到来时，李密又犯了策略和战术上的错误，结果使瓦岗军像雪崩一样溃散了。李密的帝王大业，毁在了他一系列的错误之中。

瓦岗军失败了，却为唐朝提供了大批人才，许多英雄投奔大唐，建功立业，名垂青史。比较出名的，有以下几位。

魏徵，今河北晋州人，为人正直，满腹学问。他是隋朝官员，但看到隋朝已经没有希望，毅然投奔瓦岗军，一心匡扶天下。魏徵曾向李密献上十条发展大计，可惜李密并未采纳。

魏徵归唐后，屡献计策，立有大功，并且以直言敢谏著称。魏徵后来官至宰相，辅佐李世民开创贞观之治，成为一代名相，名列凌烟阁二十四功臣第四位。

徐世勣，字懋功，曹州离狐（今山东东明）人。在隋唐小说中，徐懋功智慧过人，是一位诸葛亮似的人物，实际上也确实是一位智勇双全的英雄。徐世勣早年跟随翟让聚义瓦岗寨，是瓦岗寨的元老和核心人物之一。李密谋杀翟让时，徐世勣也挨了一刀，差点丧命。

归顺唐朝后，徐世勣南征北战，为大唐开国屡建战功，之后，又率军大破突厥，消灭高句丽，平定碛北，是唐朝开疆拓土的主要功臣之一。徐世勣出将入相，名列凌烟阁二十四功臣之一，被封为英国公。因徐世勣功勋卓著，皇帝恩赐他姓李，徐世勣改名为李勣。

秦琼，字叔宝，今山东济南人，行侠仗义，勇力绝人。他原是隋朝军官，讨伐瓦岗军时被俘，便投降了瓦岗寨，成为瓦岗军中著名战将，曾舍身救了李密性命。

秦琼归唐以后，李世民非常信任他，每次作战，几乎都让秦琼当先锋。与敌军对阵时，遇有敌将挑战，李世民总让秦琼出战，秦琼跃马挺枪，总是将敌将斩杀于阵前。秦琼一生戎马，历经大小战斗二百余次，战功累累，被封为胡国公，名列凌烟阁二十四功臣之一。秦琼是李世民的心腹，在玄武门事变中发挥了重要作用。

秦琼作为英雄好汉，受到人们喜爱，他为朋友两肋插刀的故事，至今广泛流传。现在每逢过年的时候，人们都把秦琼、尉迟敬德的画像，贴在大门上。他们二人作为门神，威风凛凛地把守门户，保护人们的安全。

程咬金，也叫程知节，今山东东阿人。在隋唐小说中，程咬金被称为"混世魔王"，说他只有三板斧的本事。其实不然，程咬金武艺高强，而且有勇有谋。在隋末大乱时，他拉起了一支数百人的队伍，后来依附了瓦岗军。李密曾在全军挑选了八千勇士，组建了一支精锐部队，战斗力极强。李密常对人说，这八千勇士，可敌百万大军。李密把八千精兵，分为四队，命程咬金统领一队。

归降唐朝后，程咬金率军大败宋金刚，攻破王世充，擒获窦建德。他身先士卒，勇冠三军，攻城时常常举旗先登。程咬金因功被封为卢国公，名列凌烟阁二十四功臣之一。在李世民与李建成争斗时，程咬金力劝李世民早下决心，并在玄武门事变中立有大功。

张亮，郑州荥阳（今河南荥阳）人，从小务农，为人忠义。他投奔瓦岗寨以后，不被李密重用；归唐后，却得到李世民赏识，被召入府中，任车骑将军，成为李世民心腹。后来，李世民与李建成争斗，密令张亮去联络关东豪杰。不料，李元吉听到消息，挑唆李渊将张亮逮捕拷问。张亮受尽酷刑，宁死不招，保护了李世民。张亮先后任御史大夫、工部尚书、刑部尚书、洛阳都督，被封为郧国公，名列凌烟阁二十四功臣之一。

罗士信，齐州历城（今山东济南）人，隋末唐初著名猛将，是隋唐小说中罗成的原型。罗士信十四岁就上阵杀敌，他枪法精妙，所向无敌，很快当上隋军军官。罗士信在讨伐瓦岗军时被俘，与秦琼一起投降了瓦岗寨，成为瓦岗军著名战将。

归降唐朝后，罗士信在攻打王世充战役中大显神威，他夜袭洛阳外城，火烧清化里，攻破青城堡，智取千金堡，枪刺王世充之子王玄应，打得王世充狼狈不堪。罗士信因功被封为郯国公。

可惜，在征讨刘黑闼战斗中，罗士信不幸兵败被俘。刘黑闼想招降他，罗士信宁死不屈，慷慨赴死，年仅二十三岁。李世民非常悲痛，用重金赎回他的尸体，隆重安葬，赐谥号为勇。罗士信如果不死，必然会名列凌烟阁功臣榜。

裴仁基，隋军名将，因受小人陷害，愤而投奔瓦岗军。裴仁基和儿子裴行俨，勇猛过人，号称"万人敌"，是瓦岗军的著名战将。

瓦岗军溃散时，裴仁基父子不得已投降了王世充，后来密谋刺杀他，不料机密泄露，被王世充诛杀。裴仁基父子未能归顺唐朝，就遭遇横祸。唐朝念其忠勇有威名，追封裴仁基为原州都督，赐谥号忠。裴仁基的另一个儿子裴行俭，为唐朝建立大功，官至礼部尚书，被封为闻喜公。

在瓦岗英雄中，只有一个单雄信，誓死不降唐朝。单雄信是曹州济阴（今山东曹县）人，与徐世勣是朋友，最早跟随翟让聚义瓦岗寨。李密谋杀翟让后，单雄信鄙视李密，与他离心离德。

在瓦岗军溃散之时，单雄信归降了王世充。王世充对单雄信很器重，拜他为大将军。所以，单雄信为报知遇之恩，誓死不降唐朝，慷慨就义，以全名节。单雄信虽然没有为唐朝效力，却不失为一位忠义双全的英雄好汉。

瓦岗军诸多英雄，却不被李密所用，而归唐之后，他们一个个建功立业，名载史册。可见，李密失败、李世民成功，是必然的。

历史的经验表明：得人才者，必得天下。

天下未定杀功臣

一般来说，开国皇帝在平定天下之后，才容易诛杀功臣，所以有"鸟尽弓藏，兔死狗烹"的成语。可是，太原起兵的功臣刘文静，没等到天下平定，就被李渊杀掉了。这是为什么呢？

两唐书记载，刘文静，出身官宦之家，祖籍江苏徐州，世代居住在陕西武功。刘文静容姿俊秀，风流倜傥，胸有大志，多谋善断。在隋末时期，他担任晋阳县令，与晋阳宫监裴寂是好朋友。

有一天晚上，刘文静与裴寂一块散步，见城头巡逻的士兵点燃了烽火。当时天下混乱，农民起义此起彼伏。裴寂感叹道："天下即将大乱，我们去何处安身呢？"刘文静哈哈大笑说："乱世出英雄，我俩都有豪杰之气，难道会贫贱终生吗？"

刘文静常对裴寂说："我看唐公志在四方，不是平凡之辈；他的次子李世民，更是汉高帝刘邦、魏太祖曹操一类的人物。"裴寂起初不以为然，后来相信了，便倾心与李渊结交，成为李渊的知己。刘文静则与李世民关系密切。

刘文静与李密有姻亲关系，李密造反后，隋炀帝令李渊将刘文静逮捕入狱。李世民想举兵起事，深夜到狱中与刘文静商议，谋划起兵大计。李世民又与裴寂结成同党，劝促李渊起兵。因此，刘文静、裴寂都是太原起兵的重要谋划者，是大唐开国的首功之臣。

在李渊起兵过程中，刘文静献计献策，做了大量工作。他设计陷害王威、高君雅私通突厥，设法除掉二人，清除了起兵障碍；他向李渊建议，与突厥和好，并作为使者，凭三寸不烂之舌，说服突厥，解除了起兵的后顾之忧；他还伪造隋炀帝诏书，激起了民愤，为太原起兵创造了有利条件。这个时候，刘文静是李渊最信任的谋士，在太原起兵中立有大功。

刘文静在军事上也有一套。李渊攻打长安时，据守河东的屈突通回兵救援，李渊命刘文静率军前去潼关，阻击屈突通军队。当时，潼关由隋将刘纲把守，唐军出其不意，突然袭击，杀了刘纲，攻占了潼关。屈突通率军赶到，急于通过，刘文静却凭坚据守，与屈突通相持一月有余，使隋军始终不能前进一步，保障李渊顺利攻取了长安城。

屈突通见长安已失，回援无益，便率军东去，打算去洛阳。刘文静领兵追赶，全歼屈突通部将桑显和部队，劝降了桑显和。刘文静在灵宝一带追上屈突通的主力，两军对阵，即将展开一场厮杀。

屈突通是隋朝名将，一生征战无数，智勇双全，刘文静应该不是他的对手。可是，此时隋军军心涣散，兵无斗志。刘文静令桑显和出阵劝降。桑显和对隋军将士们说："隋朝已经快完了，你们的父母妻儿都在关中，为什么还要东去呢？"

屈突通大怒，喝令将士进攻。不料，将士们再也不听从他的命令了，纷纷把刀枪扔到地上。屈突通见大势已去，下马向东南方向跪拜，号哭道："臣已经尽力了，天意如此，无可挽回。"于是投降了刘文静。

618年，李渊建立唐朝，登基称帝。他奖赏太原起兵的有功之人，确定十七人为"太原元谋功臣"。其中，李世民、刘文静、裴寂三人为首，李渊颁发诏令，给予三人"恕二死"的特权，可以免死两次，荣耀至极。

李渊任命刘文静为纳言。纳言是门下省的长官，属于宰相。同时，任命裴寂为尚书右仆射，是尚书省的长官，也是宰相。

唐朝建立以后，百废待兴，刘文静发挥聪明才智，负责制定各项制度和礼仪，又主持起草法律，理顺了朝纲。后来，又跟随李世民西征，打败薛举等人，收服大小割据势力，占领了西部地区。李世民对刘文静十分尊重和信任，言听计从，自己有病时就将部队交给他统领。这一时期，刘文静所建立的功劳，又比裴寂显赫。

可是，裴寂与李渊关系密切，情谊不同一般。李渊每有临朝，必请裴寂同坐，散朝后还要将他单独留下，赐御膳款待。李渊从不直呼裴寂的名字，而是尊称"裴监"。朝中之事，李渊也是首先与裴寂商议。裴寂所享受的待遇，满朝文武无人能及。

刘文静觉得，自己的才能和功劳，远在裴寂之上，因而心中愤愤不平。刘文静经常故意找裴寂的碴儿，朝堂议事时，凡是裴寂赞成的，刘文静都要反对。时间一长，两人的矛盾尖锐起来。

619年的一天，刘文静与弟弟刘文起一同饮酒。刘文静心中不快，很快就喝醉了。刘文静醉后口无遮拦，大发牢骚，又拔出佩刀，砍斫厅柱，发誓一定要杀了裴寂。两人原先是朋友，如今势不两立了。

这个时候，刘文静家中恰巧又发生妖祟之事，刘文起担忧，请来巫师。巫师在夜里披发衔刀，作法驱妖。刘文静有个小妾，因失宠怀恨在心，让其兄向朝廷告状，诬称刘文静谋反。

李渊明知裴寂与刘文静不和，却让裴寂和萧瑀审理此案。萧瑀是隋炀帝萧皇后的弟弟，他的妻子是李渊母亲的侄女，因而投唐后很受信任。萧瑀为人正直，他认为刘文静没有谋反，最多是发泄不满情绪。李世民也向父亲打保票，保证刘文静没有谋反之心。

裴寂私下里对李渊说："刘文静擅长权谋，性情阴险，方今天下未定，外有强敌，留下他终为后患。"李渊深以为然，下令将刘文静处斩。

刘文静是李世民的智囊和密友，李世民听说后，大吃一惊，苦苦向父亲求情。李渊始终不为所动，坚决诛杀了刘文静。他的弟弟刘文起，也一同无辜被杀。可怜满腹韬略的刘文静，在天下未定之时，就死于内斗之中，时年五十二岁。

刘文静才能出众，为大唐开国立有首功，又有两次免死的特权，凭李渊的老练性格，也肯定清楚他并没有谋反，可是，李渊为何一意孤行，非要杀了刘文静不可呢？何况当时天下未定，王世充、窦建德、杜伏威势力都很大，正是用人之际啊！

两唐书对此没有评论，只是说刘文静死于"轻躁"。刘文静确有轻躁的过失，但罪不至死。所以，有学者认为，李渊是担心刘文静会为李世民出谋划策，夺取太子之位。当时的太子是李建成，而刘文静却常说李世民是刘邦、曹操一类的人物，用心不是很明显吗？所以，李世民越是为刘文静求情，李渊越要杀了他。

629 年，已经登基称帝的李世民，公开为已死十年之久的刘文静平反昭雪，恢复其爵位。看来，他对父亲坚持要杀刘文静，也是心知肚明的，如今掌了大权，就要还刘文静一个公道。

裴寂则一直受到李渊宠信，可是，李世民上台以后，他的好日子就到头了。629 年，李世民在为刘文静平反的同时，免去裴寂官职，削去他一半的食邑，令他返回故乡。

裴寂不愿意回乡下，想在长安居住。李世民不许，斥责他说："我念及旧情，不忍对你施以极刑，就很便宜你了。你还有什么不满意的?"后来，李世民又借故把他流放蜀地。裴寂在抑郁中病逝，终年六十岁。两个首议起兵的开国功臣，结局都不好，凌烟阁二十四功臣中，也没有他俩的画像。

李渊坚持杀掉刘文静，是担心他为李世民谋划夺权。这表明李渊已经看出李世民有野心，他想削弱李世民的势力。李渊最不愿意看到的，是他的儿子们自相残杀。可是，皇权的诱惑力，实在是太大了，他杀掉一个刘文静，能管用吗？

英雄难断家务事

俗话说，清官难断家务事，说明家庭矛盾是相当复杂的，很难分清是非。有多少英雄人物，在处理国家大事上得心应手，游刃有余，但在处理儿子的问题上，却束手无策，是个失败者，李渊就是这样。

李渊的儿子很多，仅载入史册的，就有二十二个。在李渊起兵打天下的时候，他成年的儿子有三个，分别是李建成、李世民、李元吉。兄弟几个都很能干，他们同心协力，并肩战斗，为大唐开国立下了汗马功劳。在著名的西河之战中，李建成和李世民配合默契，取得辉煌战果，颇有点"打虎亲兄弟，上阵父子兵"的味道。李渊常为这几个优秀的儿子感到欣慰和骄傲。

李建成性格深沉，处事稳重，待人宽厚，礼贤下士，有点像李渊。李渊被任命为太原留守后，让李建成保护家眷，居住在河东，同时让他秘密联络结交河东义士，委以重任。李渊在太原决定起兵，已经做好了各项准备，李世民、刘文静多次催促李渊起事，但因李建成尚未来到，李渊迟迟不肯，直到李建成到了太原，李渊才宣布起兵，足见李渊对李建成十分器重。

李渊起兵的第一仗，是西河之战。西河挡在李渊进军关中的路上，西河郡丞高德儒不肯依附李渊，所以，这个钉子非拔除不可。李渊命李建成、李世民兄弟俩率军攻打。李建成治军有方，与士兵同甘共苦，约束部队不得侵扰百姓，军纪严明，秋毫无犯，结果只用九天时间，就攻占西河，杀了高德儒。李渊对李建成的表现很满意。

在攻打关中地区时，李建成独率一军，攻关夺隘，为收取关中立有大功。之后，李建成又消灭祝山海起义军，平定稽胡刘仚成叛乱，打败刘黑闼，击退突厥，南征北战，屡立战功。

李渊建立唐朝后，立李建成为皇太子。皇太子是国之储君，不宜轻动，此后李渊就很少令他外出领兵打仗，而是让他镇守长安，学习政务，管理朝政，朝廷大事都由李建成处理。李渊曾想废除佛教，李建成怕引起社会动荡，劝阻了他。李建成的太子府人才济济，文有魏徵、王珪，武有薛万彻、冯立等。

两唐书对李建成的记载，总体上是不好的，说他"资性简慢，行为不检，好色嗜酒，行猎无度"。两唐书还记载了李建成许多劣迹，说他不恤士兵，擅杀俘虏，傲慢无礼，骄奢淫逸，暗害兄弟，亲近小人，甚至与父亲的妻妾乱伦，简直坏到家了。如此大恶之人，李世民把他杀了，自然是替天行道，为天下除害，是正义之举。

不过，《旧唐书》和《新唐书》都在《褚遂良传》中，记载了一件耐人寻味的事情。褚遂良是有名的正直之人，当时任起居郎，专门负责记录皇帝的言行，称为《实录》。有一次，李世民问他："你记载的起居，朕能看看吗？"褚遂良断然拒绝，说："不行，按照制度，皇帝是不能亲自观史的。"李世民又问："朕如果有过失，你也记载吗？"褚遂良很认真地回答："秉笔直书，是史官的职责。"李世民听了，一脸的不高兴。旁边的黄门侍郎刘洎赶紧打圆场，说："陛下，即便褚遂良不记，天下人也会记下来的。"李世民默然无语。

《旧唐书》又在《房玄龄传》中记载说，李世民令房玄龄负责修撰《高祖实录》和《太宗实录》。两实录修成后，李世民龙颜大悦，大加赞赏，赐给房玄龄锦帛一千五百段。房玄龄虽说名声很好，但他是李世民的亲信，更重要的是，他是玄武门事变的主要谋划者，他肯定认为，李世民发动玄武门事变，是正义之举。《旧唐书》在这里虽然没有明说李世民篡改了史料，但很明确地告诉人们：《高祖实录》和《太宗实录》，经过房玄龄修改，已经不是褚遂良所记的原始史料了。《新唐书》没有房玄龄修撰两实录的记载。

《旧唐书》在《许敬宗传》中，记载得就更明确了。许敬宗也参与了两实录的修撰，但他总是按照自己的爱憎，曲意进行篡改。这就直接告诉人们：两实录被人篡改过。所以，许多学者认为，李世民授意房玄龄和许敬宗，对史料进行了篡改，歪曲了李建成，美化了李世民。笔者认为，李世民十分重视史书的作用，他这样做，是有可能的。因为玄武门事变影响太大，篡改者不可能全部抹掉不提，只能丑化李建成，以显示玄武门事变的正义性。

由于李建成镇守京师、主持朝政，李元吉镇守大本营山西，领兵打仗的任务，就落到李世民头上。李世民深通谋略，文武双全，他率兵东征西讨，平定天下，唐朝江山有一多半是他领兵打下来的。李世民不仅功勋卓著，战功无人能及，而且通过浴血奋战，赢得了军心民心，声望也无人能及。

更重要的是，李世民通过战争，发现并提拔了许多谋臣武将，特别是灭掉王世充、窦建德以后，英雄豪杰纷纷归附，在他身边聚集了一大批精英人才。当时，李世民手下，文有长孙无忌、房玄龄、杜如晦，武有尉迟敬德、秦琼、徐世勣、程咬金等，人才济济。他们都对李世民忠心耿耿，李世民的实力也是无人能及的。

李世民素有英雄大志，如今功劳、声望、实力都超过李建成，便觊觎太子之位；李建成见李世民实力日盛，心存忌惮，两人产生矛盾。这其实是很自然的事情，不以人的意志为转移，关键问题是，李渊如何处理两个儿子之间的矛盾。

李渊老谋深算，手段高明，处理外部事务几乎没有失误过，但他处理家务事却有点束手无策。两个都是亲生儿子，手心手背都是肉，如果硬要从中选一个，抛弃另一个，当父亲的确实于心不忍，很难选择。

对长子李建成，李渊一直寄予厚望。李渊当唐王时，就立李建成为世子，称帝后又立他为皇太子。李建成既是嫡子，又是长子，完全符合封建继承制度立嫡立长的原则，因此，李渊长期把李建成作为储君培养和看待。李建成没有过失，李渊不能废了他。

对次子李世民，李渊一直厚爱有加。从太原起兵，到攻取长安，再到消灭王世充、窦建德，李世民一系列优异的表现，让李渊清楚地认识到，这个儿子不同寻常，真是像刘文静说的那样，是刘邦、曹操那样雄才大略的人物。李世民打下了唐朝大半江山，功高盖世，李渊不能亏待他。因此，在两个优秀的儿子面前，李渊犹豫不决，反复不定，陷入了两难的境地。

一开始，李渊想限制李世民的势力，巩固李建成的太子地位。李渊坚决杀掉李世民的智囊刘文静，就是怕刘文静帮助李世民，也有警告李世民的意思。李渊还有意压制李世民的威信。有一次，有人不遵从李渊的诏令，而执行李世民的命令。李渊大怒，捋起袖子指责李世民，又喊着李世民的乳名，对裴寂等大臣们说："这小子掌管军队时间太长，独断专行，让人教唆坏了，不再是我从前的儿子了。"李渊一度对李世民的态度比较冷淡。

李建成看到李世民势力日盛，心中十分担忧，暗中招揽英雄豪杰，培植自己的势力，又在长安召集两千名士兵，由自己亲自统领。李建成还联络地方官员，壮大自己的力量。庆州总管杨文干，曾在太子府中任职，与李建成关系密切。李建成密令他扩充兵力，并偷送给他一批兵器。

不料，此事被人告发，说太子与杨文干谋反。李渊大怒，亲手写了诏书，令李建成进宫。李建成来到后，李渊大发脾气。李建成趴在地上，叩头认罪，把头朝地上猛撞，几乎撞昏过去，李渊的怒气才小了一些。李渊又令人传唤杨文干，要处罚他。没想到，杨文干听说李渊大怒，太子受罚，心中害怕，真的起兵造反了。

李渊命李世民率军平叛，并对他说："杨文干叛乱，与建成有关，可我不能像隋文帝那样杀自己的儿子。平叛回来以后，就立你为太子，把建成封为蜀王。蜀地偏僻狭小，他即便不服从你，也容易对付。"李世民很快平定了叛乱，杨文干被部下杀死。可是，李世民回来以后，李渊对李建成的气消了，并没有兑现诺言。

李渊对李世民说："建成当太子已有多年，我不忍心废掉他。看你们兄弟的情形，终究不会和好，都住在长安，必然会争斗。我看你到洛阳去住吧，陕州以东，归你管辖，你可以使用天子旗号，如同梁孝王一样。"李渊是想把唐朝一分为二，这当然是不现实的，日后必定再起战火。所以，李渊后来思虑再三，这个诺言也没有兑现。

两个儿子都很优秀，可只能由一个人当皇帝，李渊左右为难，实在想不出好办法。李渊的优柔寡断，迟疑不决，必然加剧两个儿子之间的争斗。李世民与李建成这两个亲兄弟，为了皇权，互不相让，争斗不休，最终手足相残，酿成了玄武门惨案。

兄弟喋血玄武门

　　李世民与哥哥李建成，是一母同胞，但为了皇权，却势不两立。李渊对两个儿子很无奈，犹豫不决，但他总体上是倾向李建成的，因为李建成是嫡长子，继位名正言顺，符合礼制。李世民见通过正常手段达不到目的，便决定采取非正常手段，发动政变，用武力夺取政权。于是，便爆发了历史上著名的玄武门事变。

　　由于李渊对两个儿子的争斗束手无策，没有采取有效措施，致使李建成、李世民两兄弟之间的明争暗斗越来越激烈。李建成拉拢四弟李元吉，许诺让他当皇太弟，李元吉便倒向了李建成，两个人联手对付李世民。李渊的儿子虽多，但三子李玄霸、五子李智云死得早，六子李元景只有五六岁，其他儿子年龄更小，所以，只有三个年长的儿子在争斗。

　　李建成、李元吉联合后宫嫔妃，不停地在李渊面前说李世民的坏话，想夺取他的权力，但收效不大。他们想收买李世民手下的谋臣武将，送去金银财宝，极力拉拢，却遭到拒绝。李元吉想暗杀李世民，李建成不同意。李元吉气愤地说："我这是为老兄你考虑的，与我有什么相干？"李元吉还派勇士去刺杀尉迟敬德，但没有成功。

　　在这种情况下，李世民的幕僚属官自然也不甘示弱，他们依仗实力强大，想动用武力。房玄龄是李世民的心腹和主要谋士，他本是文官，却第一个提出来，要用武力解决问题。房玄龄去找长孙无忌，长孙无忌是李世民的大舅哥，也是他的心腹和主要谋士。

　　房玄龄对长孙无忌说："如今仇怨已经结成，祸患一触即发。大乱一起，不仅殃及秦王，而且会颠覆国家。我有一个主意，不如效仿周公。周公为了国家，大义灭亲，诛杀弟弟，留下了千古佳话。有人说过，为大义不能顾及小节，就是这个道理。"

长孙无忌十分赞同，说："你的话正合我意，我早就有这想法了，只是事情重大，一直没敢说出来。"两人又找到杜如晦，杜如晦也是李世民的心腹和主要谋士，而且与李建成有怨。三个人意见完全一致，于是一齐去见李世民，劝李世民及早动手，除掉李建成。李世民觉得时机尚不成熟，没有同意，但已经悄悄做了准备，派张亮去关东联络豪杰。

李建成对李世民十分警惕，知道房玄龄等人在他身边，不会出什么好主意，便禀告李渊，把房玄龄、杜如晦以及程咬金和几个武将，赶出京师，调到外地任职。李元吉又探听到张亮之事，把他抓了起来，严刑拷打。不料，张亮宁死不招，只好把他免官，逐出京城。

626年，突厥侵犯边界，攻破长城，包围了乌城。李建成早就想夺取李世民的兵权，但一直没有成功，如今见有了机会，赶紧奏报李渊，建议由李元吉统领李世民的部队，去抵御突厥。李渊也想削弱李世民的权力，便爽快地同意了。

李世民所依赖的，正是军队，如果没有了军队，一切都完了。此时，李世民终于下了决心，准备搞武装政变，夺取皇权。李世民立即把房玄龄、杜如晦秘密召回，二人穿着道士的服装，悄悄进了秦王府，与李世民、长孙无忌等人，商议政变大计。

按两唐书记载，玄武门事变过程很简单。六月三日，李世民向李渊哭诉，说李建成、李元吉与后宫嫔妃淫乱，并且要谋害他。李渊听了，十分惊愕，当即发出诏令，让李建成、李元吉第二天进宫，与李世民对质，查清事实。李渊还对李世民说："明天你要早来。"

看来，李渊对李建成与嫔妃淫乱之事并不相信，否则，就没有必要对质了。李世民状告李建成淫乱后宫，目的是想把李建成引出来。

六月四日，李世民在玄武门设下伏兵，亲率尉迟敬德、秦琼、程咬金、屈突通等几员大将，全副武装，等候李建成和李元吉。李建成、李元吉毫无防备，只带少数随从，有说有笑地往皇宫走。

李建成、李元吉快走到玄武门时，猛然看见一队兵马挡住去路，为首的几个大将，凶神恶煞一般，骑着高头大马，手持刀枪，横眉冷对，虎视眈眈。李建成、李元吉情知不妙，拨马就走，李世民喊他们，也不答话，只顾策马向东宫狂奔。李世民一声令下，诸将纵马追击。

李世民瞄准前面的李建成，一箭射去，李建成应声落马，倒地身死，尉迟敬德飞马向前，砍下了他的脑袋。此时，李元吉已经跑出去很远，尉迟敬德紧追不舍，一箭射去，李元吉落马身亡，也被尉迟敬德砍去了脑袋。

东宫将士听说玄武门事变，太子已死，一片惊慌，不知所措。李建成的部将薛万彻、冯立、谢叔方等人，十分愤慨，说："我们蒙受太子恩惠，不能在大祸来临时逃避。"他们集合起两千名士兵，杀向玄武门，要为太子报仇。这些将士们，在明明知道太子已死的情况下，还不顾个人安危，奋勇向前，可见李建成的为人，不会很差的。

玄武门前，李世民的士兵与李建成的士兵展开激战，杀声震天，血流成河。毕竟李世民早有防备，逐渐占了上风。尉迟敬德把李建成、李元吉的首级挂起来，东宫士兵见了，心惊胆战，军心动摇，最终兵败溃散。

薛万彻带领数十名骑兵，逃入终南山。冯立杀死李世民的部将敬君弘，对部下说："可以略微报答太子殿下了。"然后落荒而逃。后来，李世民以李渊的名义颁发诏书，不予追究，并进行招抚，薛万彻、冯立、谢叔方又回来，继续为唐朝效力。

两唐书记载说，李世民得胜后，率兵进入东宫和李元吉王府，下令将李建成的儿子李承道、李承德、李承训、李承明、李承义和李元吉的儿子李承业、李承鸾、李承奖、李承裕、李承度全部诛杀，一个不留。李建成死时三十七岁，李元吉只有二十四岁，他们的儿子都是未成年人，最大的只有十几岁，小的尚在襁褓之中，不幸全部遇难。李世民也够狠的！

在玄武门血战之时，李渊在皇宫中，召集裴寂、萧瑀、陈叔达、宇文士及、颜师古等一班大臣，准备让李世民与李建成对质，不料突发事变，李世民的数百骑兵包围了皇宫。

李渊惊慌，问裴寂怎么办。裴寂尚未回答，萧瑀、陈叔达抢先说："建成、元吉狼狈为奸，犯上作乱。秦王功劳天下第一，臣民心悦诚服，不如立为太子，把国家政务交给他。这样，陛下卸去肩上重担，百姓也得安宁。"李渊说："好，这也是我的夙愿。"于是下诏立李世民为太子，两个月后，又把皇位让给他，自己当了太上皇。

奇怪的是，萧瑀、陈叔达未出宫半步，怎么知道是李建成、李元吉作乱呢？看来，这也是李世民事先谋划好的。后来，萧瑀、陈叔达都得到重用，官至宰相，萧瑀还名列凌烟阁二十四功臣之一。

两唐书在《尉迟敬德传》中，又有不同的记载。李世民在玄武门得胜后，立即命尉迟敬德率一队人马，去保护李渊。其实，李渊自有侍卫，哪里用得着尉迟敬德去保护？显然，尉迟敬德是逼宫去了。

尉迟敬德身穿铠甲，手持兵器，率兵来到李渊身边。当时，李渊正在海池上划船游览，已经知道发生了事变，见尉迟敬德领兵到来，极度惊恐，忙问："今天的叛乱者是谁？你来这里干什么？"

尉迟敬德回答："是李建成、李元吉叛乱，秦王已经派兵把他们杀了。秦王担心您的安全，派我来保护您。"李渊一听，心里就明白了，亲兄弟终于兵戎相见了，李世民取得了胜利。此时，不知李渊心中是什么滋味？

尉迟敬德说是来保护皇帝的，却要求李渊写一道诏令，把朝廷大权都交给李世民。李渊心里明白，在这种情况下，他如果不写，恐怕老命不保。于是，李渊亲笔写了诏令，把皇位让给了儿子。此时，李渊六十岁。之后，李渊过了十年舒适安稳的软禁生活，七十岁时病逝。

玄武门事变，是李世民为了夺取皇位而发动的武装政变，从实质上说，没有什么正义可言。不过，李世民虽然用不正当手段谋取了皇位，却开创了贞观之治，把唐朝引向繁荣富强，李世民因此成为千古明君。这是值得庆幸的，玄武门事变也就显得有意义了。

大胸怀才能创大业

　　李世民发动玄武门事变，杀死哥哥和弟弟，并杀死十个未成年的侄子，夺取了皇位。可是，他对李建成的亲信们，却采取了宽容的态度，拉拢他们为己所用。像冯立、薛万彻、谢叔方、王珪、魏徵等人，后来都成了李世民的忠臣良将。这表明，李世民是一个胸襟开阔、能干大事之人。

　　玄武门事变之后，李世民的手下纷纷要求，把李建成、李元吉的亲信斩尽杀绝，以绝后患，并列出了一百多人的名单。这时，尉迟敬德谏言说："不可！罪孽是两个元凶所犯，他们已经伏诛，如果再牵连他们的党羽，不利于大局稳定。"

　　尉迟敬德是武将，尚且知道当时最需要稳定大局这个道理，李世民是政治家，自然明白这一点。于是，李世民下令，对李建成、李元吉的部下，一律不得杀害。当天，李世民又以皇帝李渊的名义下发诏令，说叛逆者只有李建成、李元吉两人，其他人一概不予追究。朝廷事务均由秦王处置，李建成、李元吉的下属，都要向秦王报到，听候安置。

　　诏令一下，局面很快安定下来，李建成、李元吉的很多部下，都来向李世民报到，连率兵攻打玄武门的主将冯立，也来向李世民请罪。冯立是同州冯翊（今陕西大荔）人，为人忠义，武艺高强，为李建成所器重，统领东宫兵马。

　　玄武门突发事变，李建成、李元吉被杀。消息传到东宫，人们一片惊慌，不知所措。冯立对薛万彻等人说："我们蒙受太子恩惠，决不能在大祸来临时逃避。"冯立愤慨地集合起东宫士兵，杀向玄武门，要为太子报仇。冯立身先士卒，杀死李世民部将敬君弘，对众人说：

"可以略微报答太子殿下了。"

李世民见到冯立，十分生气，斥责他说："你有两项大罪：一是离间我兄弟感情；二是带兵攻打玄武门，杀死我将士。"冯立说："我是东宫将军，为太子效命，是我的职责。当时我只想报答太子恩情，没顾及其他。"李世民宽恕了他，又慰勉他一番，让他回去了。李世民扭头对身边人说："此人忠于职守，有恩必报，是个义士！"

冯立继续领兵，在与突厥作战中，他不惧生死，亲率几百名骑兵，插入敌阵，猛打猛冲，把突厥打得大败。李世民奖赏了他。

后来，李世民要挑选一个正直清廉的人，去做广州都督，选中了冯立。广州盛产珠宝，海上贸易活跃，又远离京师，因而广州官吏十官九贪。贪官们为了遮羞，造谣说，当地有一眼贪泉，不管谁喝了泉水，都会变得贪婪。冯立不信邪，专门去喝了贪泉水。冯立在任期间，两袖清风，勤政爱民，受到百姓称赞，最后病死于任上。《旧唐书》把冯立列入《忠义传》。

与冯立共同领兵攻打玄武门的，还有薛万彻。薛万彻是陕西咸阳人，是隋朝名将薛世雄的儿子。都说将门出虎子，薛万彻就是一员虎将，在战场上英勇无敌。太子李建成很欣赏他，把他招至麾下，视为心腹。薛万彻的哥哥薛万均，在李世民帐下效力，薛万均曾多次劝说弟弟，改投李世民门下，薛万彻毫不动心。

在玄武门事变中，薛万彻与冯立共同领兵，与李世民军队交战。在混战中，薛万彻想带领部分兵力，去攻打李世民的秦王府，可惜没有成功。玄武门兵败后，薛万彻带数十骑兵逃入终南山。朝廷发了赦免诏令，李建成的部下很多都回去了，薛万彻却不肯出来。李世民欣赏薛万彻勇武，多次派人招抚，薛万彻这才前来。李世民见到薛万彻，丝毫没有怪罪，反而夸赞他忠义。

李世民任命薛万彻为右领军将军，比李建成给他的官还大。从此，薛万彻率军南征北战，屡立战功。他跟随李靖北伐，灭掉突厥，因功晋爵郡公，紧接着，他又率军西征，大败吐谷浑，然后，跟随李勣灭掉薛延陀部落，东征高句丽，战功赫赫，威名远扬。

李世民很器重薛万彻，把妹妹丹阳公主嫁给他。李世民常与别人议论，说："当今名将，唯李靖、道宗、万彻三人而已。"李世民死后，薛万彻以谋反的罪名，被长孙无忌所杀。至于薛万彻是真的谋反还是被陷害，史学界存在争议。

在玄武门事变中，与冯立、薛万彻一同领兵的谢叔方，是李元吉的部下，赦免后任右翊卫郎将，后历任西州、伊州刺史，长期镇守西北边疆。谢叔方治理有方，以德服人，关心百姓疾苦，妥善处理民族矛盾，受到当地各民族人民的爱戴。谢叔方晚年时，升任广州都督。《旧唐书》把谢叔方也列入《忠义传》。

李建成的武将是忠义之士，他的文臣更不简单，王珪、魏徵皆有宰相之才。

王珪，太原祁县（今山西祁县）人，是南梁著名大将王僧辩的孙子。王珪志向深沉，性情淡雅，满腹学问，不重名利。李建成看出他是位难得的治国人才，把他招至麾下，成为心腹。李建成死后，王珪痛哭流涕，与魏徵等东宫属官一起，自动给李建成送葬。

李世民也看出王珪有才，不计前嫌，百般拉拢。王珪历任谏议大夫、黄门侍郎、侍中、同州刺史、礼部尚书，最后官至宰相，与房玄龄、杜如晦、魏徵共同执掌朝政，被称为唐初四大名相之一。

李世民还把女儿南平公主嫁给了王珪的儿子王敬直，两人成了亲家。王珪六十九岁病逝，李世民素服举哀，极其悲痛。

大名鼎鼎的魏徵，原先也是李建成的心腹和谋士。魏徵多次劝谏李建成，要先下手为强，及早除掉李世民，可李建成犹豫不决。所以，玄武门事变之后，李世民把魏徵抓来，训斥他："你为什么要离间我们兄弟？"魏徵毫不畏惧，说："可惜太子不听我的话，否则哪有今日之祸啊！"

李世民素知魏徵有才能，赦免了他，并且不断升迁他的职务，予以重用，最后官至宰相。魏徵对李世民忠心耿耿，多次直言进谏，辅佐李世民开创贞观之治。

有意思的是，在唐初四大名相中，房玄龄、杜如晦是玄武门事变的主谋，王珪、魏徵却是李建成的亲信，最后四个人竟然同心协力，共同辅佐李世民。这反映出李世民心胸之开阔、用人之高明。

可见，胸襟开阔，才能成就大业；只有容忍天下，才能够拥有天下。

贞观之治探索治国之道

玄武门事变之后，李世民掌控了朝廷。过了两个月，李渊颁发诏书，退位被称为太上皇，李世民正式登基为帝，被称为唐太宗。

当时，唐太宗二十八岁，年富力强，精力旺盛，他又胸怀大志，历经战火锻炼，于是踌躇满志，很想干出一番大事业。李世民在登基不久，就把群臣召集起来，出了个题目，让大家讨论。题目是：周朝的统治，为什么能够长久？貌似强大的秦朝、隋朝，为什么二世而亡？

这无疑是个重大的课题，大臣们议论纷纷，各抒己见。李世民一边听着，一边不时地点头和沉思。最后，他总结道："盖取之或可以逆得，而守之不可以不顺故也。"意思是说，夺取天下可以不择手段，不用顾忌道义，但守天下，必须顺应统治规律，需要有治国之道。

李世民把自己的年号，定为贞观。贞观二字，来源于《易经·系辞下》中的"天地之道，贞观者也"。意思是：天地间万事万物，都是有其发展规律的，统治国家也不例外。李世民是一位雄才大略的政治家，他一生孜孜以求的，是探索治国之道，以正道示人。

唐太宗的治国之道，一是体现在他以民为本的治国思想上。以民为本思想，早在春秋战国时期就有了。孟子说过："民为重，社稷次之，君为轻。"荀子也说过："君者，舟也；庶人者，水也；水则载舟，水则覆舟。"过去的一些国君帝王，有的也强调以民为重，但是，无论在对以民为本思想的认识程度上，还是在具体实践当中，没有人能超过李世民。李世民把以民为本的治国理念和实践推向了前所未有的高度。

李世民亲身经历过隋末战争，亲眼看到了庞大隋朝被人民推翻的现实，深刻感受到人民群众的磅礴力量，所以，他对以民为本的思想领悟得尤其深刻。李世民亲自撰著了《民可畏论》，提出民心可畏、民力可畏。李世民多次强调："水能载舟，亦能覆舟""为君之道，必须先存百姓""君依于国，国依于民"。这是李世民在隋亡教训中领悟到的宝贵治国经验，也是治国的根本之道。

李世民把以民为本的治国思想，贯彻到一系列政策措施之中。当时，经过隋末十几年战乱，社会满目疮痍，经济凋零，人口锐减，百姓生活贫困。李世民实行轻徭薄赋、与民休息，采取均田制和租庸调制两大经济政策，使人口稳定，经济得到恢复。同时，他戒奢从简，取消各地进贡，革除民少吏多弊政，不搞大型工程，大大减轻了人民负担。

李世民除了重视农业生产以外，还重视发展商业。中国古代社会历来都是重农抑商，李世民却看到了商业对于繁荣经济的重要作用，采取了许多鼓励政策，扶持商业发展，使大批新兴的商业城市像雨后春笋般兴起。当时世界上出名的商业城市，有一半以上在大唐。商业的发达，促进了丝绸之路的兴旺，贞观期间，来往于丝绸之路上的商旅络绎不绝。贞观时期是中国历史上少有的不歧视商业的王朝，足以表明李世民的远见卓识。

唐太宗的治国之道，二是体现在他对国家管理体制的改革完善上。唐朝建立之后，形式上照搬了隋朝的三省六部制，但却与隋朝有着很大区别。隋文帝创立三省六部制，目的是集中皇权，分散相权。隋炀帝的三省六部制，形同虚设，大权由皇帝独揽。

李世民为了克服隋朝弊端，建立强有力的管理体制，扩大了三省权力，完善其职责，形成了三部门既互相协调、又互相制约的行政管理体制。尤为难能可贵的是，李世民为了防止自己一时心血来潮而做出错误决定，还特地规定，皇帝诏书也必须由门下省审查之后才能生效。能够在制度上限制皇权，在中国历代封建王朝中，大概只有贞观时期，这显示出李世民的高度自信和博大胸怀。

唐太宗的治国之道，三是体现在法治与德治相结合上。李世民十分重视法治，强调管理国家，一切都要以法律为准。他在《开皇律》《武德律》的基础上，按宽简原则，制定了《贞观律》。《贞观律》共十二篇、五百条，公开发布，要求天下人共同遵守。与此同时，李世民设置文学馆、弘文馆，在各地兴建学校，大力推行儒学，教化百姓。在贞观时期，法律并不严苛，但犯罪率较低，社会稳定。有一年，全国的死囚犯只有二十九人。

唐太宗的治国之道，四是体现在选贤任能、激发社会活力上。有一天，李世民与大臣们一起议论隋文帝杨坚。大臣们都说，杨坚勤勤恳恳，从早忙到晚，是个勤政的皇帝。李世民笑了，说："你们只知其一，不知其二。杨坚之所以事必躬亲，是因为他从孤儿寡母手里篡夺了江山，总怕别人不服气、不尽心，也怕别人有了权，会像他那样篡位，所以，什么事都自己干。可是，偌大的国家，仅靠一个人的勤勉，怎么能行呢？"

李世民是想依靠大家的力量，他高度重视人才，以宽宏的气度招贤纳士。在著名的凌烟阁二十四功臣中，早期跟随李世民的没有几个，大多数是他从敌方阵营中招降过来的。李世民称帝后，五次颁布求贤令，广泛招揽各种人才。他知人善任，从谏如流，充分调动大臣们的积极性，发挥朝廷和官吏队伍的整体效能。李世民还重新实行科举制，使大批人才脱颖而出，有效地激发了社会活力。

唐太宗的治国之道，五是体现在妥善处理周边民族关系上。唐朝建立之初，周边环境并不乐观，北面有突厥、薛延陀，西边有吐谷浑和西域各国，南边有吐蕃，东边有高句丽，他们时常侵扰唐朝边境。李世民采取军事打击和安抚两手，将他们一一降服，增强了各民族的交流与融合。李世民被少数民族尊称为"天可汗"，成为各民族共同的最高首领。李世民还加强与日本等亚洲国家的友好往来。

李世民探索的治国之道，很多并不是他的首创，但他却是一位集大成者。李世民的治国思想和所采取的重大举措，主要记载在《贞观政要》一书中。《贞观政要》是唐代吴兢撰写的一部政论类史书，记载了贞观年间李世民与大臣们的对话、议论、奏疏和施政措施，涉及政治、经济、军事、文化、社会等诸多领域，体现了唐太宗在治国思想、施政策略等方面的思考和探索，对后世有着深刻的借鉴意义，在史学界占有重要地位。

李世民在位二十三年，他为了唐朝兴盛和长治久安，对治国之道进行不懈地探索和实践。贞观时期，由于社会刚经历过战乱，百废待兴，所以在经济上并不十分繁荣，甚至赶不上隋朝的开皇之治。然而，唐太宗秉持正确的治国之道，采取了一系列有效措施，实现了政治清明、经济复苏、文化繁荣、社会稳定、周边关系和谐、风清气正、人们心情舒畅，因而受到后世广泛赞誉。

贞观之治在历史上具有重要意义，它不仅为后来唐朝的繁荣强盛奠定了坚实基础，而且为后世统治者提供了比较完整的、宝贵的治世经验。从某种意义上说，后者的影响和作用更大、更重要。

房谋杜断的启示

有个成语，叫房谋杜断。成语的出处，来源于唐太宗的两个著名宰相，一个叫房玄龄，一个叫杜如晦。房玄龄多谋，杜如晦善断，两人配合默契，相得益彰，辅佐李世民登上帝位，并为开创贞观之治做出重要贡献。

房玄龄，齐州临淄（今山东临淄）人，出身于官宦世家。他的曾祖，当过北魏的镇远将军；他的父亲房彦谦，是著名学者，先后当过东魏、北齐、北周和隋朝的官员。房玄龄颇承其父遗风，喜爱学习，博览经史，善诗能文，精通儒学，胸有智谋，还写得一手好书法。

597年，房玄龄十八岁时，考上隋朝进士，授羽骑尉，后来担任隰城县尉。当时是隋文帝开皇年间，天下太平，国力强盛，人人都认为隋朝能够长久。房玄龄却悄悄对父亲说："皇上本无功德，仅以外戚身份，攫夺神器而据有，又不为子孙做长远打算，儿子们互相倾陷，其灭亡可翘足而待。"房彦谦大惊，急忙捂住儿子的嘴，说："不要胡说！你想灭族吗？"

隋末大乱，英雄四起。房玄龄胸怀大志，想干一番大事业。他遍观各路豪杰，认为李世民有经世之才，主动前去投靠。当时李世民进关中，正在招贤纳士，与房玄龄交谈后，觉得他胸有谋略，见识超群，十分高兴，任命他为参军，作为自己的谋士。从此，房玄龄不离李世民左右，跟随他南征北战，为他出谋献策。

房玄龄对李世民忠心耿耿，竭尽心力为他筹谋军政事务。每攻占一个地方，许多人都去搜寻珍宝，只有房玄龄不屑一顾，而是到处招揽人才，与他们结为朋友，共同为李世民效力。李世民常对别人说：

"光武帝刘秀有了邓禹，才获得天下；我有了房玄龄，就像光武帝有了邓禹一样。"邓禹是东汉开国第一功臣。

李渊对房玄龄的才能，也感到惊奇。李世民在外领兵打仗，常派房玄龄去向李渊请示汇报军情。李渊说："每次房玄龄陈述事情，就像我与千里之外的儿子面对面谈话一样。房玄龄深识机宜，怀有大才，应当重用。"房玄龄是李世民身边的主要谋士和功臣。

杜如晦，今陕西西安人，也出身于官宦世家，比房玄龄小六岁。杜如晦自幼聪慧有悟性，喜欢与人谈论历史、文学方面的知识，性格果敢，遇事很有主见。

杜如晦在隋朝入仕，任滏阳县尉。隋末大乱时，杜如晦见隋朝已无希望，毅然弃官而去，回到长安。李渊攻占长安后，杜如晦见李世民有王者之风，于是投靠了李世民。

李世民起初没有发现杜如晦的才能，把他当一般人看待。房玄龄看出杜如晦不同常人，向李世民推荐说："杜如晦能洞察事理，当机立断，有王佐之才。您如果只想当王，不用他还可以；您如果打算经略天下，那就非他不可。"

李世民听了房玄龄的话，对杜如晦考察了一番，果然如此。李世民对房玄龄说："若不是你提醒，差点让这样的人才流失。"从此，杜如晦留在李世民身边，与房玄龄一块参与军机。

房玄龄、杜如晦就像李世民的左膀右臂一样，随他四处征战，出谋划策，运筹帷幄，帮助李世民征伐西部，收复太原，消灭窦建德，打败王世充，平定天下，建立功勋。太子李建成十分忌惮房玄龄和杜如晦，奏请李渊，把二人调离秦王府，到外地任职。

李世民与李建成的矛盾日益激化，房玄龄首先提议，用武力解决，长孙无忌赞同。两人心中不太踏实，去找杜如晦商议。杜如晦坚决支持，说除此之外，没有别的好办法，而且出其不意，必能成功。房玄龄、长孙无忌大喜，信心倍增。后来，房玄龄、杜如晦等人详细策划了玄武门事变，果然一举成功，使李世民登上帝位。

房玄龄、杜如晦是扶持李世民上台的主要功臣，李世民称帝后，任命房玄龄为尚书左仆射，杜如晦为尚书右仆射，都属于宰相，两人同掌朝政，协助李世民处理国家大事。

房玄龄博学多才，思路敏捷，富有智谋，但在决断上有些迟疑；杜如晦在谋划上不如房玄龄，但他洞察事理，善于决断，两个人取长补短，十分投合。他俩同心协力，谋划和决策朝政事务，对唐朝初期稳定社会、恢复经济、制定政策、招揽人才、协调民族关系，做出了重要贡献。房玄龄和杜如晦，成了唐初名相的典范，人们提起良相，必定将房、杜二人并称。因此，房谋杜断的成语，也流传至今。

可惜杜如晦命短，630年，杜如晦病逝，时年四十六岁。李世民大哭，三天没有上朝，以后每次提起杜如晦，李世民都流泪不止。有一天，李世民吃瓜，瓜味甜美，忽然又想起杜如晦，潸然泪下，伤感地说："可惜，如晦不能与朕同享美食了。"李世民将瓜留下一半，拿去祭奠杜如晦。

杜如晦死后，房玄龄继续竭力辅佐李世民，他明达吏事，法令宽平，任人唯贤，清正廉洁，受到人们尊重。不过，没有了杜如晦，房玄龄决断不足的缺陷，就显现出来。后来，魏徵出任宰相，房玄龄所起的作用，就没有从前大了。

房玄龄在晚年时，主要主持修撰史书。他负责修撰的《高祖实录》《太宗实录》，受到李世民嘉奖，却被后人诟病，说他对史料进行了篡改。

648年，房玄龄病逝，终年七十岁。李世民废朝三日，为他举行了隆重的葬礼。房玄龄、杜如晦皆位于凌烟阁二十四功臣之列。

后世在评价唐朝宰相时，无不首推房玄龄，而且总是将他与杜如晦并称"房杜"。皮日休有诗赞道："吾爱房与杜，贫贱共联步。脱身抛乱世，策杖归真主。……美矣名公卿，魁然真宰辅。"

房谋杜断，各取所长，互相弥补，是最佳的人才组合。在现实中，十全十美的全才，几乎是没有的，绝大多数是偏才，但偏才搭配好了，就会形成全才。李世民能够做到房谋杜断，表现了他在用人方面的高明之处。

可见，如何合理搭配人才，发挥人才的最大效能，是一门高深的学问。在当今社会，更需要对这门学问进行不断的探索和实践。

魏徵不想当忠臣

忠臣，是指不顾个人安危，竭诚为帝王和国家效忠的臣子。在封建社会，这是一种优良品质，历来受到人们赞美和歌颂。做臣子的，人人都希望落个忠臣的好名声。可是，唐太宗的臣子魏徵，却说自己不想当忠臣，只是希望做个良臣。

魏徵，巨鹿郡下曲阳县（今河北晋州）人。他的父亲魏长贤，当过北齐的屯留县令。魏徵年少时，父亲死了，家境贫寒，难以维持生计，他便出家当了道士。魏徵虽然穷困失意，却胸怀大志，喜欢读书，善于融会贯通，尤其喜爱先秦纵横家的学说。魏徵后来当了隋朝的一个小官。

隋末大乱，群雄四起，魏徵很想施展胸中抱负，便上了瓦岗寨，投奔了李密。魏徵为了壮大瓦岗军，献上了十条计策，并在一些战略战术上，提出了自己的主张。可是，魏徵当时没有名气，李密并未采纳。魏徵英雄无用武之地。

瓦岗军失败以后，魏徵随李密投靠了李渊。魏徵自告奋勇，去招降了徐世勣等一批原瓦岗军将士。这个期间，魏徵不小心做了窦建德的俘虏，等到窦建德被打败，他才又重新回到唐朝。

太子李建成，发现了魏徵的才能，把他招到太子府，礼遇甚厚。李建成对待魏徵十分恭敬，魏徵尽心竭力地为他出谋划策，很快成为李建成的亲信。

魏徵见李建成经常坐镇京师，而李世民则到处领兵打仗，屡立战功，觉得不是好事。622年，刘黑闼勾结突厥，进犯山东。魏徵建议李建成领兵征伐，以建功劳。李建成听从了，向父亲请缨出战，在魏徵的谋划下，大败刘黑闼军队，并将刘黑闼擒获斩首，平定了山东，获取了好名声。

魏徵见李世民争夺太子的野心越来越明显，多次劝说李建成，先下手为强。可是，李建成犹豫不决，结果被李世民抢先下手，发动玄武门事变，夺走了皇位。

李世民把魏徵抓来，斥责他为何离间兄弟感情。魏徵面无惧色，感叹道："可惜太子不听我的话，否则哪有今日之祸啊！"李世民素闻魏徵有才能，不计前嫌，赦免了他，任命他为詹事主簿，不久又升迁他为谏议大夫。李世民对魏徵十分尊敬，经常听取他的意见。

李世民的宽宏气度征服了魏徵，使魏徵认识到，这是一位虚怀若谷、具有雄才大略的皇帝，是可以辅佐他成就大业的。魏徵从心里佩服李世民，从此对他忠心耿耿，经常建言献策。

李世民对魏徵十分信任，派他去河北，安抚原李建成的部下，并授予他遇事专断之权。魏徵到了河北，正好碰上东宫将领李志安、李思行被抓起来，锁在囚车里。魏徵马上下令，把他们放了，好言安慰。魏徵又通告各地，说皇帝有诏令，李建成、李元吉的部下，一概不予追究。很快，河北稳定，人心归附。李世民非常高兴，奖赏了魏徵，升任他为尚书左丞。魏徵在一年之内，连升三级。

李世民胸怀大志，励精图治，当时唐朝初定，百废待兴，需要制定各种政策措施。魏徵官小，不便公开议政，李世民就把魏徵请到卧室里，单独向他询问治国之策。魏徵有治国之才，性格坦诚耿直，总是直言不讳，遇到与李世民看法不一致的事情，他也敢于争辩，从不曲意奉承。

李世民是位明君，对魏徵的做法十分赞赏。有一天，他夸奖魏徵说："我粗略估算了一下，自从你跟随朕以来，前后提了有二百多条建议，很多都是真知灼见。你一心为了朝廷，敢于直言进谏，真是忠臣啊！"

没想到，魏徵却说："臣不想当忠臣，只想当个良臣。"李世民惊讶，问："忠臣、良臣有什么不同吗？"魏徵很认真地回答："良臣，是指像后稷、契、皋陶那样的人；忠臣，是指像龙逢、比干那样的人。

良臣能够安邦定国，让国君得到好名声，自己也享受幸福；忠臣虽然敢于冒死相谏，却遭受杀身之祸，也让国君背上罪恶之名。忠臣空有一个好的名声，却无益于家国，以此而言，相差太远了。"李世民认为魏徵说得对，大加赞赏，赐给他绢五百匹。

其实，忠臣和良臣，并没有实质性区别，关键在于帝王。帝王贤明，就能当良臣；帝王昏暴，就只能是忠臣了。魏徵这通良臣、忠臣的高论，实际上是在暗示李世民，希望他做个贤明之君。

李世民确实贤明，他吸取了隋炀帝的教训，知道皇帝也有私欲，也会犯错误，如果有个人经常在身边提醒，无论是对朝廷，还是对皇帝个人，都是大有益处的，所以，他需要诤臣。所谓诤臣，就是赤胆忠心、铁骨铮铮、敢于犯颜直谏的臣子，魏徵就是这样的人。李世民的妻子长孙皇后，也是有名的贤后，多次称赞魏徵。于是，李世民任命魏徵为秘书监，参与朝政，后来，又升迁他为侍中，负责门下省事宜，成为宰相。

魏徵发挥聪明才智，与其他宰相一起，同心协力处理朝政，共同开创了贞观之治。魏徵劝李世民广泛听取大家的意见，防止个人专断，便有了"兼听则明，偏信则暗"的著名故事。魏徵建议李世民实行与民休息政策，兴办教育，推行儒家思想，偃武兴文，改善与周边民族的关系，并协助李世民制定了一系列政治、经济、文化、军事等方面的政策，推动了唐朝经济社会发展。魏徵被称为一代名相。

魏徵最大的特点，是敢于犯颜直谏，只要李世民有过失，魏徵就毫不客气地给他指出来，有时当面说，有时写成奏章。仅据《贞观政要》记载，魏徵向李世民面陈谏议，就有五十多次，奏疏十一件，总计多达数十万言。次数之多，态度之坚决，语言之尖锐，在中国封建社会是极其少见的。魏徵被誉为千古诤臣。

637年，李世民称帝已有十年，治理国家很有成效，便有些得意。魏徵从居安思危的角度，写了《谏太宗十思疏》，劝李世民从十个方面深入思考，戒骄戒躁，积其德义。李世民看了，猛然警醒，亲笔写了《答魏徵手诏》，表示从谏改过。

640年，贞观之治已经大见成效，国泰民安，李世民开始奢纵起来。魏徵写了《十渐不克终疏》，指出李世民在十个方面，做得不如从前好，希望他能克服缺点，善始善终。

魏徵列举了李世民十个方面的错误，说他迷恋财物，追求享乐，亲近小人，用人不当，酷爱游猎，荒于政事，忽视百姓，等等，语言犀利，一针见血。这要是换了别的皇帝，恐怕会龙颜大怒，砍了魏徵的脑袋。李世民看了，却深受触动，"深觉词强理直"。李世民奖赏魏徵十斤黄金、两匹骏马，并把奏书抄在屏风上，时时观看，提醒自己。

李世民晚年时，天下大治，四夷宾服，百姓富裕。许多大臣联名上书，建议李世民去泰山举行封禅大典。封禅，是祭天祭地，由皇帝向上天汇报政绩，只有创造太平盛世的皇帝才有资格。在此之前，秦始皇、汉武帝、汉光武帝都搞过封禅。

李世民召集群臣商议。大臣们都说，皇帝功德无量，应该去封禅，只有魏徵反对。李世民有点不高兴了，说："难道我的功业不够高吗？道德不够厚吗？天下治理得不太平吗？异族不仰慕我的仁义吗？为什么不能封禅？"

李世民连续发了五问，却没有把魏徵吓住。魏徵平静地说："陛下的功业虽高，但百姓受到的恩惠还不多；陛下的道德虽厚，但恩泽还没有遍及每一个角落；天下虽然太平，但还不足以供应用度；异族虽然仰慕您的仁义，但还不能满足他们所求，所以，臣以为还不到举行封禅的时候。另外，泰山路途遥远，举行大的活动，必然会惊动四方，劳民伤财，百姓不得安宁。"李世民听了，觉得很有道理，封禅之事只好作罢。

李世民常对大臣们说："从前，跟随朕转战四方，平定天下，房玄龄功劳最大；后来，进献忠言，安国利民，纠正朕的过失，唯有魏徵一人。"

643年，魏徵病逝，终年六十四岁。李世民悲痛不已，停朝五天。李世民打算厚葬魏徵，魏徵的夫人裴氏说："魏徵一生节俭，如果厚葬，不符合他的心意。"坚持从简举办了魏徵的丧礼。李世民亲手为魏徵写了碑文，给予他很高的评价。

魏徵死后，李世民十分伤感地对大臣们说："用铜做镜子，可以端正衣冠；用历史做镜子，可以了解兴衰更替；用人做镜子，可以知道自己的得失。朕经常对照这三面镜子，防止出现过失。现在魏徵去世，朕失去了一面镜子。"

魏徵去世后，他曾经推荐过的两个大臣叛乱，李世民迁怒于魏徵，很不高兴。《旧唐书》说，李世民下诏，取消了衡山公主与魏徵长子魏叔玉的婚约，魏徵家族从此逐渐衰落了。但是，《旧唐书》没有记载李世民推倒魏徵墓碑之事。

《新唐书》记载，李世民取消了婚约，并且命人推倒了魏徵墓碑。不过，后来李世民御驾亲征，攻打高句丽，结果没有达到目的。在回军路上，李世民神情怅然地说："魏徵如果健在，必能劝阻我。"李世民命人把魏徵的墓碑重新竖立起来。

后世给予魏徵高度评价。魏徵集忠臣、良臣、诤臣于一身，他的事迹和崇高精神，被历代人们赞颂。李世民作为开明之君，也永垂史册。

李靖灭掉东突厥

李世民贞观之治的一个重要政绩，是灭掉东突厥，平定北方，扩大了疆域。而率兵征伐突厥的，是唐朝时期著名军事家李靖。

李靖，本名叫李药师，雍州三原（今陕西三原）人。他出身官宦世家，祖父李崇义，曾任殷州刺史；父亲李诠，官至赵郡太守。李靖的舅舅，是率兵攻破建康的隋朝名将韩擒虎。

李靖长得仪表魁伟，从小就有文武才略，而且怀有大志，常对父亲说："大丈夫遇主逢时，必当建功立业。"

李靖喜欢与舅舅韩擒虎谈论兵书。韩擒虎与李靖交谈后，十分高兴，摸着他的头说："能与我讨论孙吴兵法的人，只有你小子啊！"

李靖长大以后，入仕做官，先任长安县功曹，后入朝担任殿内直长、驾部员外郎。他官职虽然不大，但因为有才，在公卿中十分有名，有人赞他有王佐之才。

有一次，李靖去见宰相杨素。杨素与他交谈后，赞叹不已，拍着自己的座椅说："年轻人，你终当会坐到这个位置的。"

605年，李靖被任命为马邑郡丞，到山西赴任。不久，天下大乱，各地起义蜂起。李渊奉旨到山西镇压起义军，李靖成了李渊的部下。

李渊很器重李靖，极力拉拢他。可是，李靖仍然忠于隋朝，他见李渊有造反的动向，立即私自启程前往江都，想去报告隋炀帝。为了防止李渊派兵追赶，李靖特意把自己打扮成囚徒模样，以掩人耳目。李渊的追兵果然没有捉住他。

李靖日夜赶路，向南急行，不料战火纷飞，道路断绝，他只到了长安，便无法南行了。不久，李渊攻破长安，俘获了李靖。李渊见到李靖，想起差点让这小子泄露了机密，坏了大事，心中发怒，喝令将他推出斩首。

在刑场上，李靖觉得自己满腹经纶，壮志未酬，死了实在不甘心，于是学着当年韩信的样子，大喊道："公起义兵，本为天下除暴，如今大事未成，为何因私怨而杀壮士？"李渊听了，有些心动。李世民觉得李靖有胆气，为他求情，将他赦免，并召入幕府。

从此，李靖跟随李世民征战四方，在攻打王世充、窦建德战役中崭露头角，表现出色。李渊、李世民父子都认为，李靖胸有谋略，是个帅才。

621 年，李靖见中原大局已定，建议出兵江南，并提出十条计策。李渊很赞同，命宗室李孝恭为主将、李靖为副将，率军平定江南。

李靖满腹韬略，善于用兵，他辅佐李孝恭，只用两个月时间，就灭掉了江南最大的割据势力萧铣。接着，安抚岭南，各地割据势力纷纷归降，唐朝很快占领了南方地区。之后，李靖又率军平定了江淮一带的辅公祏叛乱，稳定了南方局势。

李靖充分展示了他卓越的军事才能，功绩显赫。李渊很高兴，任命他为行台兵部尚书，赐帛千段、奴婢一百人、良马一百匹，并高度称赞说："古代名将韩信、白起、卫青、霍去病，没有一个能比得上李靖的。"

李世民对李靖也十分器重，他称帝后，擢升李靖为刑部尚书，不久又转任兵部尚书，主管军事。

李世民登基之初，致力于稳定社会，恢复经济，对外谨慎用兵。周边民族却不断侵扰，尤其是北方的突厥，势力比较强大，对唐朝构成威胁。几年之后，唐朝政权稳固，经济得到恢复，李世民开始考虑要解决突厥问题了。

突厥，是在北方草原上继匈奴、鲜卑、柔然之后又一个游牧民族，其起源有多种说法，应该是多个游牧民族分化聚合的结果。540年，突厥这个名词，才在中国史籍中出现。趁着中原混战，突厥势力发展很快，称雄于北方草原，并且经常南侵。当时的北齐、北周势力不强，不得已向突厥称臣纳贡。突厥可汗得意扬扬地说："南边有两个孝顺儿子，我何患贫也。"

隋文帝杨坚统一天下，国力强盛，开始反击突厥。隋文帝采取军事打击和实施离间计两手，使突厥分裂成东突厥和西突厥两部分。西突厥跑到西北天山一带去了，对中原构不成威胁。东突厥仍然留在北方草原，但实力大减。隋文帝采取扶弱抑强策略，扶持力量弱小的启民可汗打败敌手，当上突厥大可汗。启民可汗对隋朝感恩戴德，俯首称臣，北方平静了数十年。

到隋炀帝时期，启民可汗去世，其子始毕可汗继位，突厥逐渐强盛。隋炀帝也想实施离间计，限制突厥发展，不料没有成功，反而惹恼了突厥，双方反目成仇。在隋末混乱之际，突厥时常南侵，掠夺财物和人口。始毕可汗死后，由其弟颉利可汗继位。

626年，李世民刚登帝位，颉利可汗就率十万骑兵南下，攻打武功，兵临渭水，威胁长安。李世民令军队布阵，准备迎敌，自己单人独马，冒险与颉利可汗对话，斥责他负约。原来，李渊太原起兵时，曾与突厥结成同盟，双方建立了友好关系。颉利可汗理屈词穷，又见唐军旌旗鲜亮，兵甲闪耀，严阵以待，便与唐朝讲和，双方杀白马盟誓。李世民凭借机智，化解了一场危机，但此后突厥仍然不断袭扰边境。

630年，东突厥发生内乱，部落之间互相攻打，原先归属突厥的薛延陀部落又借机独立，局势一片混乱。李世民大喜，决心趁此良机，一举征服东突厥。李世民命李靖为主帅，带领李勣、薛万彻、柴绍等名将，统率十几万军队，多路出兵，攻击突厥。

李靖接到命令后，出兵神速，他挑选了三千精锐骑兵，亲自率领，日夜兼程，直捣颉利可汗的大本营。颉利可汗根本没想到唐军突袭，猝不及防，大败溃逃。不料，途中又遇李勣率军阻击，突厥一败再败，溃不成军，死伤惨重，从此一蹶不振。

李世民接到捷报，非常高兴，对大臣们说："汉朝李陵率五千兵马抗击匈奴，最后兵败投降，尚且青史留名；如今李靖只带三千兵马，深入敌境，威震北狄，这是从古至今没有过的奇勋，足以雪当年渭水结盟之耻。"

东突厥遭受重创，内外交困，不得已请求归附，愿意称臣纳贡。李世民答应了，派使臣去抚慰颉利可汗。李靖听到这个消息，对众将说："朝廷使臣去了颉利可汗那里，颉利可汗肯定没有防备，正是一举攻灭突厥的好机会。"

众将有些担心，说："皇上已经准许突厥归降，并没有进军的命令，而且朝廷使臣还在那里，我们擅自进兵，恐怕不妥吧？"

李靖说："突厥反复无常，今日归降，明日就可能反叛，只有全部消灭，才能彻底解决问题。当年韩信就是趁着齐国归降的机会，出其不意灭了齐国。如今皇上圣明，必不会怪罪我们。至于朝廷使臣的安全，确实难以保障，不过为了国家大义，也没有办法。"李勣赞同他的意见。

李靖亲率一万精兵，突袭突厥，又令李勣率一支兵马，绕到突厥背后。这时，老天爷也来帮忙，大雾弥漫，看不见人影。李靖大军直到离突厥大营七里远的地方才被发现。颉利可汗大惊，仓促应战，因毫无防备，顿时乱作一团。李靖指挥万余骑兵，排山倒海般杀来，突厥抵挡不住，四散溃逃。唐军乘势追杀，杀死几万人，俘虏十几万人。

颉利可汗好不容易收拢起一些残兵败将，已经不足一万人了。颉利可汗见大势已去，想逃到漠北去，苟延残喘。李靖决心全歼突厥，早有防备，让李勣率军绕到突厥背后，挡住了他北逃的道路。颉利可汗走投无路，陷入绝境。唐朝使臣本想趁乱逃走，没能成功，此时趁机劝颉利可汗投降。颉利可汗万般无奈，只好率残部投降了唐朝，强盛一时的东突厥灭亡了。

东突厥灭亡，李世民高兴异常，在宫中举行盛大宴会，彻夜狂欢。在宴会上，太上皇李渊也非常兴奋，亲自弹起琵琶。李世民一反常态，起身跳舞，手舞足蹈。李世民下令奖赏三军将士，赐给李靖绢两千段，并提升他为宰相。颉利可汗也受到优待，四年后病死。

李世民在东突厥的地盘上，设置了顺、祐、化、长四州和定襄、云中两都督府，管理突厥降户和当地民众，扩大唐朝疆域数千里。西突厥后来也被唐朝灭掉。

五十年之后，突厥反叛复国，被称为后突厥，直到 745 年，才被唐玄宗彻底消灭。突厥灭亡后，部分并入回纥，大部分融入唐朝。当时的突厥，与现代突厥不是一个概念。

李靖灭掉突厥之后，继续领兵征战。635 年，李靖率军西征，攻灭吐谷浑，收复青海，镇服西域。李靖在唐朝是位战神级的人物，唐朝的南方、北方、西方，几乎都是他领兵平定的。李靖因功被封为卫国公，名列烟凌阁二十四功臣之一。

649 年，李靖病逝，享年七十九岁。李靖病重时，李世民也已病入膏肓，他拖着病体，去看望李靖。李世民望着这位建立奇勋的老将军，老泪纵横，君臣俩相拥而泣，感人至深。李靖去世八天以后，李世民也与世长辞了。

李靖不仅长于谋略，用兵如神，而且善于总结经验，著有《李靖六军镜》等多部兵书，丰富了古代军事思想和兵法理论，是中国历史上杰出的军事家，位列武庙十哲。

唐玄宗时期，开始兴建祭祀姜太公以及历代名将的庙宇，简称武庙。武庙以姜太公为主祭，以孙武、吴起、乐毅、田穰苴、白起、韩信、张良、诸葛亮、李靖、李勣十大名将为从祀，被称为武庙十哲。后来，又增设六十四位名将，宋朝时增设至七十二名将。此后各朝的武庙十哲和名将有所不同，李靖一直位于名将之列。

李靖建立的丰功伟绩，被人们广泛传颂和赞扬，在一些戏曲小说中，李靖成了主角人物。到晚唐时期，李靖逐渐被神化，人们开始建庙祭祀。后来，人们用李靖的名字，在《西游记》《封神演义》等小说中，塑造了托塔李天王的形象。李靖成了神，永远铭刻在百姓心中。

李勣攻破高句丽

隋朝局势动荡，是从隋炀帝攻打高句丽开始的。隋炀帝为了建立千秋大业，三次御驾东征，结果损兵折将，劳民伤财，引发天下大乱。

唐太宗李世民也想建功立业，吞并高句丽，在他晚年的时候，同样御驾东征，结果也是无功而返。最终，是唐朝名将李勣，率军攻灭高句丽，平定东方，完成了李世民的遗志。

李勣，原名徐世勣，字懋功，今山东省菏泽市东明县人，徙居今河南滑县。徐世勣家境富裕，史书说他"家多僮仆，积粟数千钟"。徐世勣豪放仗义，乐善好施，经常救济穷人，在当地名声颇佳。

在隋末大乱的时候，滑县人翟让聚义瓦岗寨，对抗朝廷。徐世勣胸有大志，想在乱世之中干一番大事业，便与好友单雄信一起，带着家财僮仆，一起投奔了翟让，成为瓦岗寨早期元老之一。

李密上了瓦岗寨之后，徐世勣认为李密胸有谋略，能干大事，极力赞同翟让把寨主之位让给李密，使瓦岗寨势力迅速扩大。不料，李密恩将仇报，谋杀了翟让，徐世勣也挨了一刀，差点丧命。徐世勣从大局出发，没有与李密翻脸，继续维护李密的领导地位，瓦岗军暂时没有分裂溃散。

李密对徐世勣心存戒备，给了他五千兵马，让他去攻打黎阳仓。徐世勣采取突袭的办法，迅速攻占黎阳，然后开仓赈民，招兵买马，只用十天时间，徐世勣的兵力就发展到二十万人。

后来，李密被王世充打败，瓦岗军溃散，有人建议李密去投奔徐世勣。李密却担心徐世勣记仇，没敢去黎阳，而是带着魏徵等人，西去投靠了李渊。

魏徵投唐后，自告奋勇，去招降徐世勣。徐世勣与魏徵关系不错，又见李渊是能成大事之人，欣然应允。徐世勣把他管辖地盘内的军队、民众、土地等，详细造成表册，送给李密，让李密呈报给唐朝，算他的功劳。

李渊赞赏徐世勣的做法，感叹说："徐世勣不忘旧主，推辞功劳，是一个纯粹的忠臣。"李渊任命徐世勣为黎阳总管、上柱国、右武侯大将军，封为曹国公，并赐姓为李。从此，徐世勣改名为李世勣。后来，为了避李世民之讳，他将"世"字去掉，叫作李勣。

李勣确实是个忠义之人，李密降唐后，因谋反被杀，原来的旧将避而远之，只有李勣上表请求收葬。李渊念其忠义，答应了。李勣披麻戴孝，以臣子之礼，将李密安葬。

从李勣为人来看，当初李密如果投奔李勣，李勣一定不计前嫌，而且会帮助他东山再起。可惜，李密以小人之心度君子之腹，怪不得他成不了大事。

李勣的好朋友单雄信，因受王世充器重，被俘后死活不肯降唐，李渊判他死刑。李勣再三求情，并愿意用自己的官爵，为单雄信免死，李渊不准。李勣无奈，只好亲自到刑场与单雄信诀别。

在刑场上，李勣对着单雄信号啕痛哭，割下自己大腿上的一块肉，让单雄信吃下，说："生死永诀，此肉与你一同入土。"单雄信死后，李勣将单雄信唯一的儿子抚养成人，此后单氏子孙繁衍不息。

李勣归降唐朝以后，跟随李世民南征北战，屡立战功。在征伐王世充战役中，李勣率领一支军队，夜袭虎牢关，俘获郑国荆王王行本；在与窦建德战斗中，李勣身先士卒，屡战屡胜。在消灭了王世充、窦建德之后，李勣率军征伐占据兖州的徐圆朗，将其斩首，占领了兖州。之后，李勣又随李靖讨伐辅公祏，平定了江淮地区。

625 年，突厥侵犯并州，朝廷命李勣领兵抵御。李勣星夜赶到并州，组织军队与突厥交战。突厥不是李勣的对手，被打得大败而逃。此后，李勣被任命为并州都督，长期率军镇守边境。突厥深知李勣英勇善战，内心胆怯，多年不敢南犯一步。

李世民很高兴，对众臣说："隋炀帝不会用人，只知道修长城。而我只用了一个李勣，突厥就不敢南犯，边境多年安静，这不是远胜过筑长城吗？"

630年，李世民决定趁突厥内乱之际，出兵讨伐，任命李靖为主将，又令李勣从并州出发，配合李靖作战。李勣立即率军出云中，向突厥进攻。突厥遭到李靖奇兵突袭，向北溃逃，李勣中途阻击，重创突厥主力。

李靖想趁突厥归降、不做防备之机，出其不意攻击突厥大营。李勣坚决支持，并率一支兵马绕到突厥背后，截断了突厥北逃之路，迫使突厥投降。后来，李勣又独自率军，消灭了薛延陀部落，一直打到郁督军山（今蒙古国的杭爱山），占领了北方大片土地。李勣因功被封为英国公。

645年，李世民登基二十年了，贞观之治取得辉煌成就，政治清明，社会稳定，百姓富裕，国力强盛，南方、北方、西方皆已平定，四夷宾服，只有占据东北一带的高句丽不肯臣服。李世民也是喜欢建功立业的皇帝，决定武力征服，并且御驾亲征。

高句丽，是古代在辽东半岛和朝鲜半岛存在的一个政权，主要由扶余、濊貊、靺鞨、三韩等民族组成。公元前37年，在西汉时期，扶余人朱蒙在高句丽县（今辽宁新宾县境内）建国，故称高句丽。由于中原多年混战，高句丽乘机发展很快，实力强盛，隋炀帝三次征伐，都以失败告终。所以，高句丽不把唐朝放在眼里。

李世民亲率大军东征，兵分两路，命李勣率领主力部队，从陆路攻击辽东；命张亮率水军，从莱州渡海攻打平壤。李勣采取声东击西战术，率军迅速抵达辽东城下，经过十二天猛攻，攻占城池，歼敌一万余人，随即向高句丽腹地进军。高句丽全国动员，拼死抵抗，战事激烈，双方伤亡惨重。

经过半年多战斗，唐军歼敌四万余人，攻占城池十余座，缴获了大量物资。但高句丽抵抗十分顽强，再加上天气转寒，草枯水冻，军粮供应不上，李世民只好撤军了。

此后，唐朝与高句丽多次发生战斗，但规模都不大，李世民也没有再御驾亲征。李世民与隋炀帝不同，他知道审时度势，而隋炀帝却一意孤行，像赌徒一样，越输越想翻本，结果搞得不可收拾。

李世民虽然没有征服高句丽，但对李勣用兵还是很满意的。李勣胸有谋略，善于用兵，忠义双全，也参与了玄武门事变，是李世民的亲信。

有一次，李勣患病。有人说胡须烧成灰，能治疗此病，李世民就把自己的胡须剪下来，为他和药。李勣感动得叩头哭谢，把头都磕破了。李世民说："朕这是为社稷江山考虑的，并非为你个人，有什么可谢的？"

李世民年龄大了，需要考虑后事。有一天，李世民对李勣说："朕想把太子托付给你，想来想去，只有你最合适。因为当年李密对你寡恩，你却不负于他，现在难道会负朕吗？"李勣听了，咬破手指，蘸血为誓，决不辜负皇上的信任和重托。

李世民知道李勣是个报恩之人，他为了让李勣尽心辅佐太子，便耍了一个手腕。李世民在病重时，对太子李治说："你对李勣没有恩惠，我先把他贬为外官，你继位后再把他调回来，封为宰相，他必会感恩尽力的。"

李世民死后，李勣果然尽心竭力地辅佐新皇帝李治。李治想立武则天为皇后，长孙无忌、褚遂良等大臣极力反对，只有李勣支持。因此，李治和武则天都对李勣很信任。

李勣对于李世民未能实现愿望，征服高句丽，一直耿耿于怀，总想找机会弥补李世民的遗憾。机会终于来了，667年，高句丽因为权力之争，内部发生动乱。李勣奏报李治同意，再次率军攻打高句丽。

李勣准备充分，进兵神速，亲自率兵连克十六城。与此同时，命大将薛仁贵攻占了重镇扶余城。此时，高句丽内部混乱，政令不通，军无斗志，全国一片惊慌，有四十多个城池陆续投降，前来投降的人络绎不绝。

唐军用了半年多时间，占领了高句丽大部分地区，最后李勣聚兵合围平壤。平壤城内，投降派和主战派闹得不可开交，李勣乘势猛力攻城，城中有人暗地里打开城门，唐军蜂拥入城，迅速占领了平壤。

至此，存在七百多年的高句丽，终于灭亡了。战后，唐朝把高句丽国土划分成九个都督府、四十二州、一百个县，进行统治管理。

李勣凯旋，他押着高句丽国王高藏等大批俘虏，先到李世民陵墓前，举行献俘仪式，告慰李世民的在天之灵，然后，整军入京，再向皇帝李治举行献俘仪式。李治非常高兴，给予李勣大量奖赏，加授他为太子太师。

李勣攻灭高句丽，完成了李世民的遗愿，第二年，他就含笑辞世了。《旧唐书》说他享年七十六岁，《新唐书》说他活了八十六岁，都属于高寿了。

李治闻知李勣去世，悲痛哭泣，下令停朝七天，举行了隆重的葬礼，将其安葬在李世民陵墓旁边，极尽哀荣。

李勣无论如何不会想到，十五年之后，他的孙子徐敬业，以讨伐武则天为名，起兵造反，兵败被杀。武则天大怒，下令将李勣掘墓砍棺，使李勣死后无故受辱。好在唐中宗李显复位后，又重新为李勣起坟改葬。这一切，李勣自然都不知道了。

人们给予李勣高度评价。在唐代，李勣与李靖齐名，同被列为武庙十哲；在后世，李勣位于历代名将之列。老百姓对李勣十分推崇，在隋唐小说中，徐懋功被塑造成诸葛亮似的具有大智慧的人物，在民间广泛流传。

当枪手当成宰相

枪手，古时候叫捉刀，意思是为别人代写文章。枪手一般都是有才华但贫寒之人。唐朝有个马周，为别人捉刀，却意外得到皇帝赏识，入仕做官，后来竟爬到宰相高位。马周堪称古今第一枪手。

两唐书记载，马周是博州茌平（今山东茌平）人，自幼父母双亡，成为孤儿。马周虽然家境贫寒，却酷爱读书，史书说他"嗜学"。马周长大后，熟读诗书，满腹学问，善写文章，但因放荡不羁，不被乡里敬重。

马周凭着才学，补授博州助教，教授学生。可是，马周并不敬业，天天饮酒，经常误事。博州刺史达奚恕多次训斥他，马周不仅不改正错误，反而愤然离职。马周不务正业，在曹州、汴州一带游荡，后来流落到长安。

马周到了长安，投宿于旅店中。店主见他一副贫困潦倒的样子，不愿意招待他，只顾接待其他客商。马周也不在乎，买了一斗八升酒，悠然自得地独饮起来。店主深感惊奇。

不知道马周通过什么关系，寄住到中郎将常何家里。常何是汴州人，早年参加瓦岗军，降唐后跟随李世民，在玄武门事变中立有功劳，成为李世民的亲信。

李世民登基以后，急于稳定社会，恢复经济，医治战争创伤。他想征询百官意见，集思广益，便诏令所有的朝廷官员，每人写一篇政论文章，提出治国建议。

常何是武将，肚子里没有墨水，更不懂得治国理政，抓耳挠腮地写不出来。常何知道马周会写文章，便请求他做个枪手。马周欣然应允，稍加思索，一挥而就，一口气提出二十多条治国策略。常何大喜，赶紧呈报给李世民。

李世民看了文章，越看越兴奋，这二十多条建议，条条都对他的心思，而且引经据典，道理深奥，言辞优美，李世民暗自称奇。

李世民了解常何，知道他写不出这么好的文章，便把他叫来，问他是谁写的。常何老老实实地回答，说是他的门客马周写的。李世民立即让常何带马周来见他。

马周听说皇帝要见他，知道捉刀之事暴露，不知是福是祸。常何安慰他说："别怕，当今皇上宽厚仁义，不会有事的。而且我观察皇上的神情，面露喜悦，多半是好事。"

常何挑了件自己的好衣服，让马周换上，带着他去见李世民。常何他们还没出门，李世民就派人来催。《旧唐书》记载，李世民接连派来四批使者，催促他们赶快进宫，可见心情十分迫切。

马周忐忑不安地去见李世民。虽然天子威严，李世民却和颜悦色，平易近人。李世民与马周交谈起来，马周起初还有些拘谨，很快就平静下来，有问必答，侃侃而谈。李世民大悦，认定马周是位奇才，当即命他在门下省任职。马周就像麻雀变凤凰一样，一步登天。李世民还赐给常何三百匹锦帛，奖励他推荐了人才。常何获得意外之财，高兴得合不拢嘴。

马周在皇帝身边任职，自然不敢再喝酒误事，放荡不羁的毛病也改掉了，变得循规蹈矩，彬彬有礼。马周本来性格直爽，见李世民从谏如流，善于听取别人意见，便不再顾虑，经常对李世民直言进谏。

马周任职不久，就给李世民上书说："臣看到太上皇住的大安宫，在皇城外边，与皇宫相比，显得矮小简陋。臣知道，这是太上皇有意倡导简朴，陛下难违太上皇心意。可是，外国使者和百姓们不知内情，容易误解，难免有微词，损害陛下形象。大唐以孝治国，臣建议，扩建大安宫，兴修门楼，使之宏伟壮观，以彰显陛下的精诚孝心。"李世民觉得很有道理，马上下诏办理。不久，李世民提升马周为侍御史，加朝散大夫。

此后，马周不断向李世民谏言，或面陈，或上书，在实行与民休息政策、废除世袭制、倡行节俭、约束藩王、选拔良吏、加强对官员监督等许多方面，提出自己的主张和策略，多数被李世民采纳。马周为贞观之治做出了很大贡献。

马周对李世民的过失，也敢于坦诚直谏。马周有随机应变的才能，善于陈述奏进，深明事理，所陈述的事情没有不切中要害的。李世民喜欢与马周谈论，对大臣们说："朕一会儿看不见马周，就思念他。"

马周以思路敏捷、敢于犯颜直谏而闻名，在贞观时期，马周上奏谏言的数量，仅次于魏徵。马周的《上太宗疏》《陈时政疏》《请劝赏疏》《请简择县令疏》《谏公主昼婚疏》等，堪称名篇，流传至今。

马周的官职，也越来越大。他先后任监察御史、给事中、中书舍人、谏议大夫、中书侍郎、吏部尚书等一系列重要职务。644年，马周升任中书令，位居宰相之列。

李世民对马周特别敬重，甚至有些偏爱。《旧唐书》记载了这样一件事情：马周在当御史的时候，想买一套住宅，他看中了一套，可价格昂贵，需要两百万钱。当时，马周并不富裕，根本拿不出这么多钱来，同僚们私下里都讥笑他。不料，马周把买住宅的想法向李世民讲了，李世民二话不说，大笔一挥，当即拨给马周二百万钱，而且还赐给他一批器具。同僚们都惊诧不已。

马周患有消渴症，类似于现在的糖尿病，身体一直不好。李世民命御医为他诊治，还下诏遍求民间名医，花重金给他看病，御厨更是不断地给他做美食佳肴。有时候，李世民甚至亲自为马周调药。

648年，马周不幸病逝，终年四十八岁。马周临终前，把从前谏言李世民过失的奏章要来，全部烧掉。马周对众人说："过去管仲、晏婴揭露君主的过错，为求死后留名。我马周不做这样的事情。"

李世民对马周逝世非常悲痛，为他举行了隆重的葬礼。高宗继位后，追赠马周为尚书右仆射、高唐县公，武则天执政时期，以马周配享高宗庙庭。

马周从一个落魄枪手，成为位高权重的宰相，具有传奇色彩，这体现了唐太宗李世民求贤若渴、尊才爱才的博大胸怀。正是依靠大批人才，唐太宗才开创了万古流芳的贞观之治。

保家护院两门神

过春节的时候，人们都喜欢贴门神，用来驱鬼辟邪，祈求平安。门神横眉冷目，手执兵器，威风凛凛，深受人们喜爱。一般来说，现在的两位门神，是唐朝名将秦琼和尉迟敬德。

秦琼，字叔宝，齐州历城人。在隋唐小说中，秦琼出身将门。可是，1995年在济南发现了秦琼父亲的墓志铭，明确记载，秦琼的曾祖父秦孝达、祖父秦方太、父亲秦爱，三代都是北朝时期的文官。

秦琼虽然出身文官之家，却爱好武艺，身体强壮，勇力过人。秦琼成年后，参军入伍，在隋朝名将来护儿帐下任职。

来护儿很器重秦琼，秦琼母亲去世时，来护儿派专人送丧服吊唁。吏属不解地问："别人家有丧事，将军您从不馈赠，为何独去秦琼家慰问呢？"来护儿回答："此人骁勇彪悍，又有志向气节，怎能当作一般人对待呢？"

隋末大乱的时候，秦琼已升为将领，他与罗士信一起，跟随隋朝名将张须陀，去山东镇压农民起义军。罗士信是隋唐小说中罗成的原型。由于秦琼和罗士信英勇无敌，山东起义军被击溃。

朝廷又令张须陀率军去剿灭河南的瓦岗军。不料，徐世勣、李密设下计策，打得隋军全军覆灭，张须陀战死，秦琼、罗士信投降了瓦岗军。

在瓦岗军中，秦琼是有名的大将，骁勇善战，多次打败隋军。有一次，在激战中，李密受了箭伤，坠马昏迷过去。秦琼奋力冲杀，将李密救出。后来，瓦岗军溃散，秦琼不得已投了王世充。秦琼认为王世充阴险奸诈，与许多瓦岗军将士一起，又投靠了李世民。

从此，秦琼跟随李世民东征西战，屡立战功。在征讨宋金刚战役中，秦琼立功最多，李渊赐给他金瓶、仆婢和大量财帛。秦琼谦虚不受。李渊说："你不顾妻儿投奔我，如今又立大功，我的肉都可以割下来给你吃，何况是赏赐一些财物呢？"

李世民也十分器重秦琼，每逢敌阵中有耀武扬威的武将，李世民都让秦琼出战。秦琼跃马挺枪，振奋虎威，总是把敌将斩杀于万众之中，使他声名远扬。

在与窦建德决战时，秦琼率数十名精锐骑兵，首先冲破敌阵，取得大捷。平定王世充、窦建德之后，秦琼因功被封为翼国公，去世后改封为胡国公。

秦琼作为李世民的心腹爱将，参与了玄武门事变，扶持李世民登上帝位。此后，两唐书没有再记载秦琼有征战之事。秦琼在朝廷做官，任左武卫大将军。

秦琼后来身体不好，经常有病。每当生病时，秦琼就对人说："我戎马一生，历经大小战斗二百余次，屡受重伤，前后流的血有几斛多，怎么会不生病呢？"

638 年，秦琼病逝。史书没有记载他的年龄，不知终年多少。李世民追赠秦琼为徐州都督，陪葬昭陵，并在秦琼墓前造石人石马，用以彰显他的战功。

在隋唐小说中，秦琼被塑造成忠义双全、行侠仗义、为朋友两肋插刀的英雄好汉形象，受到人们喜爱，但书中许多情节都是虚构的。

另一位门神尉迟敬德，也叫尉迟恭，是朔州善阳（今山西朔州）人，鲜卑族。尉迟敬德倒是出身将门，他的曾祖父、祖父、父亲，三代都当过北朝的将军。

尉迟敬德家族后来败落，他年少时以打铁为业，生活贫苦。尉迟敬德成年后，也去从军。他作战勇敢，不惧生死，以勇猛闻名，官至朝散大夫。

617 年，马邑校尉刘武周起兵反隋，他素闻尉迟敬德名声，将其网罗到自己麾下，担任偏将。不久，刘武周与河北易县的起义军首领宋金刚联合，势力大增。

619年，刘武周与突厥勾结，攻占了太原。随后，宋金刚、尉迟敬德率军继续南下，多次打败唐军，攻克晋州。李渊大怒，命李世民率军讨伐。李世民收复太原，打败刘武周、宋金刚，招降了尉迟敬德。从此，尉迟敬德成为李世民手下一员得力大将，跟随李世民平定天下。

尉迟敬德降唐之后，与刘武周的一批降将编在屈突通队伍里，跟随李世民征伐王世充。其他降将趁机叛逃，屈突通怀疑尉迟敬德，先把他关起来，然后去请示李世民，想把他杀掉。

李世民却将尉迟敬德释放，并送他一些金银珠宝，说："大丈夫应该互相信赖，我不会听信谗言，迫害忠臣良将，希望你也别把小委屈放在心上。你如果一定要走，这些东西就算资助你的路费吧。"尉迟敬德十分感动，表示誓死追随，永不变心。

李世民很高兴，邀请尉迟敬德一同打猎。不料，正遇上王世充的几万兵马。王世充的大将单雄信，见李世民兵少，打马急速冲了过来。尉迟敬德大吼一声，单马向前，一枪把单雄信刺落马下，士兵们赶紧把单雄信救了回去。尉迟敬德保护着李世民，拼死杀出重围。李世民对尉迟敬德说："你的行动，证明了你的忠义。"李世民特地赐给他一箱金银，视他为亲信。

太子李建成想收买尉迟敬德，给他送了一车金银财宝。尉迟敬德毫不动心，原封不动地退了回去。李元吉派刺客去暗杀他，尉迟敬德毫不畏惧，打开房门睡觉。刺客在门外徘徊了很久，始终不敢进去。李建成和李元吉联合起来，诬陷尉迟敬德。李渊下令囚禁他，准备杀掉他。李世民坚决劝谏，才保住了尉迟敬德的性命。

李世民与李建成的矛盾越来越尖锐，尉迟敬德多次进言，要求李世民早点下手。在玄武门事变中，尉迟敬德一马当先，勇不可当，并亲手射杀李元吉。事后，李世民评尉迟敬德为头功，封为吴国公，后来改封为鄂国公。李世民把李元吉的整个府第，连同钱财器物，全都赐给了他。

李世民登基后，尉迟敬德又率军抵御突厥，杀死突厥名将，击退突厥，再立大功。

尉迟敬德为人直爽，性格粗鲁，不善与人相处，与房玄龄、杜如晦、长孙无忌等朝廷大臣的关系都不好，难以在朝廷任职。李世民就委派他去当地方官，先后担任襄州都督、同州刺史、宣州刺史、鄜州都督、夏州都督。这期间，不断有人弹劾他，甚至诬告他谋反，李世民概不理会。

643年，尉迟敬德说身体有病，要求退休。李世民同意了，赐给他丰厚礼物，让他回家养老。

645年，李世民御驾亲征，攻打高句丽。尉迟敬德很兴奋，上书说："高句丽一个边远小国，不用麻烦皇上亲征，老臣去就可以了。"李世民没有同意。尉迟敬德又要求随军征战，李世民只好答应了。这位老将军，又在辽东战场上过了一把瘾。班师回来以后，尉迟敬德仍旧居家养老，不去朝廷做官。

658年，尉迟敬德在家中去世，享年七十四岁。唐高宗李治停朝三天，举行悼念活动，把他安葬在李世民陵墓旁边。

秦琼、尉迟敬德都是古代名将，品行端直，一身正气，武艺高强，功勋卓著，忠义双全，受到人们尊重和喜爱，他们的英雄事迹和忠义精神，被历代人们广泛传颂。后来，他俩逐渐成了千家万户的守门神了。

门神，是我国民间信仰的护门守卫之神。据史料记载，早在周朝时期，就出现了"祀门"活动，上至天子，下到庶民，对门神都很尊敬。过春节贴门神的习俗，已经流传了数千年。

早期的门神，有很多种，比较流行的是神荼、郁垒。这是古代神话传说中的人物，是兄弟俩。他们擅长捉鬼，捉住鬼后就喂老虎。人们把神荼、郁垒的形象以及老虎画下来，贴在门上，用以镇鬼。

随着社会发展，门神也丰富多彩起来。人们把心中崇拜的英雄，当成能保护家庭平安的门神，在不同地区，有不同的门神，甚至还有文官。在历史上，钟馗、赵云、马超、孙膑、庞涓、关羽、关平、岳飞、岳云、魏徵、包拯等人，都当过门神。秦琼和尉迟敬德，自然也在门神之列。

元代之后，尊奉秦琼、尉迟敬德为门神的人越来越多。到了明清时期，著名小说《西游记》和《隋唐演义》都描写了秦琼、尉迟敬德当门神的故事。由于这两部小说有着巨大的影响力，人们又普遍喜欢秦琼、尉迟敬德的英雄形象，这两位门神，就家喻户晓、深入人心了。

人们尊奉秦琼、尉迟敬德为门神，不仅因为他们有着雄伟的外貌，更重要的是，在他们身上，体现了一种凛然正气。

欲殉帝葬两忠臣

用活人殉葬，是古代极其野蛮的制度，在奴隶社会比较流行，进入封建社会后逐步废止了。然而，唐太宗李世民死了以后，有两个大臣自愿要为他殉葬，而且两人还是少数民族的可汗，是夷族大臣。殉葬当然不合时宜，却反映出大臣的忠义和李世民的人格魅力。这两位大臣的名字，叫契苾何力和阿史那社尔。

契苾何力是铁勒族。铁勒族是中国古代一支游牧民族，分布在北方和西部地区，力量分散，实力弱小，常常受制于吐谷浑和突厥。

契苾何力的父亲，是铁勒一个部落的可汗。契苾何力九岁那年，父亲去世，他便继承了可汗之位，母亲辅佐他。在战乱年代，他这个小部落，常被人欺负，并面临灭亡的危险，契苾何力母子俩艰难地支撑着。

632年，唐朝贞观之治初见成效，社会稳定，政治清明，国力恢复，灭掉了东突厥，占领了北方广大地区。契苾何力母子俩一商量，干脆带领本部落数千户人家，归依了唐朝。李世民将他们安置在甘、凉一带，任命契苾何力为左领军将军，封其母为姑臧郡夫人，给予特别优待。契苾何力母子十分感激，从此不再担心受别人欺压了。

阿史那社尔，是东突厥启民可汗的孙子、达罗可汗的次子。阿史那社尔十一岁时，就因智勇而出名，他经常劝叔叔颉利可汗，不要对中原用兵，颉利可汗不听。630年，唐朝出兵灭掉东突厥，颉利可汗投降。阿史那社尔率部族向西逃窜，占领了西突厥一块地盘，自立为都布可汗。

阿史那社尔很有头脑，他见唐朝日益强盛，李世民是英明之主，便于 635 年率部归依了唐朝。李世民任命他为左骁卫大将军，将皇妹嫁给他，其部落被安置在宁夏吴忠一带。阿史那社尔对唐朝十分忠心，曾率军征伐高昌，平定龟兹，因功被封为毕国公。

唐朝灭掉东突厥之后，又西征吐谷浑。李世民命契苾何力率本部兵马，配合薛万均、薛万彻兄弟向西进兵。薛万均兄弟轻敌，率轻骑兵先行，不料被吐谷浑大军包围，双方展开激战。薛万均兄弟皆受伤落马，徒步死战，士兵死伤过半，危在旦夕。契苾何力闻讯后，亲率数百精锐骑兵，火速救援，击溃敌军，救出了薛万均兄弟。

吐谷浑在唐军打击下，节节败退。有一天，契苾何力探听到一个消息，得知吐谷浑首领伏允在突沦川一带，将要逃往于阗。契苾何力与薛万均兄弟商议，想长途奔袭，歼灭吐谷浑主力。

薛万均不同意，说兵力不够，又要穿越沙漠，不如等后续部队来后一同进兵。契苾何力说："吐谷浑居无定所，四处游荡，很难聚歼，今天好不容易探听到他们的住处，怎能失去这个好机会呢？他们如果逃到于阗去，就更难寻找了。"

契苾何力不愿失去战机，亲自挑选了一千名骁勇骑兵，连夜进军，薛万均兄弟只好率军跟随。唐军进兵路上，环境十分恶劣，沙漠没有水喝，就吸吮马血。唐军经过艰苦行军，出其不意出现在吐谷浑面前。吐谷浑猝不及防，顿时大乱，被杀数千人，缴获牲畜二十万头。首领伏允只身逃跑，妻子儿女都做了俘虏。

突沦川大捷后，李世民大喜，奖励有功人员。契苾何力本不想表功，不料薛万均将功劳据为己有，于是恼怒，与他争辩起来。李世民了解实情以后，十分生气，斥责薛万均说："你作为汉将，跟随朕多年，为何反不如胡人知礼？"

李世民一怒之下，要免除薛万均的官职，授予契苾何力。契苾何力坚决不接受，并为薛万均求情，薛万均也承认了错误。李世民感叹契苾何力有情有义，奖赏了他大量钱财，还把宗室之女嫁给了他。

李世民灭掉东突厥以后，北边的薛延陀部落强盛起来，叛唐自立，自称真珠可汗。薛延陀不是人名，而是一个部落的名称，属于铁勒族的一支。他们派人游说居于甘凉一带的铁勒部落，部落的人大多数愿意北上依附薛延陀部。契苾何力坚决不同意，说："大唐天子对我们如此厚恩，为什么要叛离呢？"部落的人不听，把他捆起来，带着他一同北上。

契苾何力见了真珠可汗，坚决不跪，伸直双腿坐在地上，慷慨激昂地说："做人要讲忠义，大唐对我有恩，我就是死了，也决不会背叛。天日昭昭，我现在就对天起誓。"说着，拔出佩刀，一刀割掉了自己的左耳，顿时血流满面。契苾何力按照铁勒族的礼仪，拿着自己的耳朵，对天发誓。

消息传到长安，李世民听了，流下泪来，他十分感慨地对大臣们说："胡人的忠义，不亚于我们汉人。"李世民立即派出使者，带着大量金银财宝，去薛延陀部讲和，还要把亲生女儿新兴公主，嫁给真珠可汗为妻。李世民不惜一切代价，终于把契苾何力救了回来。契苾何力回来后，坚决阻止了新兴公主出嫁。几年之后，李勣率领唐军，灭掉了薛延陀部。

645年，李世民御驾亲征高句丽，命契苾何力为前军总管。在战斗中，契苾何力身先士卒，冲锋陷阵，不料被一敌将用矛刺中腰部，差点丧命。当时，契苾何力伤势非常严重，李世民亲自为他敷药，关怀备至。

李世民痛恨刺伤契苾何力的敌将，经多方调查，查明敌将名叫高突勃。后来，高突勃被活捉，李世民把他交给契苾何力，让他亲手报一矛之仇。契苾何力却说："我与他并没有私仇，都是为各自的君主效力。"契苾何力把高突勃放了。李世民感叹不已。

契苾何力和阿史那社尔都是少数民族将领，却对唐朝忠诚不贰，对李世民更是感恩戴德，以死效忠。在李世民患病期间，契苾何力和阿史那社尔心急如焚，多次探望，并表示愿意以身殉葬。

李世民感念二人忠义，临终前专门留下一道遗诏，不准二人自杀，允许二人死后，陪葬在他陵墓旁。李世民驾崩后，二人悲痛欲绝，哭得吐血，果真要自杀殉葬。唐高宗李治赶紧宣读李世民遗诏，二人这才作罢。

李世民去世后，契苾何力和阿史那社尔遵照他的遗诏，继续忠心耿耿地为唐朝效力。655 年，阿史那社尔病逝，终年五十二岁。

契苾何力参加了攻灭高句丽的战争，在战场上一往无前，他率领的军队，首先到达平壤城下，最终攻克城池，灭了高句丽，完成了李世民的夙愿。契苾何力因功被封为凉国公。677 年，契苾何力病逝。史书没有记载他的年龄，不知他终年多少。

契苾何力和阿史那社尔去世后，都被追封为辅国大将军，并陪葬昭陵。二人与他们敬爱的皇帝，永远在一起了。

文成公主远嫁吐蕃

　　李世民使用武力，征服了周边许多少数民族政权，如突厥、吐谷浑、高昌、龟兹、高句丽等，但对西方的吐蕃王朝，却采取了和亲政策，把宗室之女文成公主嫁给吐蕃首领。文成公主远嫁吐蕃，不仅推动了唐蕃友好，而且带去中原文化和技术，促进了吐蕃发展，在历史上留下千古佳话。

　　吐蕃，是古代藏族在西藏高原建立的政权。两唐书记载，吐蕃在长安以西八千里，原本是西羌族的一支，有人说是南凉秃发利鹿孤的后裔。当时吐蕃有一百五十多个部落，散居于河、湟、江、岷之间，与中原素无来往。

　　据藏文史籍记载，吐蕃是古代藏族的自称。藏族起源于雅鲁藏布江流域中部，是一个农业部落。藏族历史悠久，早在四千多年以前，藏族的祖先就在这一带生息繁衍。公元 6 世纪，藏族由氏族社会进入奴隶制社会。

　　619 年，吐蕃首领论赞弄囊兼并各部落，统一了西藏高原。十年之后，论赞弄囊被害，各部落叛离，吐蕃又陷入分裂。论赞弄囊的儿子松赞干布，是个英雄人物，他平定叛乱，兼并四方，建立了统一的吐蕃王朝，通过采取一系列措施，使吐蕃王朝日益强盛。按照藏族传统，松赞干布是吐蕃第三十三任首领，实际上是吐蕃王朝的立国之君。这个时候，正是唐太宗贞观之治时期。

　　当时，松赞干布还不到二十岁，但成熟老练，富有政治远见。他知道唐朝地域辽阔，国力强盛，也仰慕中原文化，便开始与唐朝来往，双方互派使臣。

634 年，松赞干布派使者去长安，送上金银珠宝，请求娶唐朝公主为妻。李世民当时不了解吐蕃的情况，认为是个边远小邦，路途又远，没有答应。恰巧吐谷浑的使者入朝，李世民便冷落了吐蕃使者，去款待吐谷浑的使者。

吐蕃使者很不高兴，回去禀报说："唐朝皇帝有点看不起我们，开始时很热情，可吐谷浑使者一到，就忙着招待他们去了。吐谷浑使者也挑拨离间，说了我们许多坏话。"

松赞干布听了，有些恼怒，想展示一下自己的力量。当时，吐蕃拥有精锐骑兵几十万，松赞干布下令，发兵攻打吐谷浑。吐谷浑抵挡不住，节节败退。吐蕃骑兵耀武扬威，打得吐谷浑狼狈不堪，一直败退到青海。李世民吃了一惊，这才知道吐蕃力量强大，不容小觑。

松赞干布仍不肯罢休，638 年，吐蕃再次出动大军，攻击吐谷浑、党项、白兰羌，一路披荆斩棘，所向无敌，一直打到唐朝边境。松赞干布扬言，如果不和亲，就大举入侵中原。

李世民不甘示弱，命将军牛进达率五万兵马为先锋，大将侯君集率主力随后增援。松赞干布并不是真的要与唐朝为敌，与牛进达打了一仗以后，没等侯君集主力赶到，便主动退兵了，并且遣使谢罪。

随后，松赞干布派宰相为使者，携带五千两黄金和大批珍宝，再次请求和亲，表现得十分诚心。李世民认为，与其大动干戈，不如结为姻亲，双方和好。李世民挑选了一位宗室之女，去当和亲公主，便选中了文成公主。

史书没有记载文成公主的名字、父母和家庭情况，只说她是一位宗室之女，李世民封她为文成公主。有学者研究认为，文成公主的父亲，很可能是李世民族弟李道宗。李道宗是唐初名将，因功被封为任城王，文成公主出生在任城（今山东济宁任城区）。

文成公主长于王府，生活优越，自然不愿意远嫁荒蛮之地，但皇命不可违，她没有办法。文成公主知书达理，见识深远，她知道自己担负着和亲的重任，也知道此去肯定回不来了，于是做好了长远打算。文成公主随身带了大量书籍，其中有不少农书、药书等技术类书籍。她还请求皇帝，带去了一批酿酒、造纸等技术人才和文人学士。

李世民怜悯这位远嫁他乡的公主，总是有求必应。文成公主甚至请求带走一尊佛祖十二岁等身像，这佛像是镇国之宝，李世民尽管心中不舍，但也忍痛割爱了。

641年一月，文成公主从长安出发，冒着凛冽的寒风，前往吐蕃。李世民命李道宗持节护送，用数十辆车子装着大批物资，随行者数百人。文成公主一行途经西宁，翻越日月山，长途跋涉，走了两个多月，到达柏海（今青海玛多县境内）。柏海离目的地拉萨，还有千里之遥，而且海拔越来越高，空气稀薄。文成公主一个文弱女子，从来没有吃过这般苦头，但她咬牙坚持。

在柏海，文成公主遇上了前来迎亲的松赞干布。松赞干布率领群臣和大队人马，不远千里，跑到青海境内迎亲，诚心可嘉！文成公主第一次见到丈夫，原来不是个糟老头，而是一位二十五岁的英俊青年，并且彬彬有礼，心里顿时宽慰了许多。松赞干布恭恭敬敬地拜见李道宗，史书说："执子婿之礼，甚恭。"

两支队伍会合后，继续前行，又经过多日奔波，终于到达拉萨。松赞干布见自己的新娘美丽端庄，温柔贤惠，非常高兴，对众人说："我族世世代代，从没有娶过上国女子，如今我娶大唐公主，实乃万幸。我要为公主修一豪华宫殿，让她住着舒服。"

松赞干布亲自挑选地址，依山垒砌，为文成公主修建了著名的布达拉宫。后来，布达拉宫经过多次扩建，形成了庞大宏伟的宫堡建筑群。布达拉宫最初是为文成公主而建，这体现了松赞干布对文成公主的深情厚谊，更是汉藏友谊的象征。

文成公主当时只有十六岁，她远离父母和故乡，身边没有一个亲人，又面对高原反应、气候异常、饮食不习惯等诸多困难，痛苦可想而知。文成公主十分坚强，她克服种种困难，很快适应了新的生活。好在丈夫对她体贴温柔，给了她很多温暖。

文成公主与松赞干布感情深厚，她博学多能，尽力帮助丈夫治理吐蕃。在文成公主建议下，吐蕃改掉了赭面等许多不良习俗，学习汉族文化，推广中原文明，推行先进技术，促进了吐蕃经济社会发展，提高了文明程度。吐蕃派出大批人员到唐朝学习，唐朝也派来许多技术人员，帮助吐蕃发展。双方使者来往不断，开创了唐蕃友好的新时代。

650 年，松赞干布不幸英年早逝，年仅三十四岁。文成公主没有回唐朝，她已经把自己融入吐蕃之中了，丈夫死后，她又继续在吐蕃生活了三十年。

文成公主一生致力于加强唐蕃友好，致力于在吐蕃推行汉文化，使得唐蕃友好保持了多年。唐代诗人陈陶赞道："自从贵主和亲后，一半胡风似汉家。"足见文成公主在吐蕃推广汉文化的巨大功绩。

680 年，文成公主病逝，终年五十五岁。文成公主热爱藏族人民，也受到藏族百姓的衷心爱戴。人们建起了文成公主庙，将她作为绿度母菩萨的化身，把她供奉在寺院里，受万民敬仰。

一千三百多年来，文成公主庙巍然屹立，一年四季香火不断，酥油灯昼夜常明，前来朝拜的藏汉群众络绎不绝。

陈玄奘西天取经

唐僧西天取经的故事，中外闻名，妇孺皆知。《西游记》的故事情节光怪陆离、神奇魔幻。不过，在唐太宗贞观时期，确实有唐僧取经这一历史事件。这位唐僧的名字，叫陈玄奘。

《旧唐书》记载，陈玄奘，洛州偃师（今河南洛阳偃师区）人，隋末出家为僧。当时的佛经译本有很多谬误，陈玄奘立志去西方寻取正规版本，以便检验校正。

628年，陈玄奘跟随商人，踏上了遥远的西行之路，这一去就是十七年。陈玄奘在西域遍访了一百多个国家，每到一地，都讲授经义，解释疑难，受到各国欢迎。他还将各国的山川地理、物产习俗记录下来，编写了《大唐西域记》。

645年，陈玄奘回到长安。李世民接见了他，与他进行交谈讨论。陈玄奘带回了六百五十七部梵文佛经，李世民很高兴，诏令译成汉语，还令房玄龄、许敬宗负责，征聘学识渊博的僧人五十多名，帮助陈玄奘翻译整理。

高宗李治继位后，仍然对陈玄奘很尊重，建造慈恩寺和翻经院，并举行盛大仪式，欢迎陈玄奘和其他高僧入住慈恩寺。陈玄奘潜心翻译佛经，当时译出七十五部。高宗令许敬宗、李义府、杜正伦、薛元超等文人名士，对佛经进行润色。

661年，陈玄奘去世，终年五十六岁。陈玄奘被安葬在陕西蓝田县西的白鹿原，送葬的男女教徒达几万人。

《旧唐书》对唐僧取经事件，记载得比较简略，而唐代高僧慧立、彦悰等人撰写的《大唐大慈恩寺三藏法师传》，就详细多了。该传记记述了陈玄奘的出身、家庭、各地参学、天竺求法、译经事业等情况，介绍了他不平凡的一生。

陈玄奘，俗名叫陈祎（也有陈袆、陈炜之说），是东汉名士陈寔的后代。曾经有一天，有个小偷溜进陈寔家，藏在房梁上。陈寔发现了，却没有抓贼，而是把子孙叫来，讲了一番做人的道理，要求子孙努力上进，不要学梁上君子，借此教育小偷。从此，梁上君子，就成了小偷的代名词。

陈家家风很好，陈玄奘的曾祖父陈钦、祖父陈康、父亲陈惠，都是饱学之士，入仕做官，名声颇佳。陈惠确实当过县官，后隐居乡间，托病不出。

陈玄奘兄弟四人，他排行老四。二哥陈素一心向佛，在洛阳净土寺出家，后被尊为长捷法师。陈玄奘受二哥的影响，自幼喜欢佛学，从小跟着哥哥学习《法华经》《维摩经》等。

612年，年仅十岁的陈玄奘，在净土寺正式出家。六年之后，由于洛阳战乱，陈玄奘与其兄去了蜀地，在蜀地住了四五年。在此期间，陈玄奘参访名师，研习大小乘经论及南北各家的学说，学业大进，并在成都受具足戒，逐渐有了名气。

622年之后，陈玄奘游历各地，先后到过荆楚、吴地、河南、河北、长安等地，讲经说法。当时战乱频繁，人民饱受痛苦，佛教能给人们带来精神上的安慰，所以很受欢迎。陈玄奘的名气越来越大。

中国佛教是从西方天竺传来的，天竺是对印度和其他印度次大陆国家的统称。当时佛经的译本很多，但义理含混，理解不一，注疏也不相同，对一些重要问题分歧很大，陈玄奘便产生了到佛教发源地天竺学习的想法。中国离天竺有万里之遥，山高水险，路途艰辛，但陈玄奘一心向佛，意志坚定，不惧困难。

628年，陈玄奘二十六岁，他与一伙商人同行，从长安出发，开始了漫长的西行之路。陈玄奘经过天水、兰州，进入河西走廊，穿过千里戈壁，到达瓜州，再出玉门关，翻五峰山，渡流沙河，历经艰险到了高昌国（今新疆吐鲁番一带）。陈玄奘受到高昌国王的热情招待，休整了一段时间。高昌国王送给他一些物资，还派给他一些人员。

陈玄奘等人继续西行，越往西走越荒凉，人迹罕至，气候异常，困难重重。但任何艰难险阻，都不能动摇陈玄奘的坚强意志。陈玄奘走了一万三千八百里路，到达今巴基斯坦、阿富汗境内。在这里，陈玄奘游历四国，一边学习佛法，一边学习梵文。

633年，陈玄奘南下进入今印度境内。当时，印度处于分裂状态，有许多国家。陈玄奘走遍了印度的北部、南部、东部广大地区，到过十多个国家，遍访名师，潜心学佛。当地的僧人都被陈玄奘的虔诚打动，给予他很大支持。那烂陀寺是古印度的著名寺院，陈玄奘在寺院住了五年，该寺院至今还有一座玄奘堂。

陈玄奘在印度待了十年，成为理论功底深厚的佛学家，远近闻名，受到各地民众欢迎。641年，古印度历史上最具影响力的帝王戒日王，慕名接见了陈玄奘，并为他举办了有五千名佛教徒参加的佛学大会。在大会上，陈玄奘主讲，任凭众人问询，无一人能予诘难，名震四方。陈玄奘被印度人尊称为"大乘天"和"解脱天"，这是佛教界至高无上的荣誉。

戒日王敬佩陈玄奘的高深学问和高尚品德，打算授予他高官厚禄。可是，陈玄奘怀念家乡，没有答应，准备回国。戒日王又再三请求，让陈玄奘参加五年一度、历时七十五天的无遮大会。盛情难却，陈玄奘只好又留下住了一段时间。

643年，陈玄奘满载荣誉，启程回国，随身带了六百五十七部经书。又走了两年，陈玄奘终于回到长安。陈玄奘西天取经，历时十七年，总计行程五万里，艰苦卓绝，饱受苦难。陈玄奘也由一个英俊青年，变成了鬓发斑白的中年人。

此时，陈玄奘在唐朝也是声名赫赫。李世民当时在洛阳，专门下诏要见他。陈玄奘赶到洛阳，拜见李世民。李世民很高兴，交谈很久，还埋怨陈玄奘，说他走时没有奏报朝廷，不然的话，朝廷一定会给予大力资助的。

其实，李世民只是客套话，他并不是很喜欢佛教。李世民常对人说，梁武帝好佛，结果国破家亡，应当引以为鉴。李世民还在朝堂上公开说："朕今所好者，惟在尧、舜之道，周孔之礼。"不过，李世民胸襟开阔，也不反对佛教。

李世民多次劝陈玄奘弃佛还俗，让他在朝廷做高官，后来李治也劝陈玄奘还俗，为朝廷效力。可是，陈玄奘不慕荣华富贵，心如磐石，一生致力于弘扬佛法。

陈玄奘回国以后，把全部心血和智慧，都奉献给了译经事业。他在助手们的帮助下，共翻译佛经一千三百三十五卷，每卷万字左右，共一千三百多万字，占整个唐代译经总数的半数以上，成为中国翻译史上的杰出典范。

陈玄奘不畏艰险、舍身求法的精神，受到历代赞扬。鲁迅赞他是"民族的脊梁"。梁启超称他为"千古一人"。以"唐僧取经"为题材的《西游记》，更是家喻户晓，深入人心。

唐太宗皇后也贤明

　　唐太宗李世民是历史上有名的明君、贤君，他的妻子长孙皇后，也是人们公认的贤后，两个人珠联璧合，堪称一对模范夫妻。

　　两唐书记载，长孙皇后是洛阳人，鲜卑族，原本姓拓跋氏，北魏孝文帝推行汉化，其祖上是长房子孙，故而改为长孙氏。

　　长孙皇后出身官宦世家，高祖父长孙稚，当过大丞相；曾祖父长孙裕，被封为平原公；祖父长孙兕，担任左将军；父亲长孙晟，是隋朝名臣。长孙晟曾使用离间计和扶弱抑强策略，使突厥分裂，实力大减。长孙晟还一箭射落两只大雕，留下了"一箭双雕"的成语。

　　长孙皇后自幼喜欢读书，尤其喜欢史籍，总拿历史上的善恶之事作为自己的借鉴，一言一行，都严守礼法规范。李世民重视历史，恐怕是受了贤妻的影响。

　　长孙皇后的伯父长孙炽，对侄女特别看好，常对长孙晟说："这孩子聪明智慧，不同常人，择婚时一定要选个好人家。"长孙晟看中了李渊家庭，让女儿与李世民定了娃娃亲。

　　长孙皇后八岁那年，父亲长孙晟不幸病逝。长孙皇后的同母哥哥长孙无忌，与李世民是少年好友，极力促成两家婚事。长孙皇后十三岁时，嫁给了十六岁的李世民。

　　婚后，小两口十分恩爱，先后生了李承乾、李泰、李治三个儿子和四个女儿。长孙皇后对公婆十分孝顺，婆婆窦氏生病时，夫妻俩衣不解带，精心侍候。李世民常年领兵在外，长孙皇后在长安替他行孝，细心照顾李渊。李渊对这个儿媳妇非常满意，破例将只有几岁的李泰晋封为卫王。

在李世民与李建成争夺太子的斗争中，李世民手握兵权，在外势力强大，可在皇宫之内，由于受立嫡立长封建继承制度的影响，大臣和嫔妃们多数倾向李建成，李渊也曾想压制李世民的势力。长孙皇后出入宫中，常与嫔妃交往，多方缓和矛盾，努力弥补李渊与丈夫的嫌隙，尽力在宫中为李世民存留助力。长孙皇后以她的聪明贤惠，发挥了无可替代的作用，使得李渊始终没有忍心对李世民下死手。

李世民与李建成的矛盾愈演愈烈，长孙皇后知道已不可调和，坚定地站在丈夫一边，她与哥哥长孙无忌参与了谋划玄武门事变。事变那天，李世民率军在玄武门设下埋伏，长孙皇后从容不迫，亲自慰勉将士，激励军心。事变成功，李世民登上帝位，十三天之后，册封长孙皇后为皇后，从此君明后贤，交相辉映。

在玄武门事变中，长孙无忌立有大功，他又是李世民的少年伙伴，关系亲密，所以，李世民称帝后，想封他为宰相。长孙皇后说："我的地位，已高到极点，不应该再让哥哥执掌大权。汉代吕雉、霍光的教训，应当汲取。"

长孙皇后再三劝谏不要让哥哥当宰相，李世民不答应。长孙皇后又去劝哥哥，长孙无忌认为妹妹说得有道理，又觉得自己的才能比不上房玄龄和杜如晦，便坚决推辞掉了。所以，在贞观之治前期，长孙无忌官职不是很高，直到多年之后，他才进拜司徒。不过，他作为李世民的心腹，仍然参与国家大事，甚至可以任意出入李世民的寝宫。643年，李世民评定二十四功臣，把他们的画像挂入凌烟阁，长孙无忌名列第一。

长孙皇后酷爱读书，即便在梳妆打扮时，也手不释卷，因而通晓古今，颇有见识。李世民常与她共执书卷，谈论心得。长孙皇后从容以对，发表一些独特见解，这对李世民执政大有裨益。不过，当李世民问她一些具体的朝政事务时，她却不回答，说："女人不能干政，就像母鸡不能报晓一样。"李世民更加敬重她了。

长孙皇后虽然不干政，却十分关心朝廷大事，她用自己独特的方式，护慰朝廷贤良，匡正丈夫的过失，提醒李世民要行仁政，做个明君，在许多方面对李世民产生重要影响。所以，贞观之治的辉煌，也有长孙皇后的一份功劳。

长孙皇后特别赞赏魏徵，认为魏徵敢于犯颜直谏，是朝廷幸事。李世民夫妻十分疼爱女儿长乐公主，长乐公主出嫁时，想送给她比大公主多一倍的陪嫁。魏徵进言反对，说长乐公主地位不如大公主高，陪嫁不能多，否则不合礼制。李世民告诉了长孙皇后，长孙皇后感慨地说："朝廷有如此忠心敢谏的臣子，真是幸运极了。"长孙皇后派人带着几百匹帛，送到魏徵家里，予以嘉奖。长孙皇后还让人告诉魏徵，希望他一直保持直言，不要改变。

魏徵经常直言相谏，有时让李世民下不来台，李世民很恼火。有一天，李世民气呼呼地回到后宫，对妻子说："朕以后找个机会，一定要杀了那个乡巴佬。"原来，又是魏徵不留情面地批评他了。长孙皇后闻言，什么也没说，换上正式朝服，郑重其事地向李世民贺喜，说："我听说君明则臣直，魏徵敢于直言，说明陛下是个明君，所以要向您祝贺。"李世民由怒转喜。

长孙皇后崇尚节俭，从不奢侈豪华，又宽厚待人，严格要求亲属，因而受到朝野尊重。长孙皇后文学出众，多才多艺，著有《女则》十卷，书法水平也达到很高的境界。长孙皇后留下一首活泼浪漫的诗，叫《春游曲》，写道："上苑桃花朝日明，兰闺艳妾动春情。井上新桃偷面色，檐边嫩柳学身轻。花中来去看舞蝶，树上长短听啼莺。林下何须远借问，出众风流旧有名。"李世民见了，啧啧称美。

长孙皇后与李世民感情至深，生死相随。有一次，李世民患了重病，久治不愈。长孙皇后悉心照料，日夜不离左右，并且把毒药系在腰间，准备李世民一旦驾崩，她随即服毒殉情，决不独生。

636年，长孙皇后病逝，年仅三十六岁。李世民非常悲痛，亲自撰写碑文，谥号"文德"，即德才兼备的意思。

后世对长孙皇后给予高度评价，说她"厚德载物，凝辉丽天"。"长孙皇后之贤，自三代而下绝无仅有。"长孙皇后被公认为是李世民的"内良佐"。

有人评论说，唐太宗晚年，外无魏徵，内无长孙皇后，所以多有失误。可见，贤内助的作用，是相当大的。

李世民儿子挺闹心

人世间没有十全十美、完全让人满意的事情，一代明君李世民也不例外。李世民和长孙皇后均以贤明闻世，可他们的儿子却很闹心。李世民为了立太子之事，犹豫难决，左右为难，心中烦躁，竟然要拔刀自杀。这实在不像是英雄所为，令人无语。

两唐书记载，李世民共有十四个儿子，其中长孙皇后生的嫡子有三个，分别是长子李承乾，排行第四的李泰和排行第九的李治。

嫡长子李承乾，619年生于长安皇宫承乾殿，故以此殿为名，也有"承继大业，总领乾坤"的深意。

李承乾小时候很聪明，深受父母喜爱。史书说："性聪敏，太宗甚爱之。"李世民登基后，封七岁的李承乾为皇太子，明确了他皇位继承人的身份。

李世民对这位皇太子寄予厚望，希望他能够继承光大自己的事业。李承乾三岁就开始读书，长孙皇后让侄子长孙家庆当侍读。他五岁时，李世民请了著名儒学大师孔颖达、陆德明，教授他儒学经典。等到他十二岁的时候，李世民开始锻炼他的政治能力，让他在朝堂听政，有些事还让他处理断决。李世民为了培养自己的接班人，煞费苦心，甚至有点拔苗助长。

李承乾长到十六七岁，出现青春期叛逆。他喜欢音乐、美女和游山玩水，喜欢与一些放荡之徒尽情玩耍。恰在这时，长孙皇后病逝，李承乾更加无拘无束。李承乾不仅喜欢美女，也喜欢美男，与一个乐人搞起了同性恋，给他取名叫"称心"。

李世民知道以后，勃然大怒，将"称心"处死。热恋中的李承乾非常伤心，日夜哭泣流泪，还偷偷为"称心"立了灵牌，每天祭奠。李承乾对父亲产生了怨恨，叛逆心理更重了。

李世民对儿子的变化忧心忡忡，他派出最好的大臣，去教育辅佐李承乾。房玄龄、魏徵、孔颖达、杜正伦、张玄素、于志宁、李百药等十多位名臣，都当过东宫辅臣。他们治国理政都是高手，可教育青年未必在行。这些人都忠诚正直，犯颜直谏，轮番教导太子，要求十分严厉，甚至把李承乾斥责为秦二世，结果却是适得其反。

这个时候，李承乾又患上足疾，成了瘸子，走路一瘸一拐的。身体的缺陷，让李承乾性格有些扭曲。他羡慕突厥人的习俗，学着突厥模样，梳成锥形发髻，穿上胡人服装，装扮成突厥可汗，令东宫奴仆都换上胡服，打着五狼头大旗，在宫中来回奔跑。李承乾高兴地大叫："如果让我拥有天下，披头散发当个可汗，该多痛快啊！"众人都认为他中了魔，这实际上是对压抑生活的宣泄。

李世民对李承乾的行为越来越失望，感到他难以继承大统，便开始关注第二个嫡子李泰。

李泰，也是长孙皇后所生，比李承乾小一岁。李泰聪敏绝伦，很有心计，爱好文学，书法也很好。他组织一批文人学士，用了数年时间，编撰了一部《括地志》，记述了各地的沿革、地理、古迹、传说和重大事件，对后世影响很大。李世民很高兴，不断对李泰进行赏赐，数量之多超过了太子。

李泰见得到父亲宠爱，而李承乾越来越让李世民不满意，于是产生了谋取太子之位的想法。他在朝中拉拢大臣，结党营私，贿赂父亲宠爱的嫔妃，让他们诋毁太子，赞美自己。

李承乾见李泰咄咄逼人，自己的太子之位受到威胁，自然不会坐以待毙。他安排刺客，准备刺杀李泰，可李泰早有防备，刺杀没有成功。李承乾又派人冒充李泰府中的人，上书诬告李泰谋反。李世民正在宠信李泰，根本不信，还要追查拘捕上书人。李承乾对李泰无可奈何、一筹莫展，他只好另作打算。

643年，李世民的第五子、齐王李祐起兵叛乱。李祐是阴妃所生，阴妃的父亲阴世师，是隋朝留守长安的将领，李渊攻打长安时被杀。李世民见阴女漂亮，纳为妃子。

阴妃与李氏有杀父之仇，对儿子李祐从小就灌输仇恨。李祐当齐王后，横行不法，朝廷予以责罚，他在舅舅阴弘智煽动下，干脆举兵造反了。李世民大怒，命李勣率军平叛。李勣只用一个月，就平定叛乱，李祐、阴妃、阴弘智等人均被处死。亲生儿子造反，给了李世民沉重一击。

李承乾见弟弟造反，却很高兴，感觉是个好机会。他想学老爹李世民那一手，趁乱起事，武力逼宫，提前登基。当时，魏徵、长孙皇后均已离世，李世民多有过失，引起一些人的不满，二十四功臣之一的侯君集、李世民的七弟李元昌、杜如晦的儿子杜荷等人，都参与了太子的阴谋。

李承乾很高兴，对众人说："我们东宫的西墙，离皇宫只有二十步远，这样的优势，齐州哪里比得了？"可是，李承乾没有料到，他们还没来得及发动，李祐叛乱就被平息了，他们的阴谋也暴露了。太子谋反，这对李世民来说，无疑又是一个更加沉重的打击。

李世民面对这个曾经寄予厚望，如今彻底失望的嫡长子，心痛不已，他念及父子之情，没有处死李承乾，只是把他废为庶人，流放黔州。侯君集、李元昌、杜荷等人，就没有那么幸运了，全被处死。杜荷是李世民的女婿，他的妻子是长孙皇后的女儿城阳公主，但仍然没能保住性命。李承乾第二年也病死了，年仅二十六岁。

废黜了李承乾，太子之位似乎非李泰莫属了。可是，李承乾临走前，对父亲说了一番话，却让李世民心惊肉跳。李承乾说："李泰阴险，他如果当了皇帝，我肯定性命不保，而李治和其他兄弟，恐怕也活不成。"李世民听了，心灵受到巨大震动，他不得不担忧其他儿子的安全。

李治，是李世民与长孙皇后生的第三个儿子，排行第九，被封为晋王，当时只有十五岁。李治自幼聪慧，端庄安详，宽厚仁慈，特别孝顺。长孙皇后去世时，李治只有八岁，哭得死去活来，所有人都被感动得落泪。李世民对这个幼年丧母的儿子特别疼爱。

李承乾被废之后，李世民想立李泰为太子。有一天，李泰去看望父亲，父子俩谈得很开心。李世民向李泰吐露了心迹，说打算立他为太子，并问他，以后会怎样对待李治？李泰高兴得过了头，为了取悦父亲，竟然说："我只有一个儿子，日后，我将杀掉此子，传位于弟弟。"当时，李世民感动不已。

李世民把李泰的"孝心"向众臣夸耀，不料，褚遂良当场反驳，说："父子天性，从古到今，从没听说有杀子传弟的事情。这是谎言，陛下千万别信。"李世民猛然醒悟，于是对李泰产生了戒心。李泰弄巧成拙，聪明反被聪明误了。

李世民在立太子的问题上，伤透了脑筋。他想立李泰，感觉李泰有心计，不够忠厚；想立李治，又觉得李治软弱。李世民费尽心机，犹豫不决，最后倾向于李治。李世民认为，如果立李泰，李承乾、李治等儿子的安全没有保障；李治仁慈，其他儿子的性命可保无虞。此时，李世民是站在一个父亲的角度上，来看待和处理问题的。李世民是通过手足相残登上帝位的，对此有切肤之痛，所以，他不希望自己的儿子也互相残杀。

李世民很注意听取别人意见，立太子这样的大事，自然要经过群臣商议。在朝堂上，大臣们议论纷纷。因为李治性格软弱，又排序在后，许多人并不赞同，而赞同李泰的较多。李世民听着大臣们的议论，心里矛盾，感觉很烦躁，太子之事也没有定下来。

散朝之后，李世民把长孙无忌、房玄龄、李勣三人留下。李世民满脸愁云，苦恼地说："我的两个儿子造反，立太子的事又弄成这个样子，我心里很烦乱，不如死了算了。"说着，抽出佩刀，就要自杀。

在场的人大惊失色。长孙无忌向前一步，抱住李世民，夺下佩刀。三人一齐跪倒在地，哭着说："陛下不要如此，您想立谁为太子，我们一定遵命。"李世民说："朕思考再三，觉得只有立李治，才稳妥一些。"长孙无忌说："好！我们都听您的诏令，有不同意的，臣亲手斩了他。"

643 年四月，李世民终于下了决心，下诏立李治为皇太子。此后，李世民每次上朝，都把李治带在身边，让他观看自己决断政务，还让他参加朝议，悉心培养他的执政能力。

过了一段时间，李世民发现，李治果然宽厚有余，能力不足，把江山社稷交给他，实在不放心。李世民觉得自己的三子李恪，很有才能，当时二十四岁。因李恪不是嫡子，所以之前没有列入选太子的范围。

李世民对长孙无忌说："李治懦弱，恐怕不能守护社稷。李恪英武果断，非常像我。我想改立他为太子，你看怎么样？"

长孙无忌坚决反对，说："打天下时，需要像您这样的英武之人；守护社稷，最重要的是仁厚，不一定英武。再说，立储是大事，怎么能多次更改呢？"李世民听了，觉得也有道理，于是作罢。

648年，李世民亲自撰写了《帝范》十二篇，交给李治，向他传授为君之道，希望他能守护好社稷。

649年，李世民终于走完了不平凡的人生之路，很不放心地离开了人间，终年五十二岁。

李世民是中国历史上为数不多的贤明皇帝，被历代人赞扬，他为中国社会发展做出的卓越贡献，永载史册。

李世民死后，他亲手开创的贞观之治，会怎么样呢？

李治并非软弱无能

李世民死后，嫡三子李治继承了皇位，被称为唐高宗。他的第一个年号，叫永徽。

不少人认为，李治软弱无能，以至于让老婆武则天掌握了大权，夺去了唐朝江山。然而，从两唐书记载来看，李治固然不像老子那样雄才大略，但也绝不是平庸之辈。他勤奋努力，延续了贞观之治，将唐朝版图拓展到最大，很有一番作为，史称永徽之治。

李治，628年出生，是长孙皇后第三子，在兄弟中排行第九。李治从小性情温顺，特别孝敬父母。在他五六岁的时候，有一次朗读《孝经》。李世民问他，怎样才能做到孝？李治回答："最重要的是修身，在家时事奉双亲，长大后事奉君王。上朝时想着为皇上尽忠，下朝后想着弥补皇上的过错。"

李世民闻言，十分高兴，说："你能这样做，肯定能侍奉好父兄，当个好臣子。"李治上边有两个精明能干的哥哥，李世民起初根本没有让李治接班的想法，只希望他做个好臣子。李治自然也没有这个野心。

后来，太子李承乾谋反被废黜，嫡次子李泰不够宽厚，李世民担心他如果继位，会危及其他儿子的性命，于是选择了宽厚仁慈的李治当太子。

李世民时刻把李治带在身边，培养他的执政能力。李世民征伐高句丽，没有达到目的，心情郁闷，生了个大毒疮。李治为了减轻父亲的痛苦，亲自用嘴吸吮毒脓。李世民及众人都对他的孝心感动不已。

649年，李世民病逝。他在临终前，把长孙无忌和褚遂良叫到身边，嘱咐他们好好辅佐朝政。当时李治已经二十二岁了，所以用不着任命顾命大臣。

李世民去世后，李治悲痛欲绝，抱着舅舅长孙无忌的脖子，痛哭不止。长孙无忌说："先帝把宗庙社稷交付给您，您怎么能只知道哭泣呢？"长孙无忌和褚遂良等人，扶立李治登上帝位。

李治按照李世民教给他的办法，把贬官在外的李勣召回朝廷，封为宰相。李勣果然十分感恩，与长孙无忌、褚遂良等人一起，忠心耿耿辅佐朝政。李治又提拔重用了于志宁、张行成、高季辅等人。这些人都是忠贤之士，为李治的永徽之治做出了很大贡献。

李世民晚年时，由于身体不好，制定了三日一朝制度，即每三天才上一次朝，商讨国家大事。李治继位后，对众人说："我年轻，精力充沛，应该多干一些事情。"于是，他将三日一朝改为一日一朝。每天天不亮，李治就上朝，与大臣们一起处理国政，风雨无阻，从不间断。李治每天都要亲自召见十几个地方刺史，向他们询问民间的情况。李治是很勤政的。

李世民开创了贞观之治，总体上大见成效，可是，他晚年时出现许多失误，尤其是征伐辽东，加重了民众负担，加剧了社会矛盾，有些地方出现震荡，皇室内部也不稳定。因此，李治继位之初，并不是莺歌燕舞，而是面临许多矛盾和问题。

653年，江浙一带爆发农民起义。江浙本是富庶之地，但那一年发生百年不遇的洪灾，当地官员不仅不开仓赈粮，反而照常征收各种赋税，结果激起民变。起义军起初有两千多人，很快发展到数万之众，他们攻占桐庐、睦州等地，并且建立了自己的政权。起义军首领是位女性，名叫陈硕真，自称为"文佳皇帝"。陈硕真是中国历史上第一位女皇帝。

面对突如其来的农民起义，李治迅速调兵遣将，予以镇压。他命扬州长史房仁裕发兵南攻，命婺州刺史崔义玄率兵北进，南北夹击，围剿起义军。起义军都是普通农民，敌不过训练有素的朝廷军队，最终失败，陈硕真被杀。

江浙农民起义，给了李治很大震动，他颁发诏令，停止徭役和土木工程，减轻百姓负担。李治在朝堂上对大臣们说："先帝在时，见你们屡屡上书谏言，终日不绝，现在为什么上书少了呢？难道真是天下无事吗？希望你们多多谏言，当面奏报也行，呈递文本也行。"此后，大臣谏言日渐增多，李治总是虚心纳谏。

农民起义刚被平息，朝廷内部又起祸端。房玄龄的次子房遗爱，娶了李世民女儿高阳公主为妻，夫妻俩骄纵蛮横，品行不端。高阳公主与陈玄奘徒弟辩机和尚通奸，李世民大怒，将辩机腰斩，并冷落了高阳公主夫妻。李世民死时，高阳公主夫妻一滴眼泪都没掉。李治对房遗爱夫妻也看不上眼，他继位不久，就将房遗爱降为房州刺史，赶出朝廷。

房遗爱夫妻心怀不满，阴谋发动宫廷政变。他们联络了李世民六弟李元景、柴绍的儿子柴令武、名将薛万彻，以及李世民的女儿丹阳公主、巴陵公主等人，密谋除掉李治，拥立李元景为帝。不料事情败露，李治大怒，令长孙无忌审理此案，结果所有人均被处死。

这是李治登基后的一桩大案，涉及人员很多，还涉及李世民的三子李恪、六子李愔。有人说这是长孙无忌为清除政敌而搞的扩大化。可是，被杀的几乎都是李世民的弟弟、儿子、女儿、女婿，如果李治不同意，长孙无忌怎么敢呢？

当初，李世民选中李治接班，就是看中李治宽厚仁慈，能够保住其他儿子的性命。可是，在李治统治时期，李世民的三子李恪被杀，七子李恽被逼自杀，六子李愔被流放而死。武则天掌权后，几乎把李世民的儿子杀光了。那个争夺太子之位的嫡次子李泰，还算幸运，在李治登基不久就自己病死了。可见，在皇权的字典里，是没有仁慈二字的。李治为了巩固皇权，一点也不软弱，该下手时就下手。

李治对大臣们的态度，也不软弱。555年，李治想废掉王皇后，另立武则天，许多大臣反对。李治十分固执，他想办的事，就一定要办成，结果，他不顾大臣们的反对，硬是改立武则天为皇后。

长孙无忌、褚遂良是李世民为李治指定的辅政大臣，时间一长，与李治产生了矛盾，特别是他们坚决反对李治废立皇后，引起李治强烈不满。李治在废立皇后的同时，先把褚遂良赶出朝廷，去当潭州都督，后来，又把他贬到更远的桂州、爱州（今越南境内）。褚遂良死在爱州，终年六十三岁。

659 年，有人诬告长孙无忌谋反。李治并不与长孙无忌对质，就下令削去他的官职和封邑，流放黔州，同时把长孙无忌的儿子们也都罢官除名，流放岭南。长孙无忌被流放后，李治才令许敬宗、李义府审理此案，结果长孙无忌被逼自杀。有人说，这是武则天干的。可是，武则天是 660 年以后才逐步参与朝政的，当时她可能起了煽风点火的作用，但主谋和决策者，主要是李治。

李治清除褚遂良、长孙无忌的真正目的，是不愿意受人摆布，而要自己独揽大权。长孙无忌是关陇贵族集团的首领和核心人物，关陇贵族集团势力庞大，影响中国社会数百年。当年，隋炀帝杨广也想压制这个集团的势力，却死在了关陇贵族集团发动的兵变之中；如今，长孙无忌这棵大树一倒，这个集团的许多成员受到牵连，很快土崩瓦解了。李治还是很有魄力的。

李治总共当了三十四年皇帝，在前十几年中，他勤于政务，励精图治，重用人才，成绩斐然，创造了永徽之治。李治的政绩，至少有以下几个方面。

一是延续和发展了贞观之治。李治牢记唐太宗李世民的遗训，继续执行贞观时期的各项政治经济制度，并努力纠正李世民晚年徭役过重和大兴土木等一些错误做法，使得社会秩序良好，人民安居乐业，经济社会持续发展。当时一个突出特点，是物价相当便宜，每斗粳米只有十个铜钱，表明物资十分丰富。司马光曾赞曰："故永徽之政，百姓阜安，有贞观遗风。"

二是开疆拓土，使唐朝版图达到最大。李治在登基之初，用了九年时间，先后平息西突厥叛乱，平定漠北，灭掉百济，巩固了边疆，668 年又吞并高句丽，扩大了疆域。隋炀帝和唐太宗，都是雄心勃勃的皇帝，二人多次攻打高句丽，皆未成功，李治完成了他们的夙愿。

在李治统治时期，唐朝的版图达到最大化。东至朝鲜半岛，抵达日本海；西临里海，抵达阿拉伯，占有半个中亚；往南占有半个越南；往北越过贝加尔湖，占有整个蒙古草原，面积达到一千三百五十万平方公里，比现在的国土面积，多三百九十万平方公里。

三是重新建立科举制度。隋朝创立科举制，是对官吏选拔制度的颠覆性变革，可由于随后发生了战乱，这项制度难以实行。李世民时期，推行儒学，设立文学馆，初步恢复科举，为科举制发展创造了良好条件。李治统治时期，建立完善科举制度，选用了一批通过科举进入仕途的官员，应试和中举的人数迅速增多。科举制开始成为选拔官员的主要形式和渠道。

四是扩大对外交流。李治统治时期，中国第一次与阿拉伯建立了联系。651年，阿拉伯帝国遣使与唐通好，此后两国交往以及贸易活动不断。653年，日本在大化革新后，第一次遣使来唐，建立了友好关系。后来，日本多次派来遣唐使，把中日关系推向高潮。

在李治称帝的前十几年里，虽然没有做出重大的丰功伟绩，但作为守成之君，干得还是相当不错的，特别在开疆拓土和发展科举制等方面的贡献，应该名垂史册。从两唐书记载来看，李治并不是一个软弱无能之人，而是一位很有作为的皇帝。

660年以后，李治身体状况不佳，经常头晕目眩，无法处理政务，皇后武则天开始参与朝政。武则天精明强干，很有心机和能力，逐步掌握了朝廷大权，李治慢慢变成了傀儡。

李治之所以被人们认为是软弱无能，主要有两个原因。一是他前边的李世民和后边的武则天，都是大名鼎鼎，而他夹在中间，当然就黯然失色了。二是历代的封建卫道士，不能容忍女人当皇帝，对武则天口诛笔伐。他们认为武则天上台的罪魁祸首是李治，自然要把李治说成平庸无能，甚至昏庸荒淫了。在很多文学作品中，李治就是这样一个不堪的形象。可是，这并不符合历史事实。

李治其实是一个很有主见的人，他的性格是外圆内方，外柔内强，凡是想做的事情，无不达成。李治开创的永徽之治，既是唐太宗贞观之治的延续和发展，又是唐玄宗开元盛世的源头，其历史地位，是不应该被抹杀的。

中国第一女皇陈硕真

提起中国历史上第一个女皇帝，许多人都认为是武则天。其实不然，早在武则天之前，就有一位女性，被称为"文佳皇帝"。这位女皇，是唐朝农民起义领袖陈硕真。

陈硕真，也有人写成陈硕贞，620 年出生，睦州雉山梓桐源（今浙江淳安梓桐镇）人。陈硕真出身贫寒，自幼父母双亡，只有一个妹妹相依为命。乡亲们见她俩可怜，经常救济她们。姐妹俩是吃百家饭长大的，她们十分感激乡亲们的养育之恩。

陈硕真长大以后，为了生计，到镇上一个富豪家里当丫鬟。这个富豪，既是地主，又是当地官员，家财万贯，土地千顷，但为富不仁，欺压百姓，称霸一方。陈硕真屡受虐待，非打即骂，还常常不给饭吃。陈硕真受尽了苦难，也埋下了仇恨的种子。

有一年，淳安一带发生灾荒，粮食歉收，老百姓没有饭吃，饥饿难当。陈硕真从小被乡亲养大，如今见乡亲们活不下去，心急如焚。富豪家里却照样花天酒地，粮仓中的粮食堆积如山，但不肯拿出来救济灾民。陈硕真不顾个人安危，把富豪家里的粮食偷出来，救济乡亲，救了不少人的性命。

时间一长，富豪发现了，顿时大怒，把陈硕真捆绑起来，吊在树上，用皮鞭抽打，打得陈硕真遍体鳞伤，死去活来。陈硕真十分倔强，并不求饶。富豪更加恼怒，准备第二天把陈硕真沉塘，害了她的性命。

当天夜里，乡亲们冒着生命危险，闯进富豪家里，把陈硕真救了出来。富豪报告官府，官府派来兵马，镇压百姓，并搜捕陈硕真。陈硕真为了不连累乡亲，只身一人，逃进了深山老林。官府发出了通缉令，陈硕真走投无路，便隐姓埋名，出家当了道姑。

陈硕真恨透了官府，她觉得只有推翻朝廷，建立自己的政权，穷人才能有好日子过。陈硕真决定，利用道教的势力，广泛发展教徒，为起义聚集力量。

陈硕真以道姑的身份，到处散布消息，说自己原本是九天玄女下凡，前不久在深山遇见太上老君，太上老君收她为徒，并令她拯救平民百姓。当初，陈硕真敢于对抗富豪和官府，她的事迹已经传得很远，人们都很纳闷，一个弱女子，哪来的那么大胆量？如今听到传言，原来她是九天玄女下凡，于是很多人都相信了。

陈硕真创立了火凤社，号称赤天圣母，积极发展信徒，入教者络绎不绝，几年时间，信徒达到数千人。

陈硕真的妹夫章叔胤，也是贫寒出身，苦大仇深，与陈硕真志同道合。章叔胤组织了一伙朋友，到处宣扬陈硕真是神仙，法力无边，变幻莫测，承担着救苦救难的使命。消息越传越远、越传越玄，方圆百里的百姓，无不对陈硕真顶礼膜拜。

官府对陈硕真的活动有了警觉，派兵把她抓起来，说她妖言惑众，图谋不轨，意图治罪。信徒们听说以后，从四面八方赶来，围住官衙，要求释放陈硕真。地方官员害怕激起民变，不得已将陈硕真释放。陈硕真看到了民众的力量，更加坚定了举行起义、推翻朝廷的决心。

李世民晚年时，也犯了好大喜功的错误，他远征辽东，大兴土木，致使徭役税赋增多，百姓负担加重。653 年，江浙一带发生大水灾，大量农田被淹，颗粒无收。官府不仅不救济灾民，反而照常征收各种税赋和徭役，逼得民众卖儿鬻女，流离失所。老百姓怨声载道，社会动荡不稳。

陈硕真见时机成熟，迅速聚集信徒，公开宣布起义。陈硕真率领两千多信徒，一举攻占淳安县城，杀了县官，打开官仓，将粮食财物全部分给穷苦百姓。

陈硕真起义的消息，犹如一道惊雷，震动了江浙大地。民众欢欣鼓舞，官府闻讯丧胆。饥寒交迫的百姓纷纷加入起义军，陈硕真的起义队伍，很快发展到数万之众。

陈硕真指挥起义军，攻打附近诸县。当地官府鱼肉百姓很威风，但面对人多势众的起义军，就吓破胆了，纷纷逃跑，跑得慢的就掉了脑袋。在不长时间内，起义军连续攻占睦州所属的各县，势不可挡。与此同时，章叔胤率领一部分兵力，攻占了桐庐。起义军声势浩大，威震江南。

陈硕真占据了江浙一大块地盘，随即建立了政权，公开与唐朝对抗。陈硕真按照唐朝的官制，设置了文武百官，任命章叔胤为仆射，相当于宰相，总管各项事务。陈硕真被众人尊称为"文佳皇帝"。

在中国历史上，参加农民起义的女性不计其数，也出了几个著名的女首领，但敢公开称皇帝的，唯有陈硕真一人。陈硕真大长了妇女们的志气！

在此之前，北魏的胡太后，为了自己弄权，把一个女婴冒充男婴，当了几天皇帝。那个女婴是以男孩身份称帝的，因而算不上女皇。历史上第一位公开称为女皇帝的，是陈硕真，大名鼎鼎的武则天，只能屈居第二。当然，如果说武则天是第一位正统女皇，也是对的。

陈硕真称帝以后，继续对外扩大地盘。陈硕真率军进入安徽，攻打歙州。歙州是重镇，城池坚固，守军人数多。起义军都是刚刚聚拢起来的农民，没有经过训练，又缺乏攻城器械，因而久攻不下。陈硕真不想硬碰硬，便撤围而走，又去进攻婺州。

婺州也是重镇，唐军兵力较多，特别是婺州刺史崔义玄，是一位久经沙场的老将军，此时六十八岁，身经百战，经验丰富，颇有智谋。崔义玄不相信陈硕真是九天玄女下凡那一套，听说起义军来犯，立即召集兵马，前去迎敌。

陈硕真起义，震惊了朝廷。唐高宗李治下令，命扬州长史房仁裕，迅速率兵南下，与崔义玄会合，夹击起义军。房仁裕是名相房玄龄的族叔，此时六十二岁，也是一位经验丰富的老将军。

陈硕真的起义军，属于乌合之众，在训练有素、武器精良的唐朝正规军队面前，就不是对手了，屡战屡败。不过，这支起义军，与其他造反的百姓不同，他们没有溃散，而是拼死战斗，结果大部分人战死，很少有人投降。

陈硕真、章叔胤等头领，都是身先士卒，顽强拼杀，最后受伤被俘。他们被俘后，宁死不屈，大义凛然，英勇就义。陈硕真牺牲时，年仅三十三岁。

陈硕真的悲惨人生和农民起义的事实告诉人们，那个被历代赞扬的贞观之治，也有许多黑暗和苦难，并不像人们想象的那样美好。

陈硕真起义虽然失败了，但她作为一个柔弱女性，却敢于对抗强大的朝廷，其顽强不屈的斗争精神，永远被人们传颂。

陈硕真死后，当地百姓编造了许多关于她的美丽传说，寄托了人们对陈硕真和起义军的怀念和同情。这些传说，至今仍在流传。在陈硕真的家乡，人们保留了"天子基""万年楼"等许多起义遗迹。据《宋史》记载，后来方腊起义时，曾瞻仰这些遗迹，大大增强了自信。

如今，在千岛湖，人们塑起了陈硕真的纪念雕像。陈硕真作为中国历史上第一位女皇帝，其英雄形象，永远屹立在天地之间。

武则天先嫁李世民

提起武则天，那是大名鼎鼎，无人不知，无人不晓。武则天的一生，极具传奇色彩，其中，她先当李世民的媳妇，后当他的儿媳妇，就显然与众不同，足够让人称奇的。

两唐书记载，武则天，并州文水（今山西文水）人，与著名烈士刘胡兰是老乡。至于武则天的出生地，至今存在争议，有长安、洛阳、四川广元等多种说法。

武则天的父亲，名叫武士彟。武士彟出身商人世家，头脑精明，为人豪放。他年轻时卖过豆腐，后来做木材生意，发了大财，挣下万贯家财，富甲一方。

武士彟与李渊是朋友，在李渊太原起兵时，武士彟倾力资助，并参与谋划，立有大功，被列为"太原元谋功臣"之一，属于唐朝开国功臣。

武士彟弃商从政，先后在地方和朝廷担任高官，最后官至工部尚书，封为应国公。武士彟的原配妻子，是相里氏，生了武元庆、武元爽两个儿子，后又娶杨氏为妻，生下三个女儿，次女就是武则天。

武则天的母亲杨氏，出身高贵，是隋朝皇室。杨氏的伯父杨雄，是隋文帝的"四贵"之一；杨氏的父亲杨达，是隋炀帝早期的宰相。杨氏出身显赫，受过良好教育，对武则天有很大影响。

隋朝灭亡后，杨氏由于家族败落，择婚时高不成低不就，直到四十四岁时，才嫁给已成为唐朝高官的武士彟。杨氏结婚虽晚，年近半百，生育能力却很强，一连生了三个女儿。杨氏寿命也挺长，活了九十二岁。

624 年，杨氏生下次女武则天。不久，武士彟担任利州都督，全家随任迁往蜀中。蜀地有个著名的相面大师，叫袁天罡。有一天，袁天罡去拜访武士彟，见到了杨氏，说："夫人当生贵子。"武士彟赶紧把儿子武元庆、武元爽叫来，让袁天罡相面。袁天罡说："官可三品，保家主也。"

杨氏也来了兴趣，让袁天罡给长女武顺相面。袁天罡说："此女显贵，但克夫。"当时，武则天不满三岁，杨氏让保姆抱来，谎称是男孩。袁天罡看后，吃了一惊，感叹道："可惜是男孩，如果是女子，当为天下之主。"后来，袁天罡说的这些，全都应验了。

袁天罡是历史上有名的玄学家和天文学家，被传得神乎其神，直到现在，网络上还时常流传他的故事，说他预测后世的几件大事，几乎都应验了，很是玄妙。

《旧唐书》和《新唐书》都记载了袁天罡为武则天相面之事，笔者却不相信。袁天罡连武则天是男是女都看不出来，怎么能看出她日后会成为天下之主呢？

635 年，武士彟闻知李渊驾崩，十分悲痛，因以成疾，不久病逝，终年五十九岁。李世民命李勣主持丧事，把武士彟灵柩运回并州老家安葬，所有费用都由政府开支。

武士彟死后，杨氏和三个女儿在家中的地位一落千丈。武元庆、武元爽以及堂兄武惟良、武怀远等人，经常欺负寡母孤女。杨氏没有办法，只能忍气吞声。当时，武则天只有十一岁，度过了一段十分痛苦的童年时光。不幸的遭遇，使武则天养成了倔强的性格，也让她产生了出人头地的强烈愿望。

多年之后，武则天掌握了大权，她对两个同父异母的哥哥，倒没有过度报复，还让他们都当了地方刺史，最后武元庆病逝，武元爽犯罪流放而死。对两个堂兄，武则天就不客气了，她设下计谋，将他俩一块杀掉。

637 年，武则天已经十四岁了，长得花容月貌，楚楚动人。李世民听说武家女儿长得漂亮，遂召她入宫，封为五品才人，武则天成了李世民的媳妇。当时，李世民三十九岁。

听说皇帝召年少的女儿入宫，杨氏很是不舍，哭哭啼啼。武则天倒很高兴，因为她受够了武元庆等人的欺负，希望能有出头之日。武则天对母亲说："去侍奉圣明天子，岂不是福事吗？为什么还要悲伤？"

武则天想要出人头地，自然精心侍奉李世民。可是，也许是武则天年龄小，尚不懂得男人心思，不会讨好皇帝；也许是李世民是个英雄人物，一心建功立业，并不过度贪恋女色，因而武则天始终没有得到李世民宠爱。她当了十二年的才人，直到李世民去世，地位始终没有提高。

在武则天做才人期间，有一个著名的驯马故事。说李世民得到一匹宝马，名叫狮子骢，能日行千里，但十分暴躁，无人能驯服它。武则天自告奋勇，对李世民说："我能驯服它，需要鞭子、铁棍、匕首三件东西。我先用鞭子打，不服，用铁棍敲击它的脑袋，再不服，直接用匕首割断它的喉管。"李世民听了，对武则天大加赞赏。

这个故事，是武则天晚年称帝后，自己对别人说的，目的是恫吓臣子，不一定是真的。何况，按照武则天说的手段，哪里是驯马，分明是虐马、杀马，世上哪有这样的驯马方法？

还有一个故事，流传甚广，说李世民看出武则天有野心，临终前想杀了她，以绝后患，最终没有忍心下手，只是将她送入寺院当尼姑。其实，武则天十几年没有得到李世民宠爱，也没有生下一男半女，默默无闻，哪里有什么野心？她当尼姑是依照惯例，皇帝死后，所有没有子女的嫔妃，都要送入寺院，并非武则天一人。不过，这个传说并不完全是空穴来风，李世民确实怀疑过姓武的人。

两唐书记载，贞观初年，太白金星多次在白天出现。李世民惊讶，让太史令李淳风占卜。李淳风占卜后说："女主昌。"这时，民间又广传《秘记》之言，说："唐三世之后，女主武王代有天下。"

李世民听了，很不高兴。有个叫李君羡的大臣，籍贯是武安，爵位是武连县公，职务是左武卫将军，偏巧都带"武"字，小名又叫"五娘子"，引起李世民猜忌，无端将他杀了。李君羡真够倒霉的。

后来，李世民仍不放心，私下里问李淳风："《秘记》所言，可信吗?"李淳风回答:"臣仰观天象,发现此人正在宫中,是陛下的嫔妃,不出三十年,将成为天下之主,把李氏子孙屠杀殆尽,这是定数。"

李世民吓了一跳,说:"把有嫌疑的人都杀掉,如何?"

李淳风回答:"此乃天命,不可违背。天命在身的人,陛下是杀不了的;即便杀了,上天还会派下更强的人。所以,陛下如果那样做,是徒劳无益的。"李世民听了,觉得有理,从此便不再过问此事,听天由命了。

李淳风是唐代著名天文学家和道士,和袁天罡一样,也是很有名气的人物。可是,他说得如此之准,让人难以相信,甚至于是他说的,还是后人编造的,都很难说。如果这番话真是他说的,倒是无意中保住了女皇武则天的性命。

武则天本来的名字,史书没有记载,无从知晓。她嫁给李世民后,李世民赐名"武媚",而不是"武媚娘"。武则天在称帝前,自己改了一个名字,叫"武曌"。"曌"字是武则天独创的,表示自己像日月一样崇高,凌挂于天空之上。武则天退位后,被尊称为"则天大圣皇帝",死后改为"则天大圣皇后"。所以,人们习惯把她叫作武则天。

武则天当了李世民十几年的媳妇,并没有得到李世民的宠爱,自然心情不爽。可是,"山重水复疑无路,柳暗花明又一村",武则天却得到了李世民儿子李治的宠爱,肯定是别有一番滋味在心头。

武则天不仅得到李治的爱情,还得到了李氏江山,她从老子身上得不到的东西,在儿子身上加倍补偿回来。这真是世事难料,造化弄人!

武则天再嫁李世民儿子

武则天嫁给李世民十二年，不受宠爱，默默无闻，生活平淡而无味。然而，李世民死后，武则天降了一辈，又嫁给了他的儿子李治，从此华丽转身，开始了轰轰烈烈、极不平凡的人生。

两唐书记载，649年，英雄一世的李世民走完了人生之路，与世长辞了，他的儿子李治继位当了皇帝。李世民死后，武则天和其他没有孩子的嫔妃们，依例被送入长安感业寺，当了尼姑。

这些当了尼姑的嫔妃们，一般来说，都是敲钟念经，青灯孤影，在寂寞无聊之中了却一生，结局悲惨而可怜。当时，武则天只有二十六岁，正值青春年华。她入宫这些年来，不仅没有出人头地，反而沦为尼姑，心中十分不平，也很不甘心。可是，她只是一个弱女子，没有任何办法，只能任凭命运主宰。武则天每天拜佛诵经，祈求佛祖保佑，期盼能够出现奇迹。

奇迹真的出现了。650年，在李世民去世一周年的忌日，李治到感业寺进香，遇见了武则天，李治"大悦"。陪同进香的王皇后建议，将武则天接回宫中，李治同意了。但当时李治正在守孝期间，是不能纳妃的。这样又过了一年，等到李治守孝期满，武则天就被接进皇宫，封为二品昭仪。从此，武则天又扑到李治怀里，而且由原来的五品直接升到二品。

两唐书对武则天二次进宫之事，记载得十分简略，对两人过去有没有旧情，只字未提。可是，按正常情况分析，事情绝不会这么简单。

当时，武则天的身份，既是先帝的嫔妃，又是尼姑，而且比李治大四岁，哪一条都不符合皇帝纳妃的条件，召她入宫，是会引起许多非议的。可是，李治全然不顾，硬是把武则天接到宫中，如果没有旧情，这怎么可能呢？李治在登基之初，就敢于冒天下之大不韪，公然娶自己的小妈，并且直接升为二品，胆子够大的！哪里像一个软弱无能之人呢？

对李治和武则天的感情纠葛，两唐书没有说，其他史书却有记载。北宋宰相王溥，编著了一部史书，叫《唐会要》。《唐会要》是我国最早的一部断代典制体史籍，它取材于唐代的实录文案，记载了许多两唐书未载的史实，历来为史学界所重视。《唐会要》比较详细地记载了李治与武则天的爱情故事。

武则天进宫时，十四虚岁，李治只有十岁，那个时候，是不可能有什么事的。后来，两人年龄逐渐增大，偶尔相遇，互有好感，也属正常，但宫规森严，耳目众多，是没有机会的。

机会总是留给有准备的人。李世民晚年时，经常有病，二人时常侍疾，给了他们难得的机遇。两人从熟悉、爱慕，发展到爱情，感情迅速升温，以至于干出了苟且之事。这是武则天二度进宫的感情基础。李治的所为，有点像隋炀帝杨广，可他比杨广干得漂亮。李治在为父亲侍疾期间，就敢与小妈胡搞，分明是胆大包天，哪里是懦弱之人？

武则天被迫当了尼姑之后，回想起十几年的宫廷生活，唯一值得留恋和慰藉的，是李治对她的感情。武则天对李治念念不忘，为此专门写了一首情诗，叫《如意娘》。

武则天写道："看朱成碧思纷纷，憔悴支离为忆君。不信比来长下泪，开箱验取石榴裙。"意思是说，我天天想念你，泪水常流，以致面目憔悴，精神恍惚，经常把红色的东西看成绿色。如果你不信，就开箱看看我裙子上的斑斑泪痕吧。

武则天的《如意娘》，充满了相思之苦，情真意切，感人肺腑，李治见了，能不动情？这首诗，至今保存在《全唐诗》里。

武则天对李治如此思念，又知道李治是唯一能救她出苦海的希望，所以，当她听说李治要来进香的消息，立即做了精心准备。李治进香，前呼后拥，人员众多，想要见面，并非易事，肯定是武则天事先谋划好了，选择了最佳的时间和地点。两人见面以后，武则天泪水涟涟，悲悲戚戚，惹得李治也潸然泪下，他们自然就旧情复燃了。

对李治、武则天两人不同寻常的表情，傻子都能看得出来，侍立一旁的王皇后，当然心知肚明，于是建议，把武则天接进宫去，让李治纳她为妃。李治一听此话正中下怀，满心欢喜，很爽快地顺水推舟了。

651 年，一顶豪华轿子来到感业寺，迎娶武则天。武则天抛掉僧服，脱离苦海，二次进宫，摇身一变，成了李治的妃子。从此，武则天在皇宫大展身手，开创了宏大事业。

对于皇帝李治来说，留恋旧情，贪图美色，迎娶武则天，完全符合情理。可是，作为皇后，本应该对皇帝纳妃之事怀有妒忌和敌意，王皇后却一反常态，十分热心地促成李治和武则天的好事，这肯定是有原因的。

令王皇后万万没有想到的是，她促成武则天进宫，却引狼入室，给自己带来了灭顶之灾。

王皇后引狼入室

有个著名成语，叫引狼入室，意思是指自己把坏人或者敌人招引进来，结果害了自己，是一件很愚蠢的事情。不幸的是，李治的王皇后，就干了这样一件引狼入室的蠢事。

两唐书记载，王皇后，并州祁（今山西祁县）人，出身官宦世家。她的祖父王思政，当过西魏尚书左仆射；她的父亲王仁祐，做过唐朝陈州刺史；她的舅舅柳奭，是高宗时期的宰相。不仅如此，王氏家族还与李渊家族多人联姻。因此，王皇后家庭既属于关陇贵族集团，还与皇室有着密切联系，其家庭背景，比武则天厉害多了。

王皇后生于 628 年，长大后容貌漂亮，性格温顺。王皇后的叔祖母，是李世民的姑姑，多次夸赞王皇后。李世民也看好王皇后，于是聘她为李治的王妃。李治当太子后，王皇后是太子妃；李治称帝时，她又荣升皇后。

李治与王皇后同岁，起初两人感情尚可，但王皇后无子，又不会奉承皇帝，渐渐有些失宠。后来，李治宠爱了萧淑妃。萧淑妃是梁国皇室后裔，气质高雅，姿色娇媚，能说会道，很会讨好皇帝，因而受宠。

萧淑妃心胸狭隘，盛气凌人，对王皇后很不尊重，多次说王皇后的坏话，大有夺后之势。王皇后很生气，但又无可奈何，两人产生了尖锐矛盾，达到势不两立的地步。

王皇后陪李治到感业寺上香时，见李治与武则天情意绵绵，忽然灵机一动，何不把她召入宫中，以离间萧淑妃之宠。王皇后认为，武则天年龄大，又是先帝嫔妃，不可能当皇后，对自己的地位没有威胁。王皇后拿定主意，便主动向李治建议，积极促成了武则天进宫之事。

武则天入宫后，王皇后对她很好，经常嘘寒问暖，极力拉拢，并向李治建议，把武则天封为二品昭仪。王皇后是想与武则天结成同盟，共同对付萧淑妃。

武则天在宫中多年，什么事情没见过，自然知道王皇后的用意。她投其所好，卑辞屈体地侍奉王皇后，两人打得火热。不过，武则天并不把她进宫的恩情记在王皇后头上，她心里很清楚，没有王皇后，李治也一定会把她弄进宫来的。

武则天果然有手段，她入宫时间不长，李治就冷落了萧淑妃。萧淑妃受宠惯了，养成了骄横跋扈的性格，不能忍受，但她缺乏后宫斗争经验，一味蛮干，大发牢骚，行事嚣张，结果适得其反，惹恼了李治，萧淑妃便彻底失宠了。王皇后见了，心中窃喜。

王皇后高兴了没几天，就发现情况不妙了。李治固然冷落了萧淑妃，但对她也更加冷淡，甚至还不如从前了。武则天使出浑身解数，把李治迷得神魂颠倒，两人朝夕相处，形影不离。武则天精明强干，此时相当成熟，她与李治在一起，并不完全缠绵男女私情，有时议论一些国家大事，这是李治所需要的。武则天还会笼络人，经常施以小恩小惠，一些嫔妃和侍女们，都喜欢围着她转。这样时间一长，必定会威胁到王皇后的地位，王皇后感到了惶恐。

武则天对王皇后的态度，也大不如从前了。王皇后有些后悔，不该那么热心地把武则天弄进宫来，但木已成舟，悔之晚矣。于是，王皇后又与萧淑妃联合起来，两人一块在李治面前诬陷武则天。可见，世上没有永远的朋友或敌人，只有永远的利益。李治正在宠爱武则天，根本不相信她俩的话。王皇后和萧淑妃一筹莫展。

眼见李治与武则天的关系越来越亲密，王皇后愈加惶恐不安，她没有别的办法，只好与母亲柳氏商议，求巫祝用"厌胜之术"，咒死武则天。不料事情败露，李治大怒。武则天又煽风点火，诬陷王皇后同时也咒皇帝。李治下诏，解除柳氏的门籍，以后不许她进宫，同时罢免了王皇后舅舅柳奭的宰相职务。

李治怒气未消，想把王皇后也废掉。长孙无忌、褚遂良等大臣不同意，固执地进行劝谏。当时，李治继位不久，羽翼未丰，不敢得罪辅政大臣，只好作罢。王皇后是关陇贵族集团的象征，如果废后，关陇贵族集团的名声和利益会大受影响，所以，长孙无忌等人坚决反对。

武则天深受李治宠爱，又在宫中有了一定势力，便开始谋取皇后之位，她与王皇后的矛盾便日益尖锐。为了彻底摧垮王皇后，武则天不择手段，亲手掐死自己的女儿，嫁祸于王皇后。

《新唐书》记载，654年，武则天生下长女，满月时，王皇后来看，并逗弄孩子。王皇后走后，武则天把孩子掐死。恰巧李治来到，见孩子已死，又听说王皇后来过，勃然大怒，说："皇后杀了我的女儿。"遂下了废后决心。

俗话说，虎毒不食子。武则天亲手掐死自己的孩子，遭到后世人们的痛骂，也成了她狠毒的罪证。可是，如此重大之事，成书在前的《旧唐书》和《唐会要》，却并无记载，只是说孩子"暴卒"。

笔者认为，这事可能不是真的。皇后身份高贵，无论走到哪里，身边总有侍女跟随，怎么会一个人与孩子独处呢？何况李治早就有废后之心，只是等待时机，武则天根本没有必要付出这么大的代价，而且还有风险，如果嫁祸不成，岂不祸及自身吗？看来，武则天有可能背了千年黑锅。

655年，李治的帝位已经稳固，又提拔重用了李义府、许敬宗等一批亲信，便开始实施废后计划。李治以王皇后无子为借口，改立武则天为皇后。武则天当时已经生了两个儿子。这又佐证了武则天杀女是子虚乌有，否则，以王皇后杀人为理由，岂不是名正言顺吗？

李治知道长孙无忌等人会反对，便想分化瓦解。李治秘密派遣使者，送给长孙无忌金银宝器各一车、绫锦十车，这礼够大的！武则天的母亲杨氏亲自出马，去向长孙无忌求情，给足了他面子。果然，长孙无忌松了口，不再坚持了，说："先帝把朝政大事托付给了褚遂良，请陛下去问他吧。"长孙无忌把球踢给了褚遂良。

褚遂良性情耿直，坚决不同意，说："先帝临终前，一边拉着陛下的手，一边对臣说：'我好儿好妇，现在托付给你了。'这话陛下亲自听到，言犹在耳。如今皇后没有过失，如果废黜，辜负了先帝重托，臣死后有何面目去见先帝啊！"

褚遂良一边说着，一边老泪横流，最后，摘下头巾，趴在地上，磕头不止，以至于把头都磕破了，血流满面。褚遂良拼死劝阻，搞得李治没有办法，一句话也说不出来。

第二天，李治对李勣说："册立武昭仪的事，褚遂良十分固执，不肯顺从，看来只好暂且停止了。"不料，李勣冷笑一声，说："这是陛下的家事，何必问外人？"李治这才下了决心，直接发布诏令，废黜王皇后，改立武则天，同时把褚遂良贬到地方为官。

从《旧唐书》这个记载来看，李勣是十分支持武则天当皇后的，而且事先参与了谋划。李勣是瓦岗英雄出身，不是关陇贵族集团成员，而且与贵族集团有很深的矛盾。李勣身为宰相，从政多年，岂不知废立皇后是国家大事，并非家事，他那样说，是为了找个借口，催促李治当机立断，早下决心。

《新唐书》的记载，却比《旧唐书》多了一个情节。褚遂良在劝谏李治时，态度十分强硬，甚至说："陛下如果铁了心要立武昭仪为后，请先让她改名换姓，因为她曾是先帝的嫔妃，天下共知。陛下难道不怕天下人笑话吗？"这话说得太难听了，李治羞得满脸通红，默不作声。突然，武则天从幄后冲了出来，对着李治大呼曰："何不扑杀此獠？"

笔者认为，《新唐书》的记载，不如《旧唐书》真实。不管是不是真的，《新唐书》又往武则天脸上抹了一道黑。

李治废后事件，当时闹得沸沸扬扬。在大臣当中，除了李勣，还有李义府、许敬宗、崔义玄、袁公瑜等不少人支持。这些人，大多是李治提拔的新兴力量，他们与关陇贵族集团有矛盾。李治和新兴派，实际上是想借废立皇后之事，打击关陇贵族集团势力，重振皇权。事后，长孙无忌、于志宁、韩瑗、来济等一批元老大臣，都被清除出朝廷，影响中国社会数百年的关陇贵族集团，从此土崩瓦解。可怜王皇后，成了这场斗争的牺牲品。

王皇后不仅被废黜，兄弟和族人也受到牵连，被流放到岭南。许敬宗甚至上奏，要求把王皇后已死的父亲王仁祐破坟斫棺。李治没有听从，但尽夺王仁祐的官职爵号。可见，当时的斗争是很激烈的，连死人都没有放过，绝不是单纯废立皇后的事情。

王皇后和萧淑妃被废为庶人，囚禁起来。李治大概也觉得王皇后无辜，过了几天，去看她们，见门禁封闭严固，仅留一孔送进饮食，心中不忍。王皇后和萧淑妃见了皇上，悲泣哽咽，请求念在往日旧情上，让她们重见天日。李治答应了。

武则天听说以后，勃然大怒，下令将二人各打一百板，并砍断手足，投于酒瓮中，说："令此二妪骨醉！"过了好几天，王皇后和萧淑妃才在极端痛苦中死去。王皇后真是引进了一头凶狼的恶狼。

萧淑妃在临死前，大骂武则天，说："武氏狐媚惑主，陷害我等到此地步！我死后当作猫，让武氏变作鼠，我要咬断其喉以报仇。"武则天闻之，下令后宫不得养猫。此后，武则天产生幻觉，多次见到二人披头散发、满身是血的样子。武则天心中恐惧，命巫祝祈祷禳解，还移居蓬莱宫，不敢在原来的地方住了。后来，武则天常住洛阳。

对这个事件，《旧唐书》和《新唐书》都有记载，而且基本一致，大概是真的。

武则天采用当年吕后残害戚夫人的方法，把人弄成人彘，极其残忍地虐杀了王皇后和萧淑妃，实在是太过分了，暴露了她的暴虐性格，也让她留下了千古骂名。

皇帝皇后并称二圣

武则天如愿以偿当上皇后，统领后宫，母仪天下，这是一个女人能够达到的最高地位和荣誉。这个时候，武则天还没有当皇帝的野心。后来，李治有病，让武则天帮助处理朝政，她便由后宫走向前朝。武则天精明能干，处事果断，成为李治的重要助手，很快与皇帝并驾齐驱，被人们称作二圣。

两唐书记载，李治排挤掉关陇贵族集团之后，自己独揽大权，还是有一番作为的。他派兵灭掉西突厥，巩固了朝廷对西域各国的统治。随后，又灭掉百济，俘虏了百济国王及大臣五十八人，开疆拓土。李治还颁布《建东都诏》，改洛阳为东都，从此唐朝正式实行两京制。

正当李治大显身手的时候，却不幸患上了风眩症，经常头晕目眩，身热多汗，胸闷气短，有时还半身麻痹瘫痪，严重影响了他处理政务。这个病虽然不至于危及生命，但很难除根，李治久治不愈，十分痛苦。

武则天从小受到良好的家庭教育，精通文史，胸有智谋，又在宫中多年，经验丰富，此时三十六七岁，精力充沛，她开始帮助李治处理一些公文。武则天处理得恰到好处，减轻了李治的工作量，李治很满意。后来，李治索性把百官上奏的表章，都交给武则天处理，由她决断批复。

这样，武则天从 660 年以后，逐渐参与朝政。她起初在幕后，代替李治批复奏章，为李治施政出些主意，后来干脆走到前台，与大臣们一起商讨国家大事。武则天思路敏捷，见识超群，很多事情都有自己独到的见解，表现出一位政治家的才干。大臣们对她越来越信服，李治为有这样一位能干的老婆感到自豪，鼓励武则天放手去干。

武则天参政以后，对天下大事更加关注，对治国理政有了比较全面的想法，于是，她写出了《建言十二事》。一是把农业放在首位，劝农桑，轻徭役，减轻民众负担；二是免除长安及附近地区的徭役，以确保京城稳固；三是停止军事行动，以道德教化天下；四是鼓励商业和手工业活动；五是省功费力役；六是广开言路；七是杜绝谗言；八是推广老子的道家思想；九是改变守父孝三年、母孝一年的做法，父孝、母孝均为三年；十是过去的勋官不再追核；十一是京官八品以上增加俸禄；十二是唯才使用官员。

武则天的《建言十二事》，实际上是强国富民的十二条政策，对普通百姓和中下级官员十分有利。李治颁布诏书，在全国推行，得到民众拥护。老百姓也都知道了武则天的大名，纷纷予以赞扬。

唐朝国力日盛，东方的高句丽却发生内乱，国力衰弱，李治想乘机吞并高句丽，实现父亲李世民没有完成的愿望，而且想要御驾亲征，建立功业。武则天赞成征讨高句丽，但反对李治亲征，认为他不懂军事，身体又不好，去了也是累赘。最终，朝廷任命李勣为统帅，全权指挥战事。李勣不负众望，很快灭掉了高句丽。

在李治统治下，唐朝国泰民安。武则天建议，去泰山封禅，李治听从了。665年，李治率文武百官，武则天率内外命妇，还有一些少数民族首领跟随，车乘连绵数百里，浩浩荡荡奔赴泰山。这次封禅活动，由李治、武则天两人共同主持。武则天的地位愈加提高。

672年，武则天拿出两万贯私房钱，命人根据自己的形象，在洛阳龙门石窟雕刻了卢舍那大佛。龙门石窟最早开凿于北魏，历经东魏、西魏、北齐、隋几个朝代，到唐朝时，已形成了较大规模。卢舍那大佛，是释迦牟尼的报身佛。

武则天自己花钱雕刻的这尊卢舍那大佛，通高 17.14 米，头高 4 米，耳朵长达 1.9 米。这尊佛，是按照武则天的模样雕刻的，面部丰满圆润，双眉弯如新月，高直的鼻梁，小小的嘴巴，一双秀目，微微凝视下方，露出祥和的笑意，宛如一位睿智慈祥的中年妇女，令人敬而不惧。武则天雕刻了这尊大佛，等于给自己做了广告，使她誉满天下。

唐朝在建立之初，是信奉道教的，因为道教的始祖，名叫李耳，字聃。李耳是道家学派的创始人和主要代表人物，道教创立时，尊李耳为始祖。唐朝皇帝也姓李，便追认李耳为李姓始祖。武则天执政时期，改为信奉佛教了。

武则天参与朝政时间一长，逐渐滋生了权力欲，对朝廷事务很感兴趣，喜欢居高临下、发号施令的感觉。她性情刚毅，杀伐果断，处理问题干脆利索，明显比有病的李治强得多。武则天又会笼络人心，许多人乐于为她效力。几年下来，武则天在朝中威望逐日提高，并培植了一批亲信，朝廷大权逐步转移到武则天手里。

李治并非平庸之人，看到这种情况，感到皇权受到威胁，担心日后会出问题，于是产生了废后的想法。李治把宰相上官仪召来，与他商议。上官仪说："皇后独断专行，恣意行事，朝野上下已失人望，应当废黜她。"李治便让上官仪起草诏书。

这个时候的武则天，已经形成了自己的势力，想要废黜她，没那么容易。在李治身边服侍的，多数是武则天的亲信和眼线，李治的一举一动，都在武则天掌握之中。李治与上官仪刚一密谋废后，侍臣就跑着去报告了武则天。

武则天一听，怒火中烧，立即找到李治，劈头一顿训斥，说自己这些年来辛辛苦苦，全是为了皇上，皇上怎么能不顾情谊，恩将仇报呢？说得李治理屈词穷，无言以对。李治心里也明白，武则天势力坐大，废后已不可能了，只好找了个替罪羊，说是上官仪的主意。

武则天恨上了上官仪，不久，她指使亲信，诬告上官仪谋反。武则天借机将上官仪和他的儿子一同处死，还牵连了李治的长子李忠和朝中一批大臣，全都受到惩处。从此，李治大权旁落，武则天完全掌控了朝廷。

674年，李治改称为天皇，武则天改称为天后，形成了二圣并立。不过，所有的人都知道，天皇只是摆设，是傀儡；天后掌握实权，才是真正的统治者。

这个时候的武则天，已经由权力欲上升为野心了，她要向着更高的目标，继续努力奋进。

武则天是怎样当上皇帝的

在几千年中国历史上，武则天是唯一一位正统的女皇帝。在封建社会，女人地位十分低下，男尊女卑思想非常严重，在这种环境下，一个女人能当皇帝，的确不简单。

武则天能当皇帝，除了她本身具有帝王之才以外，与李治对她的宠爱、信任和依赖，是分不开的。

两唐书记载，李治晚年时，身体状况越来越差，于是由二圣共同主持朝政。李治坐在前边，但一言不发；武则天垂帘坐在后面，却发号施令，朝廷事务全由她决断。

675 年，李治病得越发厉害，连上朝坐着都十分困难。李治想下发诏令，让武则天代管国政，把国家委托给她。宰相郝处俊反对，说："陛下怎么能将高祖、太宗的天下，不传给子孙而委托给天后呢？"李治默然无语，只好作罢。

683 年，李治病重去世，终年五十六岁，太子李显继位当了皇帝，被称为唐中宗。李显已经二十八岁了，完全能够独自处理朝政。可是，李治在遗诏中明确写道："军国大事有不能决断者，请天后处理决断。"李治是佩服武则天的才能，觉得由她决断大事才能放心。李治的遗诏，为武则天继续专权，提供了一个名正言顺和强有力的依据。

李治共有八个儿子，前四个年长，却都是嫔妃或宫女生的，属于庶出；后四个是武则天生的，属于嫡子。

李治的长子李忠，为宫女刘氏所生，曾过继给王皇后，立为皇太子。王皇后被废后，李忠自然失去了太子之位，被降为梁王。武则天在诬陷上官仪的时候，将李忠一块牵连上，李忠被赐死，年仅二十二岁。

李治的次子李孝，为宫女郑氏所生，被封为许王，664 年病死。

李治的三子李上金，为宫女杨氏所生。武则天称帝后，诬告他谋反，李上金在狱中自杀。

李治的四子李素节，为萧淑妃所生。武则天称帝后，自然不会放过他，诬告他谋反，将他和其子一同斩杀。

李治的五子李弘，也是武则天的长子。武则天当了皇后以后，李弘代替李忠成了皇太子，不幸得病早死，年仅二十三岁。

李治的六子李贤，也是武则天的次子。李弘死后，他被立为皇太子。李贤深得李治宠爱，但与母亲关系不好。武则天借故将他废为庶人，流放巴州，后来被逼自杀。

李治的第七子李显，也是武则天第三子。李贤被废后，他被立为皇太子，李治死后，他继位当了皇帝。李显当时年富力强，他如果精明一些，能够治国理政，武则天也许不会有称帝野心。可惜，李显昏庸无能，不是治国理政的材料。

李显的老婆，是历史上有名的韦皇后。韦皇后姿色美艳，却心术不正，有人评价她"淫而且贱"。李显很宠爱韦皇后，对她十分依从。韦皇后私心很重，李显刚当皇帝，她就要求提拔自己的亲戚族人，并要求让父亲韦玄贞担任高官。

韦玄贞当时只是普州的参军，官职很小，又无才能，李显为了取悦老婆，提拔了一批韦氏族人，并把岳父韦玄贞越级提拔为豫州刺史。韦皇后仍不满意，不久又要求把父亲调入朝廷，擢升为宰相。李显竟然也答应了，马上要颁发诏令。

可是，宰相裴炎等大臣不干了，纷纷劝谏李显。李显不仅不接受，反而大怒，说："朕就是把天下给了韦玄贞，有何不可？"裴炎见李显说得不像话，只好报告了武则天。武则天大怒，把李显一顿训斥，强行制止了。

李显连提拔宰相这么大的事，都不向母后汇报，其他事情，更是独断专行了。可是，他没有决断大事的才能，常常出现失误。武则天多次训导，李显屡教不改，反而产生了抵触情绪。武则天一怒之下，废黜了李显的帝位，降为庐陵王，把他贬出京师。李显当皇帝只有五十五天。

武则天废了李显，她的四个儿子中，只剩下四子李旦了，于是，便立李旦为皇帝，被称为唐睿宗。

李旦是李治最小的儿子，从小受到父母宠爱。李旦性格温顺，谦恭好学，当时二十二岁，正值年富力强，本应该有所作为。可是，李旦不热衷权力，对朝政事务没有兴趣，而热心于做学问。他精通文史，擅长草隶书法，尤其喜欢钻研训诂学。训诂学是中国传统研究古书词义的学科。

当时，武则天已经六十周岁了，那个时候，六十岁已经算是高龄了，如果儿子争气，武则天完全可以安享清福，颐养天年。可是，武则天见李旦也不是治国理政的材料，只好又走向前台，临朝称制，亲自处理国政。好在武则天虽然年老，身体和精力还不错。

686 年，武则天下诏，要把国政还给李旦。李旦却不接受，数次上表，极力推辞。有的史书说，李旦知道这是母后在试探他，故而坚辞。对此，笔者却有不同看法。武则天牢固地控制着政权，她如果想继续掌权，还用得着试探？当时武则天已经六十二岁高龄了，想把朝政交给儿子，自己安度晚年，应该是正常心态。两唐书也没有试探这样的记载。李旦的儿子李隆基，后来发动政变，夺取了皇位，又让李旦当皇帝。可是，李旦只干了两年，就让给儿子了，可见他确实不热衷权力。

武则天不顾年迈，日夜操劳国家大事，这固然是因为她有权力欲，但当时也是无奈之举，儿子不行，只有老妈上了。可是，武则天的苦心和辛苦，并不是所有人都能理解，特别是李氏宗室，见武则天独揽朝政，心怀不满。李世民的儿子李贞、孙子李冲以及徐敬业等人，怀着不同的目的，先后举兵反武。武则天大怒，采取严厉手段予以镇压，李氏宗室许多人被杀。

与此同时，武氏家庭的人，纷纷为武则天鸣不平，甚至鼓动武则天干脆称帝，夺了李氏江山。武则天的侄子武承嗣，让人在白石上凿了几个字，上面写道："圣母临人，永昌帝业。"假称在洛水中发现的，献给武则天。武则天大喜，命其石为"宝图"，自己加尊号"圣母神皇"。这表明，武则天也有称帝的想法了。

690年，侍御史博游艺，率关中百姓九百余人到洛阳，请求武则天称帝，武则天不准。不久，文武百官、宗戚、四夷首领以及和尚道士和远近百姓六万多人，上表请愿。李旦也上表请求退位，并请赐姓武氏。后来，满朝大臣又集体奏请，武则天才答应下来。当然，这些恐怕都是武则天授意安排的。

690年九月初九，武则天亲临洛阳紫薇城正南门，举行仪式，登基称帝，尊号为圣神皇帝，改国号为周，一代女皇，终于横空出世。当时，武则天六十七虚岁，是历史上登基时年龄最大的皇帝，而且还是女性。

武则天虽然改唐为周，但仍然立李旦为皇太子，居住东宫，表明日后依然会是李氏的天下。所以，史学界并不把武则天看成是篡国者，她执政时期，仍然算是唐朝的一部分。

从两唐书记载来看，武则天登上皇位，并不是很困难，也没有经过政变和流血斗争，原因是她在李治的支持信任下，早已控制了朝廷，再加上接班的两个儿子，都是平庸之辈，不是当皇帝的材料，所以，武则天称帝显得顺理成章。

然而，在封建社会里，一个女人当皇帝，很多人不适应、看不惯，也引起许多人的反对。在武则天称帝前后，反对最激烈的，是李勣的孙子徐敬业，于是发生了徐敬业举兵反武事件。

徐敬业举兵并非反武

武则天能当上皇后，多亏了大臣李勣。李勣身为宰相、朝廷重臣，与长孙无忌等关陇贵族集团有矛盾。在李勣的支持下，李治才下定决心，实现了废立皇后。然而，令人想不到的是，十几年以后，李勣的孙子徐敬业竟然起兵反武，结果兵败被杀，也连累李勣死后不得安宁。

徐敬业起兵反武，是历史上的重大事件。许多人认为，徐敬业是看不惯武则天夺取李氏江山，奋起反抗，似乎很有正义感。其实，徐敬业并不是真的反对武则天，只是拿反武作为幌子和借口，起兵目的是泄私愤，企图割据自立。所以，反武是假，谋反是真。

两唐书记载，徐敬业是李勣长子李震的儿子，因李震死得早，徐敬业直接承袭了祖父的英国公爵位。李勣原本叫徐世勣，是瓦岗英雄，归顺唐朝后，因有大功，被赐姓为李，改名李勣。徐敬业原来叫李敬业，造反失败后，被剥夺李姓，人们就叫他徐敬业了。

徐敬业从小聪明过人，长大后身材魁梧，善于骑射，有胆有识，但自命不凡，争强好胜，从不吃亏。徐敬业入仕后，先在朝中任太仆少卿，后担任眉州刺史，成为一方大员，很是得意。不料，不知为了何事，他被降了官，贬为柳州司马。徐敬业愤愤不平，心生反意。

684年初，武则天废黜李显帝位，改立李旦，自己临朝称制。此举引起天下议论纷纷，许多人心有不满。徐敬业觉得有机可乘，便想趁乱闹事，以发泄心中怨恨。

徐敬业秘密串联同被贬官的骆宾王、唐之奇、杜求仁等人，又联系了朝中监察御史薛璋，几个人聚集扬州，密谋起兵造反之事，并做着各种准备。

684年七月，薛璋借故请求出使扬州，得到朝廷批准。当时扬州没有刺史，由长史陈敬之临时主持各项事务。薛璋一到扬州，就假借朝廷名义，说陈敬之谋反，把他关进监狱，造成扬州无主。徐敬业乘机带数百人打开府库，获得铠甲兵器，又打开监狱，释放囚徒，扩大力量。录事参军孙处行想要抵抗，被徐敬业杀了示众。

徐敬业占据了扬州，诈称得到中宗皇帝李显密诏，命他起兵反武，恢复中宗帝位。徐敬业一伙大造舆论，纠集民众，许多人信以为真，纷纷汇聚到"匡扶正义"的大旗之下，短短十天时间，就聚集了十万人马。

徐敬业设置了三府，分别叫匡复府、英公府和扬州大都督府。徐敬业自封为匡复府上将，兼任扬州大都督，骆宾王、唐之奇、杜求仁、薛璋等人，都委任要职，同时设置各级官吏和军官，整训队伍，准备出兵。

徐敬业让骆宾王写一篇檄文，揭露武则天罪行，号召民众。骆宾王是浙江义乌人，是远近闻名的大才子，与著名文学家王勃、杨炯、卢照邻并称"初唐四杰"。骆宾王七岁时写的《咏鹅》诗，流传至今。骆宾王原本担任长安主簿，因写讽刺文章，被朝廷贬为临海县丞，因而心怀不满，参加了徐敬业的反叛活动。

骆宾王才华横溢，略加思索，挥笔而就，写出了著名的《为徐敬业讨武曌檄》。檄文开篇历数了武则天的累累罪行，指出伐武之必要性；再写举兵之正义性，并对敌方晓以赏罪诱胁。檄文层次清晰，事昭理辨，慷慨激昂，气吞山河，具有很强的号召力。尤其是文中颇多警句，如"一抔之土未干，六尺之孤何托？""请看今日之域中，竟是谁家之天下！"更是脍炙人口，振聋发聩。

骆宾王在檄文中罗列了武则天大量罪行，许多是编造的，骂得淋漓畅快，可是，却没有提武则天杀女嫁祸王皇后之事。这从一个侧面，说明那事不是真的，否则的话，骆宾王一定不会笔下留情的。

两唐书记载，武则天看到檄文后，不动声色，只是微微一笑。她不仅没有生气，反而赞叹骆宾王的才华，说："如此大才，却使之沦落不偶，这是宰相的过失。"武则天的气量和胸怀，有时还是相当大的。

徐敬业聚集兵马以后，准备对外用兵，但关于向哪里进攻，却出现了两种意见。谋士魏思温献计说："我们兴正义之师，讨伐武氏，宜早渡淮河北上，沿途招募豪杰，直取东都洛阳。这是上策。"

薛璋却说："金陵具有帝王之气，长江地势险要，应该率兵南下，夺取常州、润州等地，作为称霸基础，等到时机成熟，再挥师北上。"徐敬业赞同薛璋的意见。这表明，徐敬业反武，只是一个幌子，真实目的是割据一方，称王称霸，根本没有正义可言。

徐敬业率军渡过长江，唐军在南方力量薄弱，徐敬业顺利攻占了润州，杀了润州刺史李思文。不过，徐敬业起兵时，打的是反对武氏、拥戴中宗复位的旗号，很有些号召力，如今却不去伐武，而是进兵江南，这就有点南辕北辙了。人们看穿了徐敬业企图割据称霸的野心，军心有些不稳了。

徐敬业想了个办法，他谎称李贤没死，找了个身材相貌像李贤的人，冒充李贤，尊奉他为君主，结果适得其反，事情更糟糕了。徐敬业开始时要拥戴中宗李显复位，现在又要尊奉李贤，搞得人心混乱。

武则天听说徐敬业反叛之后，立即调兵遣将，一面令驻守南方的刘行举、刘行实等人，领兵抗拒叛军；一面令将军李孝逸率三十万大军南下，攻击叛军，同时命魏元忠为监军。

李孝逸是唐朝名将李神通的儿子，是李渊的堂侄，他从军多年，曾两次率军抵御吐蕃军队进攻，深受武则天宠信。魏元忠是武则天亲自提拔的，为人耿直，很有军事才能。李孝逸、魏元忠领命后，点齐兵马，迅速南下，直捣扬州。

徐敬业听说朝廷军队到来，不愿放弃扬州，回师救援。徐敬业兵分多路，据守要地，抵御唐军。李孝逸按照魏元忠的建议，采取先弱后强、各个击破的战术，先后攻破多地。徐敬业军队军心不稳，又缺乏训练，不是朝廷正规军队的对手，屡战屡败，伤亡惨重。后来，李孝逸又采取火攻，焚烧叛军营寨，叛军主力几乎被消灭殆尽。

徐敬业见大势已去，赶紧轻骑逃入扬州，带上妻子儿女，打算出海逃往高句丽。李孝逸立即命诸将追击。徐敬业跑到海边，恰遇大风刮起，船不能行，后面追兵渐近，眼看陷入绝境。部将王那相为了自己活命，冷不防一刀砍下徐敬业的脑袋，拿着他的首级向唐军投降了。徐敬业的那几个死党，全都战死或被俘后斩首。

关于大才子骆宾王的结局，存在争议，有多种说法。《旧唐书》说他兵败后"伏诛"。《新唐书》记载："敬业败，宾王亡命，不知所之。"有的史书说他投江而死，有的则说他落发当了和尚。

那个已死十五年之久的李勣，却遭受了无妄之灾。武则天迁怒于他，丝毫不念当年恩情，追削了他的官爵，并掘墓砍棺，使李勣无辜受辱。好在后来李显复位以后，又下诏恢复了李勣的官爵，并重新为他起坟改葬。

在对待李勣这个死人的态度上，武则天又变得心胸狭隘起来，不那么宽广了。可见，人性是复杂的。

武则天至少有四大功绩

在有些文学作品中，武则天被描写得阴险凶狠，善弄权术，野心勃勃，生活糜烂，因而很多人对她印象不好。武则天确实有很多问题，然而评价一个统治者，最重要的标准，是看她对社会发展起到了什么作用。秦始皇和汉武帝都是著名暴君，比武则天劣迹要多，不仍然被称为千古一帝吗？

武则天当皇帝十五年，再加上她辅佐李治和临朝称制时间，实际执政四十多年，几乎比李世民在位时间多一半。根据两唐书记载，武则天在执政期间，至少有四个方面的功绩。

第一，促进了经济社会发展。

武则天早在帮助李治理政期间，就上书《建言十二事》，实际上是强国富民的十二条策略，表现出武则天的治国理念和政治才干。武则天在执政时期，基本上是按照《建言十二事》精神治理国家的。

《建言十二事》内容全面，针砭时弊，可操作性很强，符合现实需要和百姓利益，发挥了很大作用。在武则天统治几十年里，经济不断发展，社会不断进步，百姓生活不断提高，国家实力不断增强。在古代，评价社会发展的一个重要指标，是人口增长。史料显示，在652年的时候，唐朝共有三百八十万户，到705年增加到六百一十五万户，这是一个很快的增长速度，武则天功不可没。

武则天为了发展经济，采取了几项大的政策。一是把农业生产放在首位。武则天施政纲领的第一条，就是"劝农桑"，把农业作为考核地方官员的首要标准，农业搞得好的，给予奖励，反之予以惩罚。武则天还亲自组织编撰了农书《兆人本业记》，发到各州县，作为各级官员指导农业生产的参考。所以，在武则天时期，粮食产量比较稳定，百姓丰衣足食，国家粮库也比较充足。手中有粮，心中不慌，这是经济发展的基础。二是实行轻徭薄赋、与民休息政策。武则天很少大兴土木，也不主动对外用兵，因而百姓负担较轻，能够安心生产。三是重视兴修水利。武则天为了解决旱涝灾害问题，共修建了十九项大型水利设施。所以，在武则天统治时期，很少发生大的灾荒。四是鼓励商业和手工业发展，活跃经济。

第二，保持了社会稳定。

在武则天执政时期，宫廷斗争此起彼伏，有时十分激烈，但由于大的治国策略没有改变，因而对社会和民众影响不大。老百姓不管宫廷内部斗得你死我活，照常该干什么就干什么。

武则天很重视百姓生活。从两唐书记载来看，她经常减免各地税赋，有时进行全国性的减免。对鳏寡孤独和有困难的百姓，政府及时予以救助。老百姓安居乐业，社会比较稳定。所以，在武则天统治长达近半个世纪时间内，没有发生过大规模农民起义，这是武则天一个了不起的功绩。

第三，创新发展了科举制度。

隋文帝创立了科举制，是对官吏选拔制度的颠覆性革命，对后世影响极大。可是，由于当时科举制不太完善，再加上隋末战乱不断，因而施行得并不顺利。在武则天时期，科举制得到改进和完善，蓬勃发展起来。

武则天执政以后，需要大批拥护者和治国人才，便大力推行科举制，不拘一格选拔官吏。武则天扩大考生范围，完善考试内容，改进考试方法，凡参加考试者，不问出身门第，只要成绩优秀，就予以录用，有的还担任要职。有史料说，武则天时期录用的考生，每年都比贞观时期增加一倍多。

武则天对科举制度进行了三方面的创新改革。一是努力扩大考生范围。武则天派出使者，到全国各地搜罗人才，鼓励地方政府和百姓举荐，也允许考生自荐，使考生人数空前增多，有时竟达上万人。二是首创殿试制度，即由皇帝亲自主持考试。武则天在称帝当年，就在殿试中一次录用一百多人。三是首创武举制度。通过考试，不仅录用文官，也录用武官，选拔军队将领。殿试和武举制度，都是从武则天时期开始的。

武则天通过推行科举制，使大批人才脱颖而出，有许多人出身平民。这些通过科举入仕的官员，素质高，能力强，充满活力，而且没有裙带关系，为官吏队伍带来勃勃生机，成为武则天统治集团的中坚力量。武则天十分重视人才，像名臣狄仁杰、娄师德、魏元忠、张柬之、姚崇、宋璟等人，都是武则天选拔的。正是有了大批人才，武则天的统治基础十分牢固，几乎没有发生过政变之类的事情。

第四，维护了国家主权和版图完整。

李世民、李治时期，东征西战，平定四夷，但并不稳固。682年，已经灭亡的东突厥势力又起，占据漠北，被称为后突厥。后突厥一度恢复了过去的强盛，经常侵犯边境。武则天派狄仁杰领兵十万，击退后突厥，维护了边境安全。

在东北地区，契丹势力崛起，进犯河北地区。武则天三次派兵征讨，打败契丹，使契丹势力不敢南下。

在李世民时期，唐朝统治了西域。后来，吐蕃力量强盛，攻占了安西四镇，试图与唐朝争夺西域。武则天毫不示弱，派兵驱逐吐蕃，收复安西四镇，巩固了对西域的统治。吐蕃不敢再觊觎西域了。

武则天不喜欢穷兵黩武，也不主动攻击别人，但遇外敌入侵，她却并不畏惧，坚决予以反击。武则天虽然没有开疆拓土，但保卫了国家领土安全，这也是她的一大功绩。

除了这四大功绩之外，武则天在打击门阀、扶植庶族、整顿吏治、严惩贪污、广开言路以及发展文化事业等方面，也卓有成效。

武则天也有许多问题和错误，特别是她专横跋扈，用刑严酷，手段残忍，重用酷吏，宠幸男宠，被后世所诟病，也在历史上留下了不光彩的一页。但从主流和大的方面看，武则天对中国社会发展做出了重大贡献，不仅使贞观之治得到延续，也为开元盛世奠定了坚实基础。总体来看，武则天的功绩大于错误，是一位有缺点的伟大女皇。

对武则天的评价，历代存在争议。在宋代之前，对武则天的评价还是比较客观和正面的。宋代之后，程朱理学占据了主导地位，"三纲五常"盛行。女人当皇帝，显然不符合"三纲五常"的伦理道德，武则天开始受到恶意攻击，对她的评价越来越坏。到了清代，有学者甚至抨击武则天是"鬼神之所不容，臣民之所共怨"。有些文学作品，对武则天任意进行歪曲、夸大和抹黑，却很少提到她的功绩，使武则天的形象一团糟，简直不堪入目，这是不公正的。

近代以来，人们对武则天有了新的评价。郭沫若、翦伯赞等许多国学大师，都充分肯定武则天的历史地位和功绩。

人类社会发展到今天，我们应该运用历史唯物主义的观点，以新的视角，来认识和评价武则天这位伟大的女皇。

助武上台的李义府

武则天一生，选拔任用了一大批官员，光宰相就达九十三人之多。统治者都喜欢标榜唯贤是举，武则天却是唯我是举，只要对她有利，什么人都可以用。所以，在她任用的各类人员中，既有忠臣，也有酷吏；既有清正耿直之人，也有阿谀奉承之徒。其中，帮助武则天当上皇后的，就有佞臣李义府。

两唐书记载，李义府，是瀛州饶阳（今河北饶阳）人。他出身微贱，却勤奋好学，很有学问。李义府因擅长写文章而被举荐入仕，得到著名宰相马周的赏识，逐渐升迁至监察御史。

在李世民时期，李义府受诏与其他人共修《晋书》，后又参与修撰唐朝国史。李义府曾写过一篇《承华箴》，说："佞谀有类，邪巧多方。其萌不绝，其害必彰。"意思是要当君子，不要做小人。李世民看了，十分欣赏，认为他是一个正直的人，于是任命他为太子舍人，辅佐太子李治。

李义府口头上说要当君子，实际上却是一个小人。他表面上待人谦和，彬彬有礼，与人说话时，总是面带微笑，但内心却是偏狭嫉妒，阴险狡诈，只要有利益，什么事都敢干。了解他的人，都说他是笑里藏刀，称他为"李猫"。

李义府在太子府任职，自然对李治溜须拍马，精心侍奉，获得李治好感和信任。李治继位后，升迁他为中书舍人，加弘文馆学士，兼修国史。李义府成为李治亲信，红极一时。

武则天入宫之后，得到李治宠爱。李义府善于见风使舵，投机取巧，马上就凑了上去，千方百计讨好武则天。武则天刚当上昭仪不久，正想培植自己的势力，两人一拍即合，很快建立了密切关系。

正在李义府春风得意的时候，不知因为什么事情，得罪了宰相长孙无忌。长孙无忌是辅政大臣，又是皇帝的舅舅，权势很大，他奏报李治，要把李义府贬为壁州司马。李治不愿得罪舅舅，勉强同意了，马上就要颁发圣旨。

李义府听到了消息，心急如焚，赶紧找好朋友王德俭商量对策。王德俭也是中书舍人，有些智谋，善于出鬼点子，与李义府是一丘之貉。王德俭沉吟一会儿，说："我看，皇上有心立武昭仪为皇后，只是担心宰相不同意，所以尚未正式提出来。你如果能助推此事，一定可以转祸为福。"

李义府一听，豁然开朗，心中大喜。他当天晚上，就迫不及待地拜见皇帝，说王皇后无子，而武昭仪已有两个儿子，并且德高望重，从江山社稷考虑，应该立武昭仪为皇后。李治果然大为高兴，马上收回了贬官圣旨。武则天听说以后，也很高兴，给了李义府大量奖赏。

李义府既保住了官职，又得到许多钱财，更加兴奋。他就像打了鸡血一样，激情亢奋地去联络朝中大臣，给皇帝上书，要求废立皇后。礼部尚书许敬宗，积极支持，甚至说："农民多收十斛麦，就想换老婆，何况天子呢？"许敬宗也是武则天的亲信，他为武则天当皇后一事，跑前跑后，上下串联，十分卖力，甚至跑到长孙无忌家里，去做说服工作。朝中许多与关陇贵族集团有矛盾的大臣，也都表示同意。

经过与长孙无忌、褚遂良等大臣的激烈斗争，李治废立皇后成功了，武则天荣登皇后宝座。从两唐书记载来看，废立皇后之事，不是李治先提出来的，而是李义府等人首先发动的。当然，没有李义府提议，李治迟早也会让武则天当皇后的。但不管怎么说，李义府称得上是助推武则天当上皇后的第一功臣。

655 年，武则天如愿以偿当上皇后，自然要投桃报李。李义府成为武则天的心腹，从此官运亨通，飞黄腾达。656 年，李义府升任太子右庶子，封为广平县侯；657 年，李义府升为中书令，成为宰相，封为河间郡公，一跃成为朝廷重臣。

李义府虽然当了高官，但却德不配位，他恃着有皇帝皇后撑腰，便胡作非为，妄行不法。有一次，有个姓淳于的女子犯了罪，被关在大理寺监狱里。李义府听说淳于氏漂亮，强迫大理寺丞毕正义将她释放，然后将其纳为妾室。后来有人揭发此事，毕正义惶恐自杀。大理寺官员向皇帝告状，却石沉大海。李治、武则天把李义府包庇下来，并不追究。

有个叫王义方的侍御史，为人耿直，看不下去，在朝堂上公开弹劾李义府，说他擅杀大理寺丞，理应治罪，情绪激昂。李治恼怒，说王义方诋毁大臣，言辞不逊，将他贬为莱州司户。王义方当侍御史只有十六天，就被贬官了。

散朝以后，李义府拦住王义方，得意扬扬地说："王御史妄加弹劾，却落得如此下场，惭愧不惭愧啊？"

王义方反唇相讥，说："过去孔子担任司寇，上任七天就杀了少正卯；现在我当御史已经十六天了，却不能诛杀奸贼，确实很惭愧。"

李义府见犯下如此大罪，都能顺利过关，以后更加嚣张。他倚仗权势，把家族子弟都提拔为官，儿子、女婿身居高位，一家人飞扬跋扈，不可一世。李义府的劣行引发众怒，大臣们联名向皇帝告状。

658 年，李治见李义府闹得确实不像话，为平息众怒，将他贬为普州刺史，以示惩罚。但只过了一年，李义府就被召回朝廷，官复原职，并兼任吏部尚书。

李义府不思悔改，依旧如故。他大权在握，与儿子、女婿一起，卖官鬻爵，大肆收受贿赂。他的祖父改葬时，李义府私自征调七个县的民工，昼夜不停地运土修坟。改葬那天，满朝王公争相馈赠奠仪，送葬队伍绵延七十里，极尽奢华。李义府还设计陷害给事中李崇德，致使李崇德死在狱中。

李治听说李义府劣迹斑斑，告诫他说："听说你的儿子、女婿多有不法之事，朕都给你掩饰过去了。你以后要多加管教。"

李治并没有恶意，只是希望他收敛一些。没想到李义府勃然变色，竟然质问皇上："陛下听谁说的？"

李治有些生气，说："你别管是谁说的，自己注意就行。"李义府也生了气，扭头就走，并不谢恩，态度十分无理。当时，武则天已经干预朝政了，所以李义府有恃无恐，此后，他照样我行我素。

663年，又有许多大臣告发李义府。李治终于忍无可忍，不顾武则天反对，命刑部和大理寺一同审理，并让李勣监审。李勣是个英雄人物，功勋卓著，为人正直，当然不惧李义府。经过审讯，情况属实，判处李义府长期流放蜀地，剥夺一切官爵，其儿子、女婿也遭流放。消息传开，朝野上下纷纷庆贺。李义府被处罚，表明武则天此时虽已参政，但尚未左右局势，大权仍然掌握在李治手里。

666年，李义府在流放地病死，时年五十三岁。李义府死了，许多担心他东山再起的官员才放了心。如果李义府多活几年，等到武则天完全掌握了大权，他是真有可能再度回朝的。

674年，武则天基本掌权以后，赦免了李义府的儿子、女婿，让他们重返京城。692年，武则天称帝之后，念及李义府对她的辅助之功，追赠他为扬州大都督，赐实封三百户。不过，唐睿宗即位以后，又把李义府的实封收回了。

李义府是个奸佞小人。武则天为了个人利益的需要，有时候佞臣也是要用的。

中流砥柱狄仁杰

武则天在夺取皇后位置的时候，需要用奸佞小人，她执掌天下以后，就要用贤臣了。武则天统治时期，提拔重用了许多忠臣良将，其中最为出色、称得上是中流砥柱的，是一代名相狄仁杰。

两唐书记载，狄仁杰，630年出生，并州太原（今山西太原）人。狄仁杰的四世祖狄湛，辗转由甘肃天水迁徙到太原。有学者认为，狄仁杰是羌人后裔，但已经完全汉化了。

狄仁杰出身官宦之家，从小勤奋好学，嗜书如命。在他六七岁的时候，有一次家中发生命案，有个门人被杀，官府前来办案，家里乱作一团。唯有狄仁杰，充耳不闻，照样诵读书文，仿佛没有发生任何事情一样。官吏十分好奇，问他为何如此镇静。狄仁杰不耐烦了，回答说："我正在与书中的圣贤对话，请你们不要打扰我。"

狄仁杰长大以后，参加科举考试，成绩优异，入仕做官，当了汴州判佐。狄仁杰做事认真，性情耿直，得罪了同事，被一小吏诬告。长官阎立本在审问时，却发现狄仁杰是个难得的人才，夸赞他说："孔子说观过知仁，你可以称得上是沧海遗珠啊！"从此，"沧海遗珠"的成语就流传下来，意思是说，大海里的珍珠被采珠人所遗漏，比喻人才被埋没。

阎立本既然发现了人才，自然要提拔他，狄仁杰因祸得福了。后来，在阎立本推荐下，狄仁杰升任并州都督府法曹，不久又当上大理寺丞。狄仁杰的才能得到充分发挥，他在一年时间内，审理判决了大量积案，涉及一万七千多人，没有一人喊冤，人人都觉得公平合理。狄仁杰的名声开始显露。

阎立本是唐朝有名的贤臣，后来被提拔为宰相。阎立本还是历史上有名的画家，凌烟阁二十四功臣像，就是他画的。阎立本的代表作《历代帝王图卷》，画了刘秀、刘备、杨坚、杨广等十三位帝王的肖像，神态各异，栩栩如生，被称为"神品"，可惜流落到美国波士顿美术馆。

从686年到690年，狄仁杰先后担任宁州刺史、江南巡抚使、文昌右丞、豫州刺史、复州刺史等地方官。狄仁杰勤政廉洁，爱护百姓，打击豪强，执法严明，得到百姓拥护。有的地方民众自发为他勒石立碑，颂扬他的德政；朝中有些贤明的大臣，像娄师德、郭翰等人，也向朝廷举荐狄仁杰。不过，有些不法之徒和奸佞之臣，却不断对狄仁杰进行诬告和诋毁。

690年，武则天改唐为周，当了皇帝。武则天对狄仁杰很感兴趣，问他："你在地方有良好的政绩，可总有人中伤你。你知道都是谁吗？"

狄仁杰回答："陛下如果认为臣做错了，臣当改正；陛下如果以为臣没有错，那是臣的幸运。臣不在乎别人说什么，不想知道中伤我的人是谁。如果他出于公心而误解了我，臣还会把他当成好朋友的。"

武则天听了，很是叹服，认为狄仁杰有宰相之胸怀，于是调他入朝做官，第二年，就把他提拔为宰相。当时，狄仁杰已经六十二岁了。狄仁杰富有治国才能，从政多年，经验丰富，而且久经地方历练，深知民间疾苦，他尽心竭力辅佐女皇，制定政策，处理朝政，精心治理国家。

武则天当了女皇，很多人不习惯、看不惯，反对的人不少。武则天为了巩固统治，采取了严厉手段，她重用酷吏，鼓励告密，对反对她的人进行压制，朝廷内外形成了十分恐怖的政治气氛。

692年，得到武则天宠信的酷吏来俊臣，诬告狄仁杰等六个大臣谋反，将他们投入狱中，严刑拷打。狄仁杰为了避免被当场打死，只好暂且认罪，录了口供。随后，狄仁杰书写了冤屈情况，让人送给儿子狄光远，由狄光运呈报给武则天。

武则天很重视，亲自审讯。她拿着狄仁杰的口供，问他为什么承认谋反。狄仁杰说："臣当时如果不承认，肯定就被打死了，哪里还有见到陛下的机会？"狄仁杰向武则天申诉了来俊臣等人滥用酷刑的事实，说明大臣们都是屈打成招的。武则天根据当时形势的需要，没有为他们平反，但免除了那些大臣的死罪，六个人全都贬为地方官。狄仁杰被贬到彭泽（今江西彭泽），当了县令。此后，武承嗣等一伙佞臣，多次要求诛杀狄仁杰，都被武则天拒绝。

696 年，契丹首领孙万荣叛乱，攻陷冀州，河北震动。武则天起用狄仁杰为魏州刺史，令他抵御契丹。狄仁杰迅速到任，孙万荣惧怕狄仁杰威名，不战自退。魏州百姓为狄仁杰立碑颂德。不久，狄仁杰担任幽州都督。武则天赐给他紫袍、龟带，并在紫袍上题写十二个金字，表彰狄仁杰的忠诚。

697 年，武则天的统治已经稳固，为了平息民愤，将来俊臣等酷吏在闹市公开斩首示众，延续多年的恐怖"酷吏政治"宣告结束。与此同时，狄仁杰重返朝廷，第二次担任宰相。此时，武则天已经七十四岁高龄了，她把朝廷事务几乎全都委托给狄仁杰。狄仁杰虽然也已年迈，但仍然忠心耿耿，呕心沥血，辅佐朝廷，成为名副其实的中流砥柱。

698 年，后突厥南下侵扰河北。狄仁杰已经六十九岁了，却不顾年老，亲自率兵，击退后突厥，并安抚河北，恢复当地秩序。

狄仁杰一心为公，没有私利，他一边主持朝政，一边选贤任能，大力提拔后起之秀。狄仁杰任相期间，先后举荐提拔张柬之、姚崇、桓彦范、敬晖等贤臣数十人，这些人多数都成为名臣。人们夸赞狄仁杰说："治理天下的贤能之臣，都出自您的门下啊！"于是便有了"桃李满门"的成语。

狄仁杰认为张柬之有宰相之才，向武则天推荐，武则天提拔张柬之为洛州司马。狄仁杰觉得不到位，再次推荐，终于将张柬之推向宰相之位。后来，张柬之力挽狂澜，铲除邪恶，维护了大唐社稷。

武则天晚年时，有些糊涂，经常出现失误。狄仁杰忠诚正直，敢于犯颜直谏，纠正了武则天许多弊政。有一次，武则天想铸造一座浮屠佛像，需要花费钱财数百万。狄仁杰多次进谏，陈述利害，武则天便打消了念头。

武则天的侄子武承嗣、武三思，见武则天年事已高，觊觎皇位，经常给武则天灌迷魂汤，说大周江山应由武姓人继承。武则天有些犯迷糊了。武家子弟都是奸邪之人，天下决不能落到他们手里，狄仁杰心中万分着急。当时，李旦虽然名义上是皇太子，但他一心做学问，不关心政治，根本不适宜当皇帝。狄仁杰暗中打算，想把已废多年的中宗皇帝李显，找机会从外地接回京城，以便日后继承皇位。

有一天，武则天做了一个梦，梦见自己与别人下棋，却始终不能赢。武则天心中不悦，让狄仁杰为她解梦。狄仁杰趁机说道："陛下不能赢棋，是因为无子（棋子）啊！陛下只有两个儿子，李显长期被贬在外，应该把他接到身边，侍奉陛下。"狄仁杰的这番话，触动了武则天的母性，便决定将李显召回。

698年，武则天假托李显有病，需要回洛阳治疗，秘密派人把李显一家接了回来。武则天想给狄仁杰一个惊喜，把李显藏在帐后，然后召见狄仁杰，故意说不能让李显回来。狄仁杰大急，跪倒在地，苦苦请求，并且痛哭流涕。

见狄仁杰急成这个样子，武则天很开心，把李显叫出来，用手一指，对狄仁杰说："你看看，这是谁？"狄仁杰一见，马上破涕为笑，这才明白，是武则天故意捉弄他。人们常说，人老了，就像老小孩一样，看来武则天也不例外。《新唐书》记载了这个情节，挺耐人寻味的。

狄仁杰见李显回朝，有了希望，心中十分高兴。他又向武则天建议说，李显不能悄无声息地回来，而要光明正大，广为人知。武则天听从了，先把李显安顿在龙门，然后举行仪式，按礼节把他迎回宫中。满朝文武都很喜悦。不久，武则天有病，狄仁杰又提议让李显监国，但因魏元忠等大臣反对，未能实现。狄仁杰所做的这一切，意图很明确，就是提高李显的声望和地位，为他继位制造舆论。

然而，李显这个糊涂蛋，却不知好歹，并不领情，甚至对人说："人臣事主，应该一心一意，哪有皇帝刚一得病，就让人监国的道理？狄仁杰这是在树立私惠，想讨好我。"看来，李显确实昏庸，根本不是当皇帝的材料。

当年，由于李显昏庸，只当了五十五天皇帝，就被武则天废黜了，被贬到外地十四年。俗话说，江山易改，禀性难移，武则天见李显这么多年过去了，仍然没有长进，很是失望，所以，她在立继承人的问题上，一直犹豫不决。武则天在李显、李旦、武三思三人中间来回掂量，觉得还是武三思能力强一些。

武则天拿不定主意，便找狄仁杰商量。狄仁杰十分诚恳地对她说："陛下认真想一想，儿子和侄子相比，哪一个更亲？如果儿子继承皇位，陛下百年之后，会永远享受宗庙供奉；如果侄子继位，宗庙里只能祭祀他的父母，哪里有姑姑的位置？再说，前段时间，李显和武三思分别募兵，李显不到十天，就招募勇士五万多人，而武三思用了一个多月，才招了不到一千人。这说明李显继位，是人心所向。"

狄仁杰的这番话，情真意切，符合情理，对武则天触动很大。再加上李显回来之后，李旦再三请求辞去皇太子之位，让给哥哥。最终，武则天终于下了决心，立李显为皇太子，确立了他继承人的身份。对此，狄仁杰功莫大焉。

武则天晚年的时候，完全倚重狄仁杰，对他十分尊重，从不称呼他的名字，也不称呼官职，而是尊称国老。武则天见狄仁杰年龄大了，特下诏免除他晚上在宫中值班的义务。武则天还经常告诫其他官员说："如果没有十分重要的大事，就不要去打扰国老了。"武则天甚至不让狄仁杰对她行跪拜之礼，说："看到您跪拜，朕浑身都感到痛楚。"狄仁杰受此殊荣，只能是鞠躬尽瘁、死而后已了。看来，武则天十分清楚狄仁杰的作用，还没有完全老糊涂。

700 年，狄仁杰耗尽心力，终于一病不起，与世长辞了，享年七十岁。

武则天悲痛不已，仰天大哭，说："老天为何这么早夺走我的国老，从此朝堂空矣！"

后世历代都对狄仁杰给予高度评价，盛赞他忠廉正智，辅国安邦，功绩卓著，堪称一代明相。宋朝皇帝赵匡胤甚至说，武则天一女主，之所以能够享国，皆因有了狄仁杰。狄仁杰也得到了百姓拥护和赞扬，大量歌颂他的文艺作品不绝于世，广泛流传。

武则天能够选拔重用这样一位忠廉正智的名相，并使其忠心效力，彰显了一代女皇的睿智、气度和伟大。

唾面自干娄师德

有个成语，叫唾面自干，意思是说，别人往自己脸上吐唾沫，不要擦掉而让它自干，形容特别能够容忍。这个成语，来源于《新唐书》的《娄师德传》。娄师德是武则天时期的宰相。

宰相与丞相不是一个概念，丞相是官职名，一般只有一个人，或者分左右丞相两个人；而宰相并不是具体的官名，而是皇帝之下最高官员的通称，有很多人。在隋唐时期，三省的正副长官都是宰相，甚至连获得三师、三公一类荣誉职务的人，也被称为宰相，恐怕有几十人之多。武则天执政四十多年，所以，她的宰相有九十三人，一点也不奇怪。宰相虽然很多，但在他们上面，就是皇帝了，所以仍然位高权重。娄师德是众多宰相中的一个。

娄师德，630年出生，与狄仁杰同岁，是郑州原武（今河南原阳）人。娄师德出身平民，家境贫寒，常受人欺负。他憨厚老实，遇事特别能够忍让，从不与人争吵。娄师德一心扑在学习上，希望能够学业有成，出人头地。

功夫不负有心人，娄师德二十岁那年，参加科举考试，考中进士，入仕做官。娄师德起初担任江都县尉，他很珍惜这次机会，工作兢兢业业，从不偷懒，与上司和同僚的关系都很好，每次考核，他都名列前茅。因此，娄师德不断升迁，后来被调入朝中，担任了监察御史。

678年，吐蕃不断侵扰，朝廷决定征讨，命名将李敬玄为领兵元帅。娄师德是文臣，却主动请缨，愿上战场效力。李治、武则天赞赏他的勇气，任命他为朝散大夫，随李敬玄出征。从此，娄师德弃文从武，在军队干了十几年，屡立战功，成为唐朝名将。

娄师德宽厚仁义，为人谦和，平日里很少发脾气，温顺得像只绵羊，但上了战场，却像一头猛虎，身先士卒，不惧生死，奋勇杀敌，深受士兵拥戴。他还富有谋略，善于用兵，常常出奇制胜。娄师德曾经率领一支军队，在白水涧（今青海湟源南）迎敌，八战八捷，打得吐蕃闻风丧胆。

吐蕃打不过唐朝，请求谈判和解。朝廷命娄师德为谈判大臣，出使吐蕃。娄师德唇枪舌剑，在谈判桌上再与吐蕃交锋。他宣扬唐朝威信，陈述利害，使吐蕃十分敬畏，又心悦诚服。谈判取得成功，两家息兵和好。

娄师德在与吐蕃交战中表现突出，文武兼备，名声大振，因功升任左金吾将军、检校丰州都督。此后，他率军驻守边疆，一边戍边，一边屯田。娄师德身穿皮裤，亲自率士兵开垦荒田，储积粮食数百万，使得边军军粮充足，受到朝廷嘉奖。

692 年，已经当上女皇的武则天，认为娄师德既有功劳，又有才能，将他调入朝中，担任夏官侍郎、判尚书事，第二年，又提拔他当了宰相。后来，娄师德一度被贬官，但不久又第二次担任宰相。

在武则天的宰相班子里，什么样的人都有，各有各的用处。娄师德老成持重，办事稳妥，特别是他宽厚待人，不计较小事，更不争名夺利，几乎与所有人关系都很好。同僚之间有了矛盾，他总是设法化解。有这样一位大臣，对维护朝廷团结十分有利。所以，武则天对娄师德很宠信。

当时有个宰相，叫李昭德，出身贵族，精明干练，很有才华，但他恃才傲物，与同僚关系不好，唯有娄师德，能够与他和睦相处。有一次，两人一块上朝，边走边谈。娄师德身体肥胖，走得慢，李昭德几次停下等他，后来不耐烦了，骂他是乡巴佬。这是很不礼貌的，可娄师德并不生气，笑着说："我本来就是乡巴佬嘛。"后来，李昭德遭人诬告被杀。

娄师德十分随和，从不摆官架子。有一次，他微服到地方上去巡视。县令见娄师德衣着简朴，认为不是大官，与他同坐一条横木上交谈。有人悄悄告诉他："这是宰相。"县令吓了一跳，急忙跪倒叩头，口称死罪。娄师德笑着说："哪条法律规定，你与我同坐是犯罪啊？"娄师德让他继续坐下来，县令说什么也不敢了，只是恭敬地站着说话。

娄师德十分体谅下级。武则天曾经颁布过禁屠令，不准宰杀牛羊，又规定官员巡视时，下级不准用鱼肉招待。有一次，娄师德到乡下视察，地方上拿不出好食物招待，只得大着胆子端上一盆羊肉，说："这只羊是豺咬死的，不是我们杀的。"娄师德心里明白，笑着说："这只豺太懂事了。"一会儿，厨师又端上一盆鱼，说："这条鱼也是豺咬死的。"娄师德笑得把饭都喷出来了，笑骂道："真是蠢货！你应该说，鱼是被水獭咬死的。"

娄师德热心助人，推荐了许多人才，却从不声张，更不图回报。娄师德曾经上书推荐过狄仁杰，狄仁杰丝毫不知，他当上宰相以后，反而认为娄师德处事圆滑，多次排挤他。娄师德并不介意，也不解释。

武则天见狄仁杰对娄师德看法不好，有一天问狄仁杰，说："你觉得娄师德贤明吗？"狄仁杰说："他当个将领，还是称职的，但是不是贤明，臣就不知道了。"

武则天又问："你认为娄师德识人吗？"狄仁杰回答："臣与他同僚多时，没看出他有识人的本领。"武则天笑了，拿出当初娄师德推荐他当宰相的奏章。狄仁杰见了，深感惭愧，叹道："娄公盛德，我被他宽容相待却不知道，我比娄公差远了。"

娄师德最出名的事，是唾面自干。娄师德当宰相以后，他的弟弟也被任命为代州刺史。临行前，娄师德再三告诫弟弟，说："我们兄弟都当高官，很容易招人嫉妒，你遇事一定要忍让，千万不要与人争论。"

弟弟说："你放心吧，即便有人吐我一脸唾沫，我也决不还口，只是自己把唾沫擦掉。"娄师德却很严肃地说："那样不行，你把唾沫擦掉，表明你心中不满，所以，你不要擦，让它自干好了。"

娄师德唾面自干的事情，让人感到有些容忍过度。不过，这是

《新唐书》记载的，《旧唐书》却没有。《新唐书》采用了笔记、小说的一些说法，因而真实性常被人质疑。

699 年，娄师德病逝，享年六十九岁。武则天赐谥号为"贞"。

不管唾面自干是否真实，娄师德是一位宽容君子，这是真的。娄师德外愚而内敏、表晦而里明、谦和忍让的处世态度，对人们是有借鉴意义的。

忠贞之臣魏元忠

　　在武则天众多宰相中，有个叫魏元忠的人，性格与娄师德截然不同。魏元忠生性耿直，忠于朝廷，疾恶如仇，敢讲真话，从不隐瞒自己的观点，虽然屡遭流放和贬官，还差点被杀，却始终不改其志，被人们称为忠贞之臣。

　　两唐书记载，魏元忠，宋州宋城（今河南商丘睢阳区）人。他早年是太学生，但志气倜傥，不慕功名，不拿举荐当回事，因而多年未能升调。当时，有个叫江融的人，写了《九州设险图》，记载了古今用兵成败的经验教训。魏元忠很感兴趣，用心学习钻研，还为此书做了训释解说。

　　678年，吐蕃不断侵犯边疆。魏元忠写了一篇奏章，论说朝廷用兵方面的优势和劣势，提出讨伐吐蕃的建议。李治、武则天看了，觉得很有见地，召他入朝，在中书省听候调遣。魏元忠终于入仕了。

　　684年，魏元忠凭着他的才干，升迁至殿中侍御史。唐高宗李治死后，武则天废黜昏庸的李显，立了傀儡皇帝李旦，自己临朝称制，结果引起天下议论纷纷，许多人有不满情绪。徐敬业因被贬官，心怀怨恨，便打着讨伐武则天的名义，在扬州起兵叛乱。武则天派宗室李孝逸，率三十万大军南下平叛。武则天知道魏元忠有军事才能，任命他为监军。

　　徐敬业起兵之后，并没有北上讨伐武则天，反而南渡长江，攻占润州，企图割据自立，因而失去人心。李孝逸见叛军南下，对北方没有威胁，又担忧叛军势大，故而停滞不前。魏元忠着急，不管李孝逸宗室身份，直言相劝，陈述厉害，催促他尽快进军。李孝逸觉得魏元忠说得有理，于是不再犹豫，迅速进兵，直捣扬州。

徐敬业闻知朝廷大军到来，威胁扬州，赶紧回兵来救。徐敬业分兵把守各个要地，抵御朝廷军队。魏元忠献上先弱后强、各个击破的计策，李孝逸听从了。在决战的时候，魏元忠又建议火攻，结果大败叛军。在李孝逸、魏元忠同心协力下，不到三个月，徐敬业叛乱就被平定了。魏元忠为平叛立下大功，因功升任洛阳令。

洛阳是京都，皇亲国戚聚集，历来都很难治理。魏元忠刚毅正直，执法严明，不管什么人犯法，一概依法惩处，因而得罪了不少权贵。当时，反对武则天的人不少，武则天实行严厉手段予以镇压。武则天重用酷吏，鼓励告密，有些人借机报复，诬告魏元忠谋反。酷吏周兴审理此案，经武则天批准，判处魏元忠死刑，随即绑赴刑场，准备开刀问斩。

眼见魏元忠性命不保，武则天犹豫了，她知道魏元忠在政治、军事方面都很在行，是个人才，杀了可惜，又对他是否真的谋反存有怀疑，于是决定，以魏元忠平叛有功为由，赦免他的死罪，改为流放贵州。武则天怕耽误了时间，先命使者火速前往刑场，口头传达她的命令，然后写好赦令，再派人送去。

在刑场上，魏元忠面不改色，从容镇定。刑场周围有许多百姓围观，不少人为他流泪叹惜。就在刽子手举起屠刀，魏元忠即将人头落地的千钧一发之际，一匹快马冲进刑场，武则天的使者及时赶到，宣布赦免魏元忠。刑场周围一片欢腾，人们弹冠相庆。

监刑官听说是武则天的命令，不敢怠慢，马上就要释放魏元忠。魏元忠却不肯走，说："没有赦令，只听口头一说，谁知道是真是假？这等大事，岂能随随便便？"魏元忠一直等到赦令送到，才跪地谢恩，从容不迫地走出刑场。

魏元忠第一次被流放时间不长，就被武则天召回朝廷，重新做官。魏元忠照样本性不改，刚直不阿，不肯屈服于邪恶，结果被来俊臣、侯思止等奸人陷害，又连续两次遭到流放。好在武则天怜惜其才，始终没有杀他。

魏元忠三次被流放，实属罕见，许多正直的大臣为他辩护，说他无罪。后来，武则天也搞清楚了事情真相，知道他是一位忠贞之士。不过，武则天有点奇怪，问魏元忠："你本来没有罪，为什么那些人诬陷你？"

魏元忠说："臣就像一匹鹿，那些罗织罪名之徒，就像猎人，他们无非是想用臣的肉做羹罢了。那些人诬陷臣，只是为了自己升官，臣何罪之有？"武则天听了，默然不语。后来，武则天将周兴、来俊臣、侯思止等一批酷吏公开斩首示众，人心大振，万民欢腾。

699年，武则天提拔魏元忠当了宰相。魏元忠依然如故，对不平之事，该说就说，从不避讳。当时，武则天宠爱张易之、张昌宗兄弟，张氏兄弟恃宠骄横，胡作非为。满朝文武都不敢得罪张氏兄弟，只有魏元忠不怕，向武则天禀报他们的劣行，劝武则天远离小人。武则天很不高兴。

张易之、张昌宗恨透了魏元忠，多次挑唆武则天，要求除掉魏元忠。后来，又诬告说，魏元忠与几个大臣合谋，想推翻武则天，挟太子以令天下。武则天知道这是诬陷，但为了张氏兄弟的面子，仍然将魏元忠逐出朝廷，贬为高要县（今广东肇庆高要区）县尉。

705年，张柬之发动神龙政变，诛杀张易之、张昌宗，武则天下台，李显第二次当了皇帝。李显立即将魏元忠召回，重新任为宰相。魏元忠先后任兵部尚书、中书令等要职，主持军国大事，他继续为朝廷尽忠效力。

李显是个昏庸的皇帝，他起初十分信任倚重魏元忠，后来受小人挑唆，又把魏元忠贬为务川县（今贵州务川自治县）县尉。

707年，一生忠贞的魏元忠病逝，享年七十多岁。

712年，李旦当了皇帝之后，专门下诏，表彰魏元忠功绩，说他历事三朝，都极忠诚干练，可称为国之贤良，赐谥号为"贞"，总算给了魏元忠一个公正的评价。

魏元忠一生沉浮于宦海，多次流放被贬，却始终保持刚强正直的本色，坚决不向恶势力低头，令人敬佩，受到后世人们赞扬。

酷吏来俊臣

武则天选拔任用了一批忠臣良将，但为了巩固自己的统治，她也重用了一些酷吏。其中最歹毒的酷吏，莫过于来俊臣了。

两唐书记载，来俊臣，651年出生，是雍州万年（今西安市一带）人。来俊臣的亲生父亲叫蔡本，是个赌徒，输给赌友来操几十万钱，无力还账，就拿已经怀孕的妻子抵债。蔡妻到了来家不久，生下一个儿子，取名来俊臣。

来俊臣长大以后，继承父业，仍然是个流氓无赖。他游手好闲，不务正业，不是坑蒙拐骗，就是打架斗殴，终于有一天进了监狱。在狱中，来俊臣为了将功折罪，频频告密，胡说八道，乱咬他人。官府查来查去，毫无收获，全是诬告。刺史李续大怒，将来俊臣痛打一顿。

不久之后，李续因犯事被朝廷诛杀。来俊臣灵机一动，干脆告起了李续，编造了李续许多罪行，耸人听闻，并说自己是因为揭发李续，才被捕入狱，并且遭受毒打，把自己装扮成反对李续的英雄。

武则天看到举报信后，很感兴趣，破例接见了来俊臣。来俊臣伶牙俐齿，满嘴谎言，武则天却听得津津有味。当时，武则天废立皇帝，临朝称制，许多人不服，局势很不稳定。武则天采取严厉手段镇压，她需要一些对自己唯命是从的打手，而来俊臣正好符合她的要求。于是，武则天破例封给来俊臣官职，并让他审办一些案件。

来俊臣这个流氓无赖，摇身一变，成了朝廷官员，而且得到武则天接见，接受了她的授权，顿时身价百倍，耀武扬威起来。来俊臣为了报答武则天的知遇之恩，自然格外卖力，疯狂地为武则天铲除异己，消灭政敌。来俊臣在丽景门内设置监狱，被抓进监狱的人，能活下来的不到百分之一。武则天对来俊臣很满意，升迁他为侍御史，加散朝大夫。

来俊臣不仅对武则天唯命是从，而且善于揣摩她的心思，主动去做武则天心里想做的事情。只要武则天感觉某人对她不忠，来俊臣就能罗织罪名，将其除掉，在不长的一段时间内，来俊臣诛灭一千多家。

来俊臣收罗了侯思止、王弘义、郭弘霸、李仁敬、康日韦等一批不法之徒，专门罗织罪名，诬陷公卿大臣。来俊臣主持编了一本《罗织经》，规定了诬陷程序和步骤。一是先确定诬陷对象；二是以不同方式向朝廷写诬告信；三是等朝廷把诬告信转发下来，立即将诬陷对象逮捕审讯；四是使用各种酷刑，将犯人屈打成招；五是尽量让犯人咬出更多的人，扩大打击面；六是将犯人口供整理编撰，相互吻合，不留破绽。这样，他们想陷害谁，没有人能逃脱得了，而且牵连面广，影响大，这便于他们邀功请赏。武则天知道这里边有许多冤案，但为了形成恐怖政治，以利于她的统治，便支持来俊臣一伙放手去干。

在来俊臣等酷吏的迫害下，不计其数的官员和百姓被无辜冤杀，朝廷内外弥漫着恐怖气氛。人们在街上碰见熟人，都不敢说话，只是以眼神示意。大臣上朝之前，都特意与家人告别，说："不知道今天上朝，晚上还能不能回来。"就像生离死别一样。

来俊臣性情歹毒，心如蛇蝎，滥用酷刑。他精心制作了数十种刑具，刑具的名字就够吓人的，有喘不得、突地吼、失魂胆、死猪愁、求即死，等等。见到刑具的人，无不被吓得魂飞魄散，几乎没有人能经受住酷刑，不少人当场死于酷刑之下。大名鼎鼎的狄仁杰，为了不被打死，也只好被迫招供了。

来俊臣恃着有武则天撑腰，权势熏天，为所欲为。他诬告大将军张虔勖和范云仙，二人不服，进行申辩。来俊臣火了，当场令手下把张虔勖乱刀砍死，把范云仙割去舌头。来俊臣还倚仗权势，索取贿赂，强抢民女，欺压百姓，无恶不作，民愤极大。

来俊臣最出名的事情，是"请君入瓮"。当时，武则天最倚重的酷吏，一个是来俊臣，另一个是周兴。周兴与来俊臣是一丘之貉，也是凶狠歹毒之辈，迫害残杀官民数千人。武则天当上皇帝之后，觉得地位已经巩固，便开始改变"酷吏政治"。691年，武则天下令，将民愤极大的酷吏丘神勣斩杀于菜市口。周兴与丘神勣是好朋友，有人告发周兴，说他与丘神勣是同党，阴谋造反。武则天令来俊臣审理此案。

来俊臣知道周兴狡猾奸诈，担心他不会轻易招供，便心生一计，请周兴宴饮。酒至半酣时，来俊臣说："最近有几个犯人，特别顽固，死活不肯招供，你老兄有什么办法吗？"

周兴趁着酒兴，得意地说："我有一套刑具，特别管用，就是把犯人放在大瓮里，周围点上炭火，慢慢烤他。这样，谁也忍受不了，没有一个不招供的。"

来俊臣心中暗喜，命人架上大瓮，周围点起炭火，然后对周兴说："实不相瞒，有人告你谋反，皇上命我审问。你如果不肯招认，就请入瓮吧。"周兴一听，脸都吓白了，只好乖乖地招供。周兴被判流放岭南，半路上被仇人所杀。从此，流传下一个成语，叫"请君入瓮"，是以其人之道，还治其人之身的意思。

请君入瓮的故事，有点离奇，同样是《新唐书》有记载，而《旧唐书》没有。《新唐书》依据的是《朝野佥载》，《朝野佥载》是唐代笔记小说集，多是逸闻趣事，不一定真实。

来俊臣是武则天清除异己的得力帮凶，他肆意横行十几年，罪恶累累，许多人弹劾他，都被武则天庇护下来。来俊臣更加胆大妄为，不可一世，后来近似疯狂，竟然敢诬告李显、李旦和武承嗣、武三思以及武则天的女儿太平公主等人，遭到这些人联合反击。这些人都是武则天的至亲，武则天终于下了决心，要除掉来俊臣。

697年，武则天下令，将来俊臣在闹市公开斩首，陈尸示众，并将他的同党一并诛灭。来俊臣死时四十七岁。来俊臣被杀后，愤怒的人们，从四面围了上来，争相去剐他的肉吃，不大一会儿，来俊臣就只剩下一副骨头架子了。

在来俊臣被杀之前，已经有一批酷吏被武则天诛杀，来俊臣及其同党的覆灭，标志着"酷吏政治"彻底结束。

武则天为了巩固自己的统治地位，重用酷吏，滥杀无辜，这是她女皇生涯中的一大污点，被后世人们诟病。

武则天的男宠们

　　武则天被人诟病的地方，除了心狠手辣、重用酷吏之外，还有宠幸男宠。武则天的男宠不少，最出名的是薛怀义和张易之、张昌宗兄弟。

　　薛怀义，出生于662年，是京兆郡鄠县（今陕西西安鄠邑区）人。他本来叫冯小宝，平时挑一货担，沿街叫卖。有一位豪宅的侍女，常买他的货物，两人勾搭成奸。豪宅的主人，是李渊的女儿千金公主。不久，千金公主发现了两人的奸情，起初十分生气，但见冯小宝年轻英俊，一表人才，心生一计，将他献给了寡居多年的武则天。

　　当时，武则天临朝称制，大权独揽，许多李氏宗室受到迫害，千金公主这样做，是为了讨好武则天。武则天见了冯小宝，果然很高兴，十分宠爱。冯小宝成为武则天第一位男宠，千金公主也继续享受荣华富贵。那个时候，冯小宝二十多岁，武则天已经六十多岁了。

　　武则天为了掩人耳目，将冯小宝剃发化装成僧人，还冒充是女婿薛绍家族的人，让薛绍管他叫叔叔，名字便由冯小宝变成了薛怀义。从此，薛怀义经常出入皇宫，与洛阳的高僧法明、惠俨等人，在宫中念经诵法。薛怀义每次进入宫廷，都骑着皇宫里的骏马，由宦官随身侍从。朝中许多大臣，都匍匐在地，对他行大礼，称他为"薛师"。

　　薛怀义不是安分念经之人，他野散惯了，在宫中乱跑。有一次，他闯到南衙，正好撞见宰相苏良嗣。苏良嗣是耿直的大臣，当即命人将他打了出去。薛怀义去找武则天哭诉，武则天摸着他的光头说："孩子，你记住，北门才是你可以出入的地方，南衙是宰相们理政的地方，你没事跑去闯什么祸呢？"

武则天为了安置薛怀义，专门修复了白马寺，让他当了白马寺住持。后来，又命薛怀义监工，建造了宣明政教的明堂。明堂高三百多尺，又在明堂北面建一座天堂。明堂、天堂建好后，薛怀义因功授予左威卫大将军，封为梁国公。

薛怀义积极参与武则天废唐改周活动，他与法明等人编撰《大云经疏》，称武则天是弥勒佛转世，应该做国君。武则天为了让薛怀义立功，两次命他率军抵御突厥。薛怀义被加授辅国大将军，晋升左卫大将军，改封为鄂国公、柱国。

薛怀义官职显赫，又受武则天宠爱，便狂妄横行，无法无天。他经常骑着高头大马，在街上横冲直撞，行人躲避不及，就被撞得头破血流。有大臣弹劾他，薛怀义把大臣堵在路上，打了个半死。

后来，武则天宠爱了一个叫沈南璆的御医，对薛怀义的恩遇逐渐衰减。薛怀义怨恨恼怒，一把火把明堂、天堂烧个精光。武则天对薛怀义心生厌恶。

《旧唐书》记载，695年，武则天让女儿太平公主挑选健壮的宫女数十人，对薛怀义严密防范。不久，太平公主的乳母张夫人，令卫士捆住薛怀义，将他勒死，然后用车把他的尸体送到白马寺。薛怀义死时三十三岁。

武则天晚年时，又宠爱了张易之、张昌宗兄弟俩。张氏兄弟与薛怀义不同，不是粗野之人，而是出身官宦世家，文雅风流。他们的父亲叫张希臧，当过雍州司户，后追赠襄州刺史。

张易之在少年时代，就靠着祖辈的功勋，入仕做官，逐渐升为乘奉御。张易之身材修长，皮肤白皙，姿态优美，精通音乐，他与弟弟张昌宗，都是有名的美男子。张昌宗经太平公主推荐，侍奉武则天，张昌宗又推荐了他的哥哥，兄弟俩一块成了女皇的男宠。

张氏兄弟本来就有官职，提拔容易一些，不久，武则天任命张易之为司卫少卿，任命张昌宗为云麾将军，后改为右散骑常侍。张氏兄弟受到武则天宠爱，身居高位，一步登天，许多人纷纷讨好巴结，称他们为"五郎""六郎"。

每当武则天宴饮聚会时，张氏兄弟总是和武家子弟一同侍候。他们常用掷骰赌博取乐，有时嘲笑诋毁公侯卿相，干些迷乱疯狂的事情。有人拍马屁说，张昌宗是周灵王的太子仙人王子晋转世，武则天就让张昌宗穿上羽衣，吹着洞箫，乘上假鹤，在庭院里来回飞翔，好像是仙人骑鹤升天的样子。

从两唐书记载来看，张氏兄弟竭尽所能，讨好女皇，哄武则天开心；武则天对张氏兄弟只是宠爱喜欢，并不像有些文学作品中描写的那样淫乱无度。武则天毕竟已是八十岁高龄，早就心有余而力不足了。武则天赐给张氏兄弟豪华住宅，还有大量的男仆女婢，张氏兄弟并不与武则天住在一起。

有的文学作品说，武则天想让张氏兄弟当太子，把皇位传给他们，更是子虚乌有的事情。《新唐书》记载，李显、李旦为了讨好武则天，请求封张氏兄弟为王。武则天并不同意，只是封张易之为桓国公，封张昌宗为邺国公。武则天连王都不给他们，还会让他们当太子？

张氏兄弟无功而被封公，也是破例了。武则天年事已高，有些糊涂，张氏兄弟企图攫取朝廷大权。他们诬告宰相魏元忠谋反，唆使武则天将其贬官，赶出朝廷。李显的长子李重润，与妹妹、妹夫私下里非议张氏兄弟，张氏兄弟鼓动武则天，将三人杖杀。武则天连亲孙子、亲孙女都不放过，是够狠毒的。

武则天生了病，久治不愈，居住在长生殿。大臣们都不能进去，只有张氏兄弟在她身边侍候。张氏兄弟心里明白，一旦武则天死去，他们的好日子就到头了，而且会有灾祸。于是，他们日夜密谋，企图作乱。

在这危急关头，705 年，宰相张柬之果断发动神龙政变，诛杀张氏兄弟，逼迫武则天退位，拥立李显第二次登上帝位。

张氏兄弟与杨贵妃有亲戚关系，《新唐书》说，张易之是杨国忠的舅舅。所以，后来唐玄宗诏令恢复了张氏兄弟的官职爵号。

武则天宠幸男宠，固然不雅，可是，在封建社会里，男皇帝拥有无数美女，那么作为女皇，有几个男宠，又有什么大惊小怪呢？

神龙政变女皇下台

武则天当了十五年名正言顺的女皇，实际执政四十多年。她延续了李世民的贞观之治，推动了经济社会发展，总体上是有功绩的。

武则天晚年时，身体有病，张易之、张昌宗兄弟企图作乱，朝廷面临危机。在这关键时刻，爆发了神龙政变，结束了武则天的统治，李显重登帝位。神龙政变的策划者和组织者，是宰相张柬之。

两唐书记载，张柬之，出生于625年，襄州襄阳（今湖北襄阳）人。张柬之出身平民，从小酷爱学习，熟读经书史籍，长大后参加科举考试，考中进士，入仕做官，担任了清源县丞。

张柬之在朝中没关系，又因性情耿直，多年未得升迁。689年，武则天为了广招贤才，举行了贤良方正科考试。张柬之在一千多名考生中名列第一，被提拔入朝，当了监察御史。当时，张柬之已经六十四岁了。

张柬之入朝为官不久，突厥首领请求以女儿和亲，武则天下旨，让武承嗣的儿子武延秀娶她。这事本来与张柬之没有关系，他却认为不妥，上书反对。武则天不高兴了，调任张柬之去地方任职。张柬之先当合州、蜀州刺史，后来又任荆州大都督府长史。

张柬之治理地方很有政绩，而且经常向朝廷上书，提出治国建议。宰相狄仁杰发现张柬之有治国才能，向武则天推荐说："张柬之虽然年老，却有宰相之才，应该重用他。"

武则天看在狄仁杰的面子上，提拔张柬之担任了洛州司马。过了一段时间，狄仁杰问武则天："臣举荐张柬之，陛下怎么没用啊？"武则天说："已经提升了。"

狄仁杰说:"臣举荐的是宰相,陛下却任他为司马,这不是用人。"武则天很信任狄仁杰,见他坚持,就把张柬之调入朝中,授官为司刑少卿,迁升为秋官侍郎,但仍然没有明确为宰相。

不久,受到武则天信任的姚崇也推荐张柬之,说:"张柬之深沉稳重有谋略,能决断大事。他已经年老,陛下应该赶快重用他。"武则天终于提拔张柬之当了宰相。当时,张柬之已经七十多岁了。

张柬之担任宰相后,果然干得很出色,尤其是狄仁杰病逝、魏元忠被贬之后,张柬之成为朝廷的中流砥柱,他尽心竭力辅佐武则天,众臣对他都很佩服和尊重。

705 年,武则天病重,大臣们都不能相见,张易之、张昌宗密谋作乱。张氏兄弟如果打着武则天的旗号行事,能量是很大的,形势十分危急。张柬之秘密与大臣和禁军将领姚崇、桓彦范、李湛、崔玄暐等人商议,决定诛杀张氏兄弟,逼武则天退位,拥立李显复位。

这是一件天大的事情,必须征得李显同意。张柬之等人秘密去见李显,告知计划。李显听了,又惊又喜又怕,流下汗来,半天没有表态。众人反复劝说,李显点了点头,算是同意了。

张柬之立即调集五百名羽林军,来到玄武门,做好了准备,然后派将军李湛去请李显。李显却犹豫了,说:"张氏兄弟应该剪除,可是,天子圣体欠安,你们这样做,不会使天子受惊吗?是不是日后再图此事?"

李湛急了,说:"宰相和将士们不顾身家性命,全是为了国家和殿下。如今事已至此,殿下还有什么可犹豫的?"李显这才勉强出门。

李湛将李显抱到马上,护送他来到玄武门,与张柬之等人会合,然后,一齐去武则天宫中。

张易之、张昌宗听见动静,出门察看,见羽林兵手执兵器,蜂拥而至,情知不妙,却仍然在抖威风,厉声呵斥。话音未落,士兵们一拥而上,将张氏兄弟乱刀砍死在走廊里。

张柬之带领众人,簇拥着李显,进入武则天的长生殿。武则天吃惊地坐了起来,见擅自闯入的,都是平时保卫她的羽林军,心里马上就明白了。武则天故作镇静,问:"是谁作乱?"

张柬之上前答话：“是张易之、张昌宗阴谋造反，臣等奉太子之命，将他们杀了。因事情紧急，怕走漏消息，事先没有向您禀告，惊动了陛下，臣等罪该万死。”说着，跪倒叩头。

武则天拿眼盯着李显，说：“这事是你让干的吗？既然那两个小子已经被杀了，你可以回东宫了。”李显又流下汗来，口讷得说不出话。

桓彦范向前一步，态度强硬地说：“太子不能回东宫。陛下年龄大了，臣等斗胆请求，将帝位传给太子，以顺从天意民心。”张柬之等人一齐说道：“臣等都是这个意见，希望陛下保重龙体，安享晚年。”

武则天心里明白，此事已经无可挽回，她的统治结束了。武则天一眼看到了李湛，说：“这事你也参加了吗？朕对你们父子可是不薄。”李湛是李义府的儿子，当初是李义府首先提议，把武则天推向皇后宝座的。李湛有些羞惭，一言不发，赶紧躲到别人后面去了。

武则天又看见了崔玄暐，说：“别的人都是经他人推荐后得到提拔的，只有你，是朕亲手提拔的，你怎么也在这里？”崔玄暐不慌不忙地说：“臣这样做，正是为了报答陛下的大恩大德。”

武则天叹口气，对李显说：“当初，是因为你们兄弟年轻软弱，朕不得已才代管江山，现在应该还给你们李家了。希望你以后做个好皇帝，不要辜负了李家列祖列宗。”李显伏地磕头，汗流浃背。

武则天颁布诏书，宣布退位，由李显当皇帝。李显登基后，恢复唐朝国号，尊称武则天为“则天大圣皇帝”。因为705年是神龙元年，这个事件，被称为神龙政变。

武则天退位后，仍然享受着优越的生活待遇，十个月后病逝，享年八十二岁。武则天临终前，遗诏去掉帝号，改称“则天大圣皇后”，与李治合葬于乾陵。

李显确实当不了皇帝。张柬之力挽狂澜，恢复唐朝社稷，立下大功，却遭到武则天侄子武三思的排挤迫害。李显昏庸，听信谗言，将张柬之罢官流放。张柬之在流放中愤懑而死，享年八十二岁。

武则天死后，她的陵墓前立了一块无字碑，十分耐人寻味。

千年妄议无字碑

武则天无疑是一位极具传奇色彩的人物，她是中国历史上唯一一位正统女皇帝，执政四十余年，其功过是非，历来受到人们热议。

在封建社会，每个帝王的陵墓前，都矗立着高大的墓碑，上面镌刻着他的生平事迹，唯有武则天的墓碑上，空无一字。武则天为何要立一块无字碑？长期以来，人们对此议论纷纷，莫衷一是。

705年底，武则天病逝。她在临死前，要求与丈夫李治合葬一处，儿子李显便把她葬在乾陵。

乾陵，是李治和武则天的合葬陵，位于今陕西省咸阳市乾县县城北部六公里处的梁山上。乾陵采用"因山为陵"的建造方式，因而十分隐秘坚固。千余年来，有无数盗墓者企图盗掘墓中宝藏，但均未成功。乾陵是唐陵中唯一一座没有被盗的陵墓。

乾陵的选址、设计和营建，都是武则天亲自安排的。李治死后，葬在乾陵。乾陵前边，并立着两块巨大的墓碑，西侧的一块，叫"述圣碑"，是为李治歌功颂德而立。碑文有五千多字，是由武则天亲自撰写碑文，李显书写的。

在东侧的一块，便是武则天的无字碑。无字碑是用一块完整的巨石雕凿而成的，给人以凝重厚实、浑然一体的美感。碑首雕刻着八条螭龙，巧妙地缠绕在一起，鳞甲分明，筋骨裸露，静中寓动，生气勃勃。碑的两侧，各有一条腾空飞舞的巨龙，龙腾若翔，栩栩如生。碑座阳面，还刻有狮马图。马屈蹄俯首，温驯可爱；狮则昂首怒目，雄壮威严。

述圣碑和无字碑，都是在武则天执政时期制作的，因而无字碑比述圣碑略高一点。这表明，在武则天心里，认为自己比丈夫的功绩要大一些。事实也确实如此。

无字碑的正面，依稀看到刻了许多方格子，每个格子长四厘米、宽五厘米，排列整齐，目前能看清楚的有三千三百多个。这表明，当初在立此碑时，是准备日后在上面镌刻碑文的。可是，武则天死了以后，却并没有镌刻碑文，变成了无字碑。

千百年来，人们对无字碑议论纷纷，进行猜测评论，有多种说法。第一种说法是，武则天立无字碑，是借此夸耀抬高自己，表示功大德高，非文字所能表达；第二种说法正好相反，说武则天认为自己罪孽深重，感到还是不写碑文为好；第三种说法是，武则天颇有自知之明，功过是非让后人评说，自己不留一字。

其实，这些都属于臆测，是凭主观进行的推测、猜测和想象，既没有根据，也不符合情理。神龙政变之后，武则天已经下台，没有半点权力了，而且重病在身，对于碑文之事，她已经说了不算了。更重要的是，武则天如果想立无字碑，借此表达一些想法的话，她必然会留有遗嘱，可是，遗嘱中并没有这一条。

《旧唐书》记载，武则天在临终前，立了遗嘱，主要有两条。一是取消帝号，改为皇后，与李治合葬乾陵。这表明武则天愿意恢复李家媳妇的身份，回归李唐太庙。二是赦免受她迫害的王皇后、萧淑妃以及褚遂良、韩瑗等人的亲属。这表明，武则天对自己残暴罪行有所悔意。可是，任何史书都没有提到武则天在遗嘱中立无字碑的事情。

可见，立无字碑，既不是武则天的意愿，也不是她能够决定的。那么，无字碑是怎么形成的呢？

对此，学术界有三种看法。第一，继位称帝的李显，对武则天既敬又怕又恨，感情复杂。武则天废黜了李显的帝位，将他流放在外十几年，还杀了他的儿子和女儿，李显心里肯定有怨恨。但武则天毕竟是他的亲生母亲，李显既不想赞颂母亲，也不想诋毁她，实在难以评价，因而留下了无字碑。第二，武则天死后，围绕着如何撰写碑文，如何对其进行评价，朝廷大臣各抒己见，分歧很大，争论不休，始终形不成统一意见，碑文不能确定，墓碑只好空着。第三，李显昏庸，当不了皇帝，他称帝不久，宫廷斗争十分激烈，局势陷入混乱，没有人再关心碑文之事，武则天的墓碑就永远无字了。笔者认为，这些说法都是比较符合情理的。

武则天的无字碑，应该就是这样自然形成的，其实很简单，没有那么多的含义，与武则天更是没有关系。所以，人们大可不必劳心费神、牵强附会地去猜测评议了。

在武则天陵墓前，虽然是块无字碑，但她的贡献和劣迹，却永载史册，永远铭刻在人们心中。武则天作为一代女皇，其功过是非，自有后人评说。

李显被妻女毒杀

一代女皇武则天的统治结束了，她的儿子李显第二次登上皇帝宝座。可是，李显昏庸软弱，毫无治国才能，比他母亲差远了。李显宠爱老婆和女儿，不能掌控局面，引发朝廷危机，最后竟被老婆和女儿毒死，甚是可怜。

两唐书记载，武则天一共生了四个儿子。长子李弘，以仁德著称，是很好的接班人，可惜命短，二十三岁时猝死。次子李贤，性格倔强，与母亲不和，被流放巴州，不久也死了。

李显是第三子，生于656年，先后被封为周王和英王。680年，二十五岁的李显被立为皇太子。李显小时候是否聪明？他当皇太子有什么成绩？《旧唐书》和《新唐书》均一字未提，看来表现一般。

683年，唐高宗李治病逝，遗诏令李显在灵柩前即皇帝位，是为唐中宗。李治还留下遗诏："军国大事有不能决断者，请天后处理决断。"当时，李显已经二十八岁了，军国大事仍由武则天决断，表明李治对儿子是不放心的。

果然，李显昏庸，没有主见，事事都听老婆的。他的老婆韦皇后，为人强势，利欲熏心，李显刚一登基，韦皇后就要求提拔韦氏族人，甚至要求把父亲韦玄贞提升为宰相。大臣们反对，李显竟然混账透顶地说："朕即便把天下给了韦玄贞，有何不可？"身为皇太后的武则天大怒，把李显废黜，降为庐陵王。

武则天又立了四子李旦当皇帝，是为唐睿宗。李旦比李显聪明一些，但同样软弱，不是当皇帝的材料，特别是他喜欢钻研学问，不爱政治，更不热衷皇权，厌烦上朝理政。儿子不行，年已六旬的武则天只好亲自出马，她临朝称制，独自撑起了大唐江山。如果没有武则天，让两个不争气的儿子当皇帝，大唐王朝有可能会像前边的隋朝一样，短命而亡。

李显只当了五十五天皇帝，就被赶下台，他先被软禁于均州（今湖北丹江口），后又迁往房州（今湖北房县），在外流落十四年，吃尽了苦头。在此期间，只有韦皇后和女儿陪伴着他，与他共度艰难时光。李显对韦皇后更加依赖了。

武则天临朝称制六年后，废唐改周，自己当了皇帝，立李旦为皇太子。李氏宗室不满，徐敬业、李冲、李贞等人先后起兵反武，都打着恢复李显帝位的旗号。李显不仅没有喜悦，反而忧惧不安，生怕母亲派人来杀他。李显整天提心吊胆，惶惶不可终日，夜里常被噩梦惊醒，曾一度想自杀。多亏韦皇后经常劝导，给了他不少安慰。韦皇后成了李显的精神支柱。

武则天到了晚年，面临着由谁接班的问题。武则天知道儿子不成器，曾经想让娘家侄子武三思当继承人。狄仁杰等一批忠于李唐的大臣，不愿让江山落入武三思之手，多次劝谏武则天。武则天有所醒悟，觉得儿子再不好，总比侄子亲。

698 年，武则天把李显一家接回洛阳。李旦见哥哥回来了，坚决辞掉皇太子。于是，武则天便立李显为皇太子，明确了他皇位继承人的身份。

李显在外流落十四年，此时已经四十三岁了，却丝毫没有长进，依然是糊里糊涂。狄仁杰等一批朝中大臣，为李显回朝费尽心机，立下大功，李显却不领情，更不会笼络，反而与政敌武氏打得火热。李显将自己的两个女儿，一个嫁给武承嗣的儿子，一个嫁给武三思的儿子，与武氏成了双料亲家。

705 年，宰相张柬之联络一批大臣，趁武则天病重，发动神龙政变，把李显扶上帝位。李显第二次当上皇帝，仍然称唐中宗。

李显称帝后，想封弟弟李旦为皇太弟，百年之后由他继位，李旦坚决拒绝了。李显再次封老婆韦氏为皇后，仍然大肆提拔韦氏族人。此时，韦玄贞已死，没法当宰相了，李显就破例追封他为王。

武则天被迫退位以后，移居上阳宫，不得见人。武则天已经八十二岁了，便不再梳妆打扮，自然老态龙钟，面容憔悴，完全不是从前的样子了。李显见了，大吃一惊，心中感到悲伤。

武则天对张柬之等人发动政变，心怀怨恨，对李显说："我把你接回京都，立为皇太子，当然要把天下托付给你。可五贼（指神龙政变的主要人物）为了贪功，把我弄成这个样子。"李显听了，跪地哭泣，口称死罪。李显还是挺有孝心的。

张柬之等人，是在张易之、张昌宗企图作乱的危急时刻，不得已采取果断措施，诛杀奸贼，扶立李显重登帝位，对江山社稷立有大功。可是，不知道李显是怎么想的，他复位不久，就恩将仇报，对神龙政变的主要人员进行迫害。

张柬之被免去宰相职务，逐出朝廷，贬为襄州刺史，不久，刺史也当不成了，不知以什么罪名，将他流放到边远的泷州（今广东罗定）。张柬之愤懑而死。

桓彦范被免去宰相职务，贬为洺州刺史，后来获罪流放，竟被乱棍打死。崔玄暐被免去宰相职务，流放古州，途中病死。敬晖下场最惨，他见神龙政变的功臣遭受迫害，气得吐血，大骂不止，因而获罪被贬崖州，武三思矫诏令大理正周利贞"剐而杀之"。

这样，神龙政变的主要人物，几乎全都遭到迫害，下场悲惨。这固然是因为武三思要为姑姑报仇，肆意进行诬陷，但李显作为皇帝，拥有决策权，是应该负主要责任的。

武三思任意陷害打击神龙政变的功臣，他本来没有这么大的能量，可他勾搭上了韦皇后，两人成了情人，而韦皇后能够控制李显，所以，武三思才能随心所欲、为所欲为。武三思还是安乐公主的公爹，安乐公主是李显的宝贝女儿，她在李显面前，也是说一不二。

有一次，安乐公主自己写好了一份诏书，要任命几个大臣。安乐公主拿着去让李显签名，却用手蒙住诏书上的内容。李显笑哈哈地依从了。真够荒唐的。

李显虽说是皇帝，但他贪图享受，吃喝玩乐，朝廷大事都是武三思、韦皇后、安乐公主说了算。几个人狼狈为奸，结党营私，排挤忠良，重用小人，破坏朝纲，把朝廷搞得一团糟。幸亏武承嗣、武三思死得早，不然的话，大唐江山就落到武三思手里了。

武三思等人的倒行逆施，引起太子李重俊强烈不满。李重俊是李显的第三子，母亲早亡。李显共有四个儿子，只有长子李重润是韦皇后生的，可已经被武则天杀了。次子李重福，为韦皇后所厌恶，不让他当太子，后来被逼自杀。李显复位后，立了三子李重俊为皇太子。

707年，李重俊联合几个禁军将领，率领三百多名羽林军，发动兵变。他们闯入武三思的府邸，杀死了武三思和他的儿子。李显赶紧调兵镇压，李重俊的兵少，不幸失败被杀。李显把儿子的头砍下来，拿去祭奠武三思。李显觉得，武三思比儿子还要亲。

这样，李显的四个儿子中，只剩下幼子李重茂了，当时只有十二岁。看来，李显这个糊涂蛋，不仅守护不住大唐江山，连家也保不住。

武三思死后，朝廷大权实际上落到韦皇后手里。韦皇后无才无德，野心却很大，她想学武则天，当个女皇。她的女儿安乐公主，同样怀有野心，多次缠着父亲，要李显封她为皇太女，李显不答应，她便怀恨在心。这母女俩，都想当女皇，于是联合起来，向李显伸出了魔爪。

《旧唐书》记载，710年，韦皇后和安乐公主合谋，在李显食物里下了毒。李显中毒，暴毙身亡，时年五十四岁。

李显当了五年皇帝，不仅毫无作为，反而祸乱朝廷；不仅不能保国保家，甚至连自己的命都保不住，真是少见的昏庸之主。

韦皇后想当"武则天"

皇位的诱惑力巨大，无与伦比。韦皇后和安乐公主之所以丧心病狂，谋害亲夫亲爹，就是为了能当女皇。武则天当了女皇，至高无上，令人羡慕，韦皇后也想学武则天的样子。

两唐书记载，韦皇后，京兆万年（今西安一带）人，是李显第二任妻子。李显第一任妻子赵氏，是李渊第七女常乐公主的女儿。武则天嫌赵氏对自己不够恭谨，下令将其废黜，并关进女牢，活活饿死。李显立为太子后，武则天又给他娶了韦氏当太子妃。

韦氏姿色美艳，却心术不正。她的家庭不够荣耀，祖父当过曹王府典军，父亲只是个普州参军，都是小官。韦氏很想提高家族地位，光耀门庭，所以，李显登基之后，韦皇后极力撺掇李显，提拔韦氏家人，并企图让父亲入朝当宰相。结果，惹得武则天大怒，废黜了李显帝位，将他们夫妻流放到均州，后又迁往房州。

与此同时，韦皇后的家庭也遭了难。父亲韦玄贞，被流放钦州而死；母亲崔氏，被仇人所杀；兄弟韦洵、韦浩、韦洞、韦泚，全都罢官流放，并死于容州。韦皇后不仅没有光耀门庭，反而家破人亡了，因而埋下了仇恨的种子。

李显、韦皇后被贬流放时，正值冬季，他们衣衫单薄，冻得瑟瑟发抖。弟弟李旦不忍心，送给他们一些御寒的衣物。可见，李显他们的流放生活，是十分艰辛的。

685 年，李显奉诏从均州迁往房州。当时，韦皇后挺着大肚子，快要分娩了，行动十分不便，但皇命不可违，只得勉强上路。结果行至半途，韦皇后在马车上生下一个女婴，就是安乐公主。当时，什么东西都没有，李显只好脱下衣服，把婴儿包裹起来，所以取小名为"裹儿"。李显觉得亏欠女儿，特别溺爱，任其所为，使安乐公主养成了骄狂任性、蛮横霸道的性格。

韦皇后陪着李显，在外流落十四年，她是李显唯一的安慰和精神支柱，两人共同经历了艰难困苦的生活。李显每当听到武则天派使者前来的消息，就惊慌失措地想要自杀。韦皇后总是制止他，说："最多就是一死，你何必这么着急呢？再说，祸福并不是一成不变的，说不定会有出头之日。"

李显十分感激韦皇后，发誓说："如果日后真能重见天日，我一定让你随心所欲，想干什么就干什么，决不加任何限制。"

韦皇后的话终于应验了。698年，武则天将李显一家召回京城，不久又立李显为皇太子。李显欣喜若狂，但他被压制久了，又深知母亲的厉害，因而仍然十分小心谨慎。他极力讨好武氏，与武氏结成亲家。李显甚至讨好张易之、张昌宗兄弟，劝武则天封他们为王，武则天却没有答应。

705年，宰相张柬之等人发动神龙政变，逼武则天退位，李显重登皇帝宝座。韦皇后长出了一口气，觉得出头之日终于到了。

李显复位时，已经五十岁了，他见父亲李治、祖父李世民都是五十多岁就死了，担心自己也寿命不长，所以，他根本不考虑国家大事，而是一门心思贪图享受，整日里饮宴观舞，寻欢作乐。李显要把从前受的苦难，加倍用享乐补偿回来。

韦皇后和安乐公主，当然也是这样，她们一旦有了权势，便骄横跋扈，奢侈无度。当时，皇帝可以亲笔敕书任命官员，由于敕书是斜封着交给中书省的，因而这类官员被称为"斜封官"。韦皇后和安乐公主大肆收受贿赂，只要给她们行贿三十万钱，就可以得到一个官位。通过这娘俩得到官职的，有数千人之多，致使朝廷官满为患。

韦皇后攫取了巨额钱财，并不满足，她要在精神上寻求刺激，不久，就与武三思勾搭成奸。两人十分亲密，毫不避讳，甚至当着李显的面，就打情骂俏。李显果然信守誓言，并不干涉，任由韦皇后胡来。

韦皇后仍然不满足这些，她的野心膨胀起来，想学武则天的样子，当个女皇。韦皇后开始干预朝政，李显当然事事依从。后来，韦皇后觉得在幕后不过瘾，干脆与李显一起上朝，也搞起了垂帘听政，在朝堂上公开发号施令。可惜，韦皇后只有武则天的野心，却没有武则天的才能，她任意指手画脚，把朝政搞得一团糟。

韦皇后的劣行，自然遭到张柬之等正直大臣的反对和抵制。韦皇后与武三思联合起来，对大臣们进行打击迫害。结果，忠贞之臣几乎全被逐出朝廷，谄媚小人充满了朝堂。韦皇后的族人韦温、韦濯、韦播、韦捷、韦璇等，也都纷纷入朝做官。

707 年，太子李重俊举兵造反，诛杀了武三思。情人死了，韦皇后悲痛欲绝，这是可以理解的。让人不能理解的是，李显也像死了父母一般悲痛，竟然砍下亲生儿子的头颅，去祭奠武三思，真是令人无语。

太子死了，李显只剩下一个十多岁的幼子李重茂。韦皇后觉得机会来了，她想害死李显，暂时先立个小皇帝，自己临朝称制，然后再登基当女皇。这完全是按照武则天的套路走。韦皇后把计划告诉了女儿安乐公主，并许诺日后让她继位。安乐公主利欲熏心，完全不顾父女之情，竟然同意了。

710 年六月，韦皇后和安乐公主合谋，轻而易举地毒杀了李显，并伪造遗诏，令李重茂即皇帝位，韦皇后临朝摄政。韦皇后的阴谋，似乎就要得逞了。

皇帝突然驾崩，引起舆论纷纷。韦皇后有些恐慌，与族兄韦温商议，决定调五万兵马，分两营屯驻京城，由韦濯、韦播、韦捷、韦璇等人分别统领。韦温则总领各军，控制皇宫及朝廷官署。

韦皇后的部署十分周密，但她不知道，由于几年来的倒行逆施，他们早已失去人心，韦氏族人虽然领兵，但在军中毫无威信。在这关键时刻，一位强者横空出世，他就是李旦的儿子李隆基。

李隆基早有预谋，带兵夜闯皇宫，振臂一呼，军队纷纷倒戈。韦皇后一伙成了孤家寡人，结果全被诛杀。

可叹韦皇后和安乐公主，女皇梦没有做成，却成了刀下之鬼，真是害人又害己。

老子狗熊儿好汉

有句谚语，叫作老子英雄儿好汉，老子混账儿浑蛋。其实未必，现实中很多都是反其道而行之。

武则天的四子李旦，恭谨谦让，委曲求全，毫无英雄之气，像个狗熊。然而，他的儿子李隆基，却是个英雄人物。李隆基发动政变，诛灭韦皇后一伙，夺得皇权，挽救了国难，并开创大唐盛世，在历史上留下鼎鼎大名。

两唐书记载，李隆基是李旦的第三子，生于685年。李隆基从小聪明伶俐，颇有胆量，不同寻常。他七岁那年，有一次带着仪仗队去朝堂，半路上碰见金吾将军武懿宗。武懿宗是武则天族人，他见李隆基小小年纪，就搞得这么威风，心中不爽，大声呵斥仪仗队。别人都不敢吭声，李隆基却挺身向前，斥责他说："这是我家朝堂，关你什么事？"武则天听说以后，感到惊奇，对这个小孙子特别宠爱。

李隆基长大以后，仪表雄伟英俊，性格英明果断，擅长骑马射箭，精通音律，多才多艺。他最初被封为楚王，后改封临淄王，先后任卫郎将、尚辇奉御、卫尉少卿等职。

705年，张柬之等人发动神龙政变，武则天下台，李显复位。李显与弟弟李旦关系很好，想封李旦为皇太弟，日后继承帝位。李旦坚决拒绝，李显只好封他为安国相王，参与国政。李隆基没有参加政变，但目睹了整个过程，留下了深刻印象。

708年，李隆基兼任潞州（治所在今山西长治）别驾。别驾是辅佐州刺史的官员，有时也称长史，有很大权力。这个时候，李隆基二十四五岁，正是年富力强、精力充沛而又雄心勃勃的年龄。

李隆基见皇帝李显软弱愚昧，大权落到韦皇后一伙手里。韦皇后的野心昭然若揭，但她并没有治国才能，把朝廷搞得乱糟糟的。李隆基敏锐地意识到，朝廷早晚要出大事，于是悄悄做着各种准备。

李隆基生性豪放，为人仗义，很会笼络人心，时间不长，一批忠勇之士就聚集在他的周围。李隆基重点在禁军中发展势力，陈玄礼、葛福顺、李仙凫等许多军官，都成了他的好朋友。李隆基还与姑姑太平公主来往密切，借机联络宫中力量。李隆基把自己的想法告诉了父亲李旦，李旦一听，脸都吓白了，叮嘱儿子千万不要惹事。

710年，皇帝李显突然驾崩，顿时舆论大哗，人心惶惶。得此巨变，李隆基迅速赶回京城，立即与太平公主、太平公主的儿子薛崇简、宫苑总监钟绍京等人秘密策划，打算先发制人，诛杀韦皇后一伙，夺取皇位。

在商议中，有人提议说，这是天大的事，应该报告相王李旦。李隆基断然拒绝，说："不能说！我等拯救国家危难，事成归福于宗社，万一不成，由我一人承担，决不能连累相王。再说，如果告诉了相王，相王不同意，我们的计划就失败了。"李隆基心里有数，李旦胆小怕事，肯定不会同意，只能背着他干。

几个人计谋已定，分头去做准备。可是，钟绍京回到家中，越想越怕，有些犹豫了。钟绍京是大书法家钟繇的第十七代孙，当时任宫苑总监，出入皇宫全靠他了，是政变成败的关键人物。钟绍京的妻子许氏，见丈夫神色有异，询问缘由，钟绍京便把政变计划向妻子说了。

许氏深明大义，行事果断。她劝丈夫说，韦氏一伙早已不得人心，大事必能成功，不要再犹豫了。于是，钟绍京坚定了信心，赶紧去做部署。许氏这位连名字都没留下来的弱女子，却在政变中起到了关键作用。钟绍京后来官至中书令，被封为越国公，八十岁善终。

710年七月二十一日夜里，在钟绍京策应下，李隆基带领早已联络好的一批军官，率兵进入皇宫，然后分头开始行动。陈玄礼、葛福顺、李仙凫等人，带兵闯入韦氏统领的军营，高声宣布韦氏的罪行，士兵们纷纷倒戈，韦濯、韦播、韦捷、韦璇等人全被斩杀，行动十分顺利。

李隆基带兵直闯内宫，守卫内宫的士兵们也都倒戈响应。韦皇后听到动静，知道大事不好，仓皇逃入飞骑营。飞骑营是保卫皇帝的精锐部队，韦皇后认为可靠，不料，飞骑营也倒戈了，见韦皇后到来，不容分说，一刀砍下了她的脑袋。

士兵们早就痛恨韦氏一伙，在宫中到处搜寻，只要是韦氏族人和同党，不分老幼，一律斩杀。士兵们搜到安乐公主房间时，安乐公主正在对着镜子画眉毛，眉毛还没画完，脑袋就被砍飞了。

到天亮的时候，李隆基已经完全控制了皇宫，他派人把父亲请来主持大局。李旦来到以后，抱着李隆基哭泣，说："国家祸难，由你安定；神灵百姓，也依赖你的力量啊！"

李隆基把父亲扶上皇位，李旦也第二次当了皇帝，仍被称为唐睿宗。那个小皇帝李重茂，自然下台了，改封为温王。后来，李重茂出任房州刺史，二十岁时病死。

李旦复位后，立谁为皇太子，颇有些为难。按照嫡长子继承制度，应该立长子李成器为太子。李成器恭谨谦和，不慕权力，颇有父亲的风范，他坚决推辞，请求让立有大功的三弟当太子。于是，李旦便立李隆基为皇太子。后来，李隆基与哥哥和睦相处，十分友好。李成器活了六十三岁病逝。

712年，只当了两年皇帝的李旦，就把皇位让给了儿子。李隆基称帝，是为唐玄宗。

716年，李旦病逝，享年五十五岁。

武则天生了两个平庸的儿子，真是不幸；没想到却出了一个英明神武的孙子，又是唐朝的幸事。唐玄宗李隆基执政四十多年，把大唐王朝推向鼎盛。

巾帼宰相上官婉儿

唐朝前期，有点阴盛阳衰。李治、李显、李旦几个男皇帝，比较软弱，甚至窝囊无能；而有些女人，却十分强势，活跃在历史舞台上。

在这些女人中，除了武则天、韦皇后、安乐公主以外，还有两个十分出名，并且在很大程度上影响着朝政。她们一个是武则天的女儿太平公主，另一个是被称为"巾帼宰相"的大才女上官婉儿。

两唐书记载，上官婉儿，664年出生，陇西郡上邽县（今甘肃天水）人，出生于陕州陕县（今河南三门峡陕州区）。上官婉儿出身官宦世家，是西汉名臣上官桀的后裔，其高祖父、曾祖父都当过大官，祖父上官仪，是李治时期的宰相。

上官仪精通经史，文才出众，通过科举，考中进士，被授为弘文馆直学士，以后逐步升迁，官至宰相。李治不满武则天专横，想废掉她，与上官仪商议。上官仪赞成，并为李治起草废后诏书。结果事情没有办成，武则天对上官仪怀恨在心，诬陷他谋反，将他和他的儿子上官庭芝等人一块处死。

祖父和父亲遇害时，上官婉儿刚出生不久，母亲郑氏抱着她，一同被没入掖庭，充为官婢。婉儿的母亲，出身荥阳郑氏，是名门大族。郑氏知书达理，颇有文化修养，她悉心培养婉儿，使婉儿从小熟读诗书，长大后不仅能吟诗作文，而且明达事理，聪敏异常。

677年，上官婉儿迎来人生第一次转机。在一次偶然的机会，武则天见到了十四岁的婉儿，见她清秀美丽，很有学问，十分喜欢，当场出了道题，想考考她。上官婉儿不假思索，挥笔而成，文意通畅，辞藻华丽，语言优美。武则天看后大悦，当即下令，免除其奴婢身份，并且不顾忌与她有杀父之仇，将上官婉儿留在身边。

后来，上官婉儿负责为武则天起草诏书。武则天称帝前后，诏敕多出自上官婉儿之手，时称"内舍人"。武则天对上官婉儿起草的诏书很满意。上官婉儿聪明伶俐，善解人意，她对武则天精心侍奉，曲意迎合，更得武则天欢心。有一次，上官婉儿不小心违忤了旨意，依律该当死罪。武则天惜其才，特予赦免，只是象征性地处以黥面之刑。

上官婉儿在武则天身边多年，掌管宫中制诰，很少出现失误，深受武则天信任。从696年开始，上官婉儿又负责处理百司奏表，参决政务，权势日盛，被称为"巾帼宰相"。

705年，武则天下台，李显复位。上官婉儿没有受到影响，反而迎来了她人生第二次转机。

李显复位后，十分佩服上官婉儿的文才，册封她为昭容。上官婉儿成了皇帝妃嫔，身份地位大为提高。不过，上官婉儿与其他妃嫔不同，她当时已经四十二岁了，主要任务不是侍奉皇帝，而是专管起草诏令，等于是皇帝的秘书。

李显为上官仪平反昭雪，追赠为中书令、秦州都督、楚国公；追赠上官庭芝为黄门侍郎、岐州刺史、天水郡公。父子俩都按礼节改葬。李显还封郑氏为沛国夫人。

上官婉儿深得李显信任，专秉内政。她建议李显，大量设置昭文馆学士，广召当朝词学之臣，有力推动了诗词发展。上官婉儿最荣耀的时候，是代替李显充当评议官，对大臣们所作的诗词，评定优劣，对优者予以重赏。

上官婉儿既然能当诗词评议官，自然对诗词有着很深的造诣。上官仪就是著名的诗人，上官婉儿继承了祖父的文风，注重诗歌的形式技巧，擅长对事物的细腻描写，形成了流行一时的"上官体"。此外，上官婉儿还在开拓唐代园林山水题材诗的方面，做出了重要贡献。上官婉儿是唐朝著名女诗人，有三十多首诗歌流传后世。

上官婉儿聪明绝伦，八面玲珑。韦皇后掌握朝廷大权以后，上官婉儿知道她有野心，屡次劝韦皇后行武则天之事。韦皇后把婉儿视为知己和心腹。上官婉儿与武三思、安乐公主、太平公主的关系都很好，甚至与武三思也有私情。这是上官婉儿被人们诟病的地方。

上官婉儿聪明反被聪明误，她极力讨好韦皇后，被人们视为同党。所以，在李隆基发动政变，诛杀韦皇后一伙时，上官婉儿也被李隆基下令斩杀，死时四十七岁。

李隆基怜惜上官婉儿的文才，命将其安葬，后又令人将她的诗作收集起来，编成文集二十卷，让宰相张说作序。上官婉儿的文集已经失佚，仅有三十二首诗歌保存在《全唐诗》中。

2013 年九月，上官婉儿的墓葬在咸阳被发现，出土了墓志铭。墓志铭近一千字，记载了上官婉儿的世系、生平、享年等，与史书记载基本相符，只有一件事，是史书上没有记载的。

据墓志铭记载，李显想立安乐公主为皇太女，日后让她继位。上官婉儿坚决反对，先后四次向李显进谏，甚至以辞官、削发为尼来要挟，李显都不听。最后，上官婉儿竟然喝下毒药，以死相谏。李显急召御医救治，才保住了她的性命。由于上官婉儿以命相搏，唐朝才没有发生立皇太女这样的荒唐事。

如果这个记载真实的话，表明上官婉儿是一位性情刚烈的女子，这与她在史书中圆滑玲珑的形象是大相径庭的。

看来，对上官婉儿这位旷世才女，还需要做进一步的深入研究，力求还历史本来面目。

女中豪杰太平公主

武则天的宝贝女儿太平公主，在历史上十分有名。她虽是女流之辈，却喜欢干男人干的事情，曾经两次参加政变，挽救危局，同时广树党羽，权倾朝野，最后又野心膨胀，阴谋造反，结果被逼自尽，死于非命。

两唐书记载，太平公主是武则天唯一的女儿，也是她和李治生的最后一个孩子，因而从小受到父母宠爱。太平公主长得体态丰硕，方额广颐，颇多权略，很有胆识。武则天常说"类我"，就是说特别像她。事实表明，也确实如此。

太平公主长大以后，见父母迟迟不给自己提亲，心里有些着急，但又不好意思说，于是心生一计。她故意穿上武官的服装，在父母面前跳舞。李治和武则天见了大笑，说："你又当不了武官，为何要这样?"太平公主调皮地说："那就把它赐给驸马，可以吗?"李治和武则天恍然大悟，这才明白了女儿的心思，她想找男人了。

太平公主十六岁那年，嫁给了薛绍。薛绍是李治同母妹妹的儿子，是李治的亲外甥。婚后，太平公主安分守己，小两口感情很好，六七年的时间，就生了两儿两女四个孩子。可惜好景不长，很快祸从天降。

688年，宗室李冲不满武则天临朝称制，举兵造反。薛绍本来与此事无关，但他的哥哥薛顗参与了谋反，便牵连到他。武则天将薛顗处死，把薛绍杖责一百，饿死狱中。太平公主苦苦求情，也无济于事，武则天是不讲亲情的。事后，武则天为了安慰女儿，打破公主食封不超过三百五十户的惯例，将她的封户加到一千二百户，但这并不能抚慰太平公主心灵的创伤。太平公主遭受打击，此后性情大变。

690 年，武则天看中了堂侄武修暨，想让太平公主嫁给他。可是，武修暨是有妻子的，武则天就借故将武修暨的妻子处死。婚后，太平公主与武修暨的感情并不好。太平公主心里想着薛绍，武修暨心里想着原来的妻子，两人怎么会好呢？太平公主开始行为放荡，大肆包养男宠。

武则天认为太平公主长相、性格都像自己，也有谋略，常常与她商议国政。但是，武则天不准她把参与政事的事情说出去，也不允许她干预朝政。所以，在武则天时期，太平公主是没有公开参政的。更令人奇怪的是，太平公主虽然是武家的媳妇，母亲又是女皇，可她的政治态度，却是倾向李家，而不倾向武家。有的文学作品中，说太平公主想接母亲的班当女皇，武则天也曾想把女儿立为继承人，这都是子虚乌有的事情。

705 年，太平公主站到了母亲的对立面，积极参加张柬之发动的神龙政变，对诛杀二张、扶立李显复位立有功劳。事后，李显封她为"镇国太平公主"，并特地下诏，免她对皇太子李重俊行礼，以显示对她的尊重。

李显复位后，昏庸无能，韦皇后和安乐公主趁机乱权，图谋不轨。眼看大唐江山就要落入韦氏之手，太平公主当然不甘心，她开始从幕后走向前台，积极参与朝政，因而与韦皇后一伙产生了矛盾。

太平公主确实有武则天的遗传基因，她多谋善断，很有政治头脑，杀伐果断，韦皇后和安乐公主都惧怕她，于是千方百计对她进行诬告陷害。

太子李重俊造反的时候，韦皇后一伙诬陷太平公主和李旦参与阴谋，唆使李显将他们治罪。李显拿不定主意。御史中丞萧至忠流着泪劝谏李显说："当年相王为了把太子之位让给陛下，数日不食，苦求母亲，如今怎么会谋反呢？陛下富有四海，难道容不下一弟一妹吗？"李显醒悟，没有迫害太平公主和李旦。

710 年，太平公主与李隆基姑侄俩联手，铲除了韦皇后势力，拥立李旦当了皇帝。史书对李旦当皇帝的过程，记载得很有意思。政变结束后，群臣聚集于朝堂。不一会儿，太平公主牵着十五岁小皇帝李重茂的手，来到朝堂。李重茂在龙椅落座，群臣肃静。太平公主对大臣们说："眼下国家震荡不安，皇帝为了天下安宁，决定将皇位让给相王。"站立一旁的宰相刘幽求，立即宣读了传位诏书。

小皇帝李重茂显然没有思想准备，傻在那里，不知所措。李旦等着上前坐龙椅，可小皇帝傻坐着就是不起来，局面有些尴尬。太平公主赶紧走向前去，对小皇帝说："孩子，这个位置已经不是你的了。"说着，一把把他拉了下来。太平公主又走到李旦身边，扶立他坐上了龙椅。然后，太平公主走下台来，带领群臣跪拜，山呼万岁。李旦就这样当上了皇帝。

李旦知道太平公主精明能干，常常与她商议国政。每当大臣们有事奏报的时候，李旦首先问："这事与太平公主商量过吗？"再问："与太子商量过吗？"在得到肯定的答复后，李旦就说："那就按他们的意见办吧！"李旦这皇帝当的，真够省心的。

太平公主有哥哥宠着，权势地位日益显赫，她的政治才干也得到充分发挥，朝廷大事都由她说了算。文武百官或升或降、或任或免，全在太平公主一句话，她想干的事情，李旦没有不同意的。人们都知道，虽然皇帝是李旦，可实权在太平公主手里，于是许多人对她趋炎附势，也有一些大臣是真心佩服她。当时有七位宰相，其中五人都是太平公主的亲信。

随着太平公主的权力欲越来越强，她的野心也膨胀起来，想要独揽朝政。太平公主知道，李旦软弱平庸，不是当皇帝的材料，不足为虑，只有太子李隆基，是个厉害人物，必须把他排挤掉。太平公主多次挑唆哥哥，说李隆基不是长子，不应该当太子。同时，她指使亲信，到处散布这类言论，给李旦施压。李旦虽然软弱，却并不糊涂，始终没有同意。

太平公主一计不成，再施一计。一方面，她拼命培植自己的势力，在文臣武将之中，有一半人依附于她；另一方面，极力压制打击太子的力量，心向太子的人，许多遭到贬职或免官。李隆基当然看出了太平公主的野心和企图，他和姑姑的矛盾日益尖锐起来。

大臣们都看出事态严重，感受到了危机。大臣宋璟、姚崇劝谏李旦，请求让太平公主离开朝廷，把她安置到洛阳去。这本来是一个好办法，可是，李旦叹口气说："朕已经没有兄弟了，只剩下这一个妹妹，怎么能忍心呢？"

李旦无法调和妹妹与儿子之间的矛盾，两头都是他的至亲，于是，他当了两年皇帝之后，干脆把皇位让给了儿子，自己当了太上皇，躲到一边去，不管了。

712年，李隆基称帝，是为唐玄宗。唐玄宗具有李世民的遗传基因，他雄才大略，英明威武，自然不容许太平公主专权。按常理来说，太平公主如果能够审时度势，安分守己，是能够善终的。可是，太平公主血管里流淌着武则天的血液，具有争强好胜、不甘服输的性格，她依仗自己势力庞大，决定孤注一掷，图谋叛乱。

713年，太平公主与宰相窦怀贞、岑羲、萧至忠、崔湜等人，秘密进行商议，计划由左羽林大将军常元楷和李慈，率兵攻占皇宫，窦怀贞等人领军在南衙接应，并确定好了起兵日期。

太平公主的次子薛崇简，曾经跟随李隆基发动政变，深知李隆基谋略过人，苦苦劝谏母亲，不要轻举妄动，自取灭亡。太平公主不仅不听，反而大怒，用棍棒将薛崇简毒打一顿。

李隆基果然不同寻常，早已探知了太平公主的阴谋。亲信张说、崔日用等人，劝他赶快动手。李隆基有些担心，说："太上皇与太平公主感情深厚，只怕惊动了太上皇。"

崔日用说："天子的大孝，在于四海安宁。如果奸党得志，社稷宗庙将化为乌有，陛下的孝怎能体现出来呢？太平公主图谋叛逆，由来已久，陛下做太子时，想要铲除她，尚需费一番周折；如今您是天下之主，只需一道诏书，哪一个敢抗命？只要把为首的除掉，奸党自会分崩瓦解。"

李隆基下了决心，决定先发制人。在太平公主准备谋反的前一天，李隆基召见常元楷、李慈，二人不敢不去，结果一到，立刻就被斩首。李隆基随后下令，逮捕岑羲、萧至忠等人并处死。窦怀贞知道计划泄露，走投无路，自缢而死。李隆基派兵，搜捕太平公主的族人和同党，结果只动用了三百名禁兵，就把太平公主的势力一网打尽。

太平公主听说李隆基抢先下手，谋反骨干全被诛杀，知道大势已去，仓皇逃入山寺。三天以后，太平公主感到无路可逃，又回到家中。李隆基下令，将太平公主赐死，她的儿子们，除了薛崇简之外，全都处死。

可叹太平公主，最后死于自己的野心之下，死时约五十岁。

后世对太平公主褒贬不一。有人说她是女中豪杰，沉深有谋，诛二张，灭韦氏，皆赖其力，对社稷有功；有人说她喜好权力，野心勃勃，结果身名两败，咎由自取。

唐玄宗与开元盛世

　　唐玄宗李隆基当皇帝四十四年，前三十年，他英气勃发，励精图治，推行改革，在李世民、李治、武则天创业的基础上，把大唐王朝推向鼎盛，开创了开元盛世。后十几年，他日渐松懈，追求享乐，怠慢朝政，宠信奸臣，造成"安史之乱"，大唐王朝则由盛开始转衰。

　　两唐书记载，武则天于705年退位以后，她的两个不争气的儿子先后复位称帝，结果使唐王朝进入了混乱期。先是武三思、韦皇后专权，李重俊造反，李显被毒死；后是李隆基发动政变，太平公主专权。在这七八年时间里，朝廷内乱不断，政变迭起，局势动荡不安。

　　712年，李隆基登基，第二年，诛灭太平公主势力，牢牢控制了政权，唐王朝出现新的生机。李隆基具有雄心壮志，他把自己的年号定为开元，就是开创新纪元的意思，立志要开创大唐王朝的新局面。

　　唐玄宗接手的朝廷，实际上是个烂摊子。由于李显、李旦软弱无能，韦皇后和太平公主先后专权，结党营私，致使朝纲混乱，风气不正。唐玄宗知道，要想开创新局面，必须重用忠诚贤良的大臣，于是，他先后选拔重用了姚崇、宋璟、张说、张九龄等人为宰相。这些人都是著名贤相，他们忠诚正直，富有治国才能，辅佐唐玄宗拨乱反正，制定并实施正确的治国策略，大刀阔斧进行改革，为开元盛世做出重要贡献。

　　唐玄宗首先改革官僚机构，提高政府效率。一是裁撤多余机构和官员。韦皇后和安乐公主大肆收受贿赂，使"斜封官"达到数千人。唐玄宗果断废除"斜封官"制度，毫不留情地裁掉了大批冗官，精简了官僚队伍。二是建立了严格的考核制度。无论是朝廷官员，还是地方官吏，都以政绩为标准，能者上，庸者下。三是重新恢复谏官和史官参加宰相会议制度，加强监督，广开言路。四是进一步完善科举制度，选拔了大批优秀人才。通过机构改革和整治官吏，使得朝廷充满朝气，出现了政治清明、人才辈出、生机勃勃的新气象。

唐玄宗把道家清静无为思想作为治国之道，实行轻徭薄赋、与民休息政策。唐玄宗大力发展农业，鼓励开垦荒地，在边境则施行屯田，人均占有耕地达到九亩多。唐玄宗重视水利建设，在他执政时期，全国兴修大型水利设施四十六处，有效抵御了天灾，保证粮食丰收。

粮食丰收有余，其他农作物迅速发展起来，饮茶之风在唐朝盛行。世界上第一部茶叶专著《茶经》，就诞生于唐朝，作者陆羽被后人誉为"茶圣"。手工业、商业也得到蓬勃发展，景德镇的青瓷、邢窑的白瓷和唐三彩，都闻名世界。

在开元时期，不仅经济得到快速发展，文化也十分繁荣。唐玄宗下诏，要求广泛设立公私学校，每乡都要设置一所学校，大力发展教育，推行教化。开元年间，国家藏书达到五万三千九百多卷，个人藏书又有二万八千四百多卷。唐朝文化兴盛的主要标志是唐诗，涌现出大批闻名古今的诗人，形成了山水田园诗派、边塞诗派、浪漫诗派、现实诗派等，百花竞放，争奇斗艳。诗仙李白、诗圣杜甫，都生活在这个时期。

唐朝实力强盛，但唐玄宗并不喜欢穷兵黩武，周边民族也不敢贸然来犯。在很长时间内，吐蕃、后突厥都基本停止了对唐朝的侵扰，而保持着友好往来，和平是当时的主基调。但对于不友好的政权，唐玄宗也实施军事打击。他改革兵制，提高了军队战斗力。开元五年，唐朝一举收复被契丹占据二十多年的辽西十二州，开疆拓土，将东北三省纳入中国版图，显示了唐朝强大的国力。

经过唐玄宗的不懈努力，唐朝逐渐进入鼎盛，杜甫诗云："忆昔开元全盛日，小邑犹藏万家室。稻米流脂粟米白，公私仓廪俱丰实。"这段鼎盛时期被后人誉为开元盛世。

据有关史料记载，唐朝的人口数量，在唐太宗李世民时期，是一千二百多万；武则天时期，增加到三千七百多万；到唐玄宗时期，增加到六千多万。不少学者认为，当时的人口，实际上已经达到八千万或九千万，甚至有的学者认为，已经高达一亿以上。不管具体多少，唐玄宗时期的人口数量，是唐朝的顶峰。后来由于战乱，人口又降至六千万以下。

开元时期，人口众多，经济繁荣。都城长安拥有百万人口，以繁华闻名于世。洛阳、扬州、成都等，都形成了规模较大的城市，丝绸之路上的商人络绎不绝，到处是一片繁荣景象。唐朝是当时世界上最富庶、最强盛的国家。

唐朝的富庶强盛和灿烂文化，吸引了许多国家。据《唐六典》记载，开元时期，前来朝贡的藩国多达七十余个。包括东亚、东南亚诸国，以及中亚、西亚乃至地中海地区的一些国家，都与唐朝建立了朝贡或友好关系，唐朝文化对这些地区产生了广泛影响。

这个时期，日本正处于社会变革时期。日本多次派出遣唐使，每次达百人以上，有时多达五百余人，来向唐朝学习。唐朝的许多政治、法律、文化、科技以及风俗习惯等，都对日本社会发展产生了重大影响。唐朝高僧鉴真，也多次东渡日本，弘扬佛法，为中日友好交流谱写了重要篇章。

繁荣昌盛的唐朝和博大精深的中国文化，对全世界产生了重大影响，直到今天，许多地方还称中国人为唐人，一些国家仍然存在着唐人街。唐玄宗的开元盛世，为中国在世界历史上赢得了巨大声誉。

唐玄宗在前人创业的基础上，经过二三十年的精心治理，把唐朝推向盛世，实现了天下大治，其功绩与日月同存。

开元盛世的实践告诉我们：只要政策正确，接力奋斗，勤劳智慧的中国人民定能创造盛世，中华民族的伟大复兴一定能够实现。

向皇帝提条件的姚崇

　　唐玄宗开创开元盛世，并不完全是他一个人的功劳，而是众多贤良之臣的共同努力。著名宰相姚崇，便是其中之一。

　　宰相是皇帝之下的最高官职，皇帝要封哪个人当宰相，谁不马上伏地磕头，表示谢恩？然而，姚崇见皇帝要任用他为宰相，却提出了"十事要说"的条件，不答应这些条件，他就不当宰相。真是个性鲜明，与众不同。

　　两唐书记载，姚崇，陕州硖石（今河南三门峡）人，祖籍是浙江湖州。他少年时期，生性洒脱，勤习武艺，喜欢打猎。二十岁以后发愤读书，下笔成章，步入仕途，注重气节，任濮州司仓参军，累迁至兵部郎中。

　　696年，契丹作乱，攻陷河北数州。姚崇协助处理军机，他有条不紊，处理得当，受到武则天赏识，擢升为兵部侍郎。两年之后，武则天破格提拔他为宰相。后来，姚崇又推荐张柬之为宰相。

　　武则天对姚崇十分信任，有一次，与他谈起了周兴、来俊臣等酷吏。当时，武则天的地位已经巩固，周兴、来俊臣已被诛杀。姚崇趁机进谏，说酷吏们办理的案件中，许多都是冤案，应予平反。又说："臣以家族一百多人的性命担保，今后朝廷内外，不会有反叛之人。"

　　武则天大悦，说："以前的宰相，都顺从周兴他们，使得酷吏得逞，让朕成了滥用刑罚的君主。听到你的话，很合朕的心意。"于是赏赐姚崇白银千两。

　　武则天对姚崇有提携之恩，姚崇内心感激，但武则天晚年时，有些糊涂，宠信二张，朝廷面临危机。姚崇从国家大义出发，毅然参加了张柬之发动的神龙政变，立有功劳。

政变成功，李显复位。百官喜笑颜开，相互庆贺，唯有姚崇悲哀，哭泣不止。张柬之劝阻他，说："你为女皇哭泣，恐怕会招来灾祸。"

姚崇哭着说："我随你们诛除凶顽，恢复唐朝，是为国家考虑，尽臣子的职责；皇上对我有知遇之恩，我为她悲伤哭泣，是作为人应该有的节操，就算因此获罪，我也心甘情愿。"

李显不是英明之主，果然要降罪于姚崇，幸亏张柬之等大臣求情，才没有重罚，只是将他免去宰相职务，逐出朝廷，贬为地方官。在李显时期，姚崇先后任亳州、宋州、常州、越州、许州刺史，始终没有升迁。姚崇每到一处，都受到百姓欢迎。

李显被毒死以后，李隆基发动政变，诛灭韦皇后势力，拥立李旦称帝。姚崇被征召回朝，重新任命为宰相。姚崇不满太平公主专权，而倾向太子李隆基，不久又被逐出朝廷，任申州刺史、扬州长史、淮南按察使，官越来越小了。

713年，唐玄宗诛灭太平公主势力，立即把姚崇召回。姚崇与唐玄宗纵论天下大事，侃侃而谈，不知疲倦。唐玄宗听了很高兴，马上要任命他为宰相。姚崇却说："臣有个条件，陛下只有答应了条件，臣才敢奉诏。"

唐玄宗问他什么条件，姚崇不慌不忙地一连说了十条，就是有名的"十事要说"。其主要内容是推行仁政、与民休息、不求边功、重用良臣、杜绝奸佞、广开言路等，实际上是十条政治主张和施政纲领。唐玄宗十分欣赏，一一应允。

姚崇当上宰相后，革故鼎新，大力推进改革。他从整饬制度入手，精简机构，裁撤冗官，抑制皇亲，整顿官吏。姚崇的性格是疾恶如仇，雷厉风行，不怕得罪人，工作效率极高。这在开元初期，尤为重要。唐玄宗是选对人了。

有一次，姚崇问中书舍人齐浣："我为宰相，可以和历史上什么人相比？能比得上管仲、晏婴吗？"齐浣很诚实，说："管仲、晏婴在执政时期，政策保持不变，而您却经常更改法度，从这一点来看，您恐怕比不上他们。"

姚崇又问："那我是个什么样的宰相呢?"齐浣说："我看,您是一位救时之相。"意思是说,姚崇能够革除弊政,拯救时局。姚崇很高兴,一拍大腿说："救时之相,也是不容易做到的。"

姚崇生性耿直,敢作敢为。716年,山东地区发生大面积蝗灾,姚崇主张杀灭蝗虫。由于受封建迷信影响,许多官员和当地百姓都不敢扑杀蝗虫,连唐玄宗都担心灭蝗会违背天命。姚崇在朝堂上大声说："扑杀蝗虫,是解救百姓的善举,如果上天降下灾祸,全由我姚崇一人承担。"最终,唐玄宗下令灭虫,使百姓免于灾难。

姚崇为官清廉,从不收受贿赂。他为官多年,而且在武则天、李显、李旦、李隆基四朝当过宰相,位高权重,但生活十分俭朴,家境并不富裕,连京城市区的房子都买不起,全家人只好住在偏远的郊区。

人都不是十全十美的。姚崇虽是一代贤相,但却教子无方。他的儿子姚彝、姚异招权纳贿,结交不法之徒,影响很坏。姚崇得罪的人多,许多人借机攻击他。姚崇年龄大了,身体有病,心力交瘁,便数次请求辞官,并推荐宋璟继任宰相。

唐玄宗同意了,改任他为开府仪同三司。唐玄宗对姚崇仍然极为尊崇,遇有大事,都专门征询他的意见。唐玄宗见姚崇住在郊区,很不方便,下诏让他搬进四方馆居住。四方馆是招待四方少数民族首领和外国使臣的高级宾馆,姚崇极力推辞。唐玄宗不准,说："如果可能,朕恨不得让您住到皇宫里来。"

721年,姚崇病逝,享年七十二岁。

姚崇当唐玄宗的宰相时间并不长,但却处于百废待兴、除弊革新的关键时期,他为开元盛世的开端,发挥了极为重要的作用。因此,姚崇与房玄龄、杜如晦、宋璟并称为"唐朝四大贤相"。

姚崇受到民众广泛爱戴。早在开元年间,老百姓就把姚崇的画像当神来供奉。后来,许多地方为姚崇修建庙宇和姚公祠,千年祭祀不断。姚崇为社会所做出的贡献,人民是不会忘记的。

先砍头再奉诏的宋璟

宋璟，是继姚崇之后的又一贤相，素以忠贞直耿、刚正不阿而著称。在李显时期，有一次，李显要处死一个人，诏令宋璟执行。宋璟认为此人无罪，公然抗旨，说："请陛下先砍了臣的头，臣再奉诏。"宋璟硬是顶了回去，可见他非同一般。

两唐书记载，宋璟，邢州南和（今河北邢台）人。他从小勤奋好学，十七岁时，考中进士，入仕做官，授予上党县尉，累迁中书舍人。

宋璟以率性刚正而出名，武则天很器重他，擢升他为御史中丞。当时，武则天宠幸张易之、张昌宗兄弟，满朝文武都争相巴结他俩，只有宋璟、魏元忠等少数大臣不买账。张氏兄弟恃宠骄横，多有违规之事。宋璟奏请皇帝，要求追究。武则天知道宋璟有理，但不愿处理张氏兄弟，就令他们去向宋璟道歉谢罪。宋璟却关闭大门，拒而不见，让张氏兄弟吃了闭门羹。

后来，魏元忠得罪了张氏兄弟，遭到陷害。宋璟不顾个人安危，挺身相救，保全了魏元忠的性命。张氏兄弟对宋璟又恨又怕，屡进谗言，欲置他于死地，武则天却没有理会。

李显复位后，宠信韦皇后和武三思，致使二人勾搭成奸，把持朝政。有个叫韦月将的官员，上书告发武三思淫乱宫廷。武三思大怒，诬陷韦月将谋反。李显昏庸，并不审讯，就下诏处斩。

宋璟不同意，直言进谏说："人们都说武三思与皇后有私情，如果不审讯就处斩，恐遭天下人议论，请查实后再用刑。"

宋璟当着皇帝的面，就敢说皇后与武三思有私情，有点匪夷所思，可是，《新唐书》就是这样记载的。看来此事朝野皆知，而且并不避讳。

李显听宋璟这么一说，显然有些恼怒，说："朕已经决定了，你奉诏就是了。"宋璟面无惧色，说："请陛下先砍了臣的头，然后臣再奉诏。"李显没有办法，只好将韦月将流放岭南。李显虽然窝囊，却不暴虐。后来，宋璟被排挤出朝廷，去当洛州长史。

李旦称帝后，素闻宋璟耿直，召他入朝，担任吏部尚书。宋璟与姚崇志同道合，成了好朋友。他俩一同劝谏李旦，请求把太平公主安置到洛阳去，不要让她专权。太平公主大怒，把二人都贬到地方为官。宋璟先是担任楚州刺史，后来又当国子祭酒和雍州长史。他与姚崇一样，也是官越来越小。

唐玄宗即位以后，升任宋璟为广州都督。宋璟清正廉洁，爱护百姓，精心治理地方。当时，广州人都用茅竹建房子，经常发生火灾。宋璟教他们用砖瓦盖房，大力推行砖瓦房，有效降低了火灾风险，造福当地百姓。

716年，宋璟被调入京师，升任刑部尚书。宋璟处事公道，执法严明，无论何人犯罪，都是依律处置，绝不容情，谁说情都没用。唐朝诗人皮日休称赞说："宋璟刚态毅状，疑其铁石心肠。"从此，铁石心肠这个成语就流传下来。

姚崇在晚年时，推荐宋璟当了宰相。宋璟继续推进姚崇的改革措施，在此基础上又有新的发展，革除了不少陋习。当时，地方官员进京办事，往往带着许多地方特产，借机四处送礼，拜结权贵，已经形成了习惯。宋璟对此十分厌恶，下令所有礼品，不分轻重，一律退回，今后再有带礼品进京者，一概处罚。此风很快绝迹了。

宋璟敢于犯颜直谏，经常指出皇帝的过失，唐玄宗有点怕他。宋璟还要求广开言路，大臣们都要直言进谏。唐玄宗恢复谏官、史官参加宰相会议制度，就是宋璟提议的。宋璟特别痛恨溜须拍马的小人，一旦发现，毫不留情地免官撤职，逐出朝廷。在宋璟任相期间，朝廷风清气正，生机勃勃。

宋璟一心为公，一身正气，从不与大臣们有任何私交。左金吾卫大将军王毛仲，曾是唐玄宗的家臣，在诛灭韦氏中立有大功，深受宠信。王毛仲的女儿出嫁，满朝文武都去庆贺。王毛仲很想邀请宋璟，但又不敢，便求助唐玄宗。

王毛仲对唐玄宗说："小女出嫁，同僚们都来庆贺，只有一位请不来，恐怕要烦劳陛下。"

唐玄宗哈哈一笑，说："那一定是宋璟了。朕要召他，如果是公事，他必定会召之即来；可你这是私事，朕没法下诏啊！"唐玄宗也不敢邀请宋璟，推辞掉了。

宋璟廉洁奉公，严于律己，要求家人和亲属也十分严格，决不允许利用他的权势和名望，谋求任何私利。他的叔父宋元超考中"选人"，就是候选官。吏部看在宋璟面子上，打算先安排他的官职。这其实不是什么大事，候选官早晚都要安排，只是时间上有先有后。宋璟听说了，专门给吏部写了一个条子，表示不能以私害公，结果，宋元超最后才被安排。

唐玄宗对宋璟十分信任，几乎对他言听计从。宋璟为相以来，继承姚崇的事业，在制定国家政策、整顿吏治、发展经济文化等方面，做了大量卓有成效的工作，把开元之治继续推向前进。人们都把姚崇、宋璟并称为"姚宋"。

732年，宋璟七十岁了。他年老体衰，再三请求告老回家。唐玄宗只得同意，给予他丰厚待遇，让他颐养天年。宋璟为避干政之嫌，专门躲到洛阳私宅居住，从此杜绝宾客，安享晚年。

737年，宋璟在洛阳寿终正寝，享年七十五岁。

后人给予宋璟高度评价，把他与房玄龄、杜如晦、姚崇并列为"唐朝四大贤相"。人们评论唐朝历史时，素有"前有房杜，后有姚宋"之说，以赞誉宋璟对开元盛世做出的卓越贡献。

文武兼备的张说

张说，是姚崇、宋璟同时期的另一位宰相。他文才出众，曾获科举考试第一名，而且还懂军事，率兵平叛，立有战功。张说虽然有些缺点，但为开创开元盛世做出了重要贡献。

两唐书记载，张说，河南洛阳人，出身官宦世家。张说从小受到良好教育，成年后参加科举考试，应诏策论被评为第一，授为太子校书郎。不久，张说在军中担任节度管记，随军征战契丹，使他增长了军事才干。

武则天对张说颇为器重。699 年，武则天下诏编修大型诗歌集《三教珠英》，命张昌宗主持，让张说参加。张昌宗只是挂名，而出力最多的是张说。《三教珠英》历时两年，修撰完成后，张说因功升任右史、内供奉，不久又升迁为中书舍人。

703 年，武则天的男宠张易之、张昌宗，诬陷宰相魏元忠谋反。张昌宗曾与张说同编《三教珠英》，关系较好，便以高官厚禄为诱饵，想让张说做伪证。张说应允下来。宋璟听说后，对张说正言规劝，张说便改变主意，不再助纣为虐。在庭审对质时，张说不仅声称魏元忠清白，而且把张昌宗让他做伪证之事和盘托出，搞得张氏兄弟狼狈不堪。

武则天明知道魏元忠是冤枉的，但为了安慰她的男宠，仍然把魏元忠贬为高要县尉。武则天说张说是反复小人，将他流放岭南。

李显称帝后，将张说从岭南召回朝中，先后担任兵部员外郎、工部侍郎、兵部侍郎，加弘文馆学士。李旦即位后，很器重张说，升任他为中书侍郎，并让他担任太子李隆基的侍读。从此，张说成为李隆基的亲信，两人关系密切。

711年，李旦擢升张说为宰相。在李隆基与太平公主的争斗中，张说自然属于太子党，被太平公主排挤，不久被免去宰相职务，贬为东都留守。张说到了洛阳以后，专门派人送给李隆基一把佩刀，暗示他要当机立断，尽早铲除太平公主势力。

713年，唐玄宗诛杀太平公主，张说重回朝廷，复任宰相。张说有才，又与唐玄宗关系密切，很想大显身手，有一番作为。可是，唐玄宗很有识人之明，他知道在除弊革新、治国理政以及人品等方面，张说比不上姚崇，所以，尽管他与张说私交很深，却更加重用姚崇。张说因此很不高兴，与姚崇关系也不好。不久，张说改任相州刺史，后又为岳州刺史。

716年，唐玄宗觉得张说有军事才能，任命他为右羽林将军，兼检校幽州都督，后又任检校并州大都督长史兼天兵军大使，率军镇守边境。

张说胆量很大，也有谋略。720年，由于地方官员处理不当，引起并州一些少数民族部落不满，酝酿反叛。张说得到消息，并没有派兵镇压，而是只带二十名随从，持节安抚各部落，晚上还住在他们的帐篷里。许多人都为他捏了一把汗，张说却谈笑自如，毫无惧色。少数民族部落见张说诚心相待，十分感动，很快安定下来。

721年，突厥降将康待宾反叛，勾结党项，攻破银城、连谷等地，气焰嚣张。这次用安抚的办法不行了，只能剿灭。张说亲率一万兵马，出合河关（今山西兴县），奇袭康待宾，大获全胜。张说乘胜招降党项，党项倒戈，与唐军夹击康待宾，很快平息了叛乱。

平定叛乱以后，部下有人建议说，党项人反复无常，应趁机把他们全部诛杀。张说断然拒绝，他奏请皇上，设置麟州，委派官吏，招抚党项流散人员，对他们进行妥善安置和管理，使党项逐步安定下来。看来，张说在文韬武略方面，还是有两下子的。

张说采取安抚和打击两手策略，稳定了唐朝北部边境。当时，唐朝在北部驻军有六十多万人，张说认为用不着这么多，奏请裁军二十万，让他们回乡种地。唐玄宗犹豫，张说打保票说："放心吧，臣以全家百余口人的性命做担保。"唐玄宗同意了。果然，边境照常平安无事，朝廷却节省了大批军费，农业上又增加了许多劳动力，一举数得。唐玄宗大为高兴，奖赏了张说。

723 年，唐玄宗把张说召回朝廷，重新任命他为宰相。张说负责的工作，是文化方面。唐玄宗为了发展文化事业，专门成立了丽正书院，后改名为集贤殿书院，招纳一批文学之士，让他们著书立说、讲论文史，令张说主持其事。这对张说来说，再合适不过了。从此，张说放下刀枪，拿起笔杆，在文坛上大展才华。张说组织编写了大量书籍和文章，为唐朝的文化繁荣做出了杰出贡献。张说本人也创作了许多作品，著有文集三十卷，成为唐朝著名文学家。

725 年，开元之治已大见成效，四海平安，国强民富，张说建议唐玄宗去泰山封禅。唐玄宗同意了，并令张说筹备封禅之事。张说忙里忙外，精心准备，并亲自撰写了《封禅坛颂》，准备刻在泰山之上。

皇帝封禅，是件大事，按照惯例，封禅之后，随行官员都要晋升官职，并大赦天下，以示皇恩。张说利用这个权力，在安排随行人员时，大量安插自己的亲近之人，有的越级升为五品。《旧唐书》和《新唐书》都记载说，张说的做法，"颇为内外所怨"，许多人都不满意。

《酉阳杂俎》记载，张说的女婿郑镒，本是九品官，张说把他也安排在封禅队伍里，并越级提升为五品，穿上了绯色官服。封禅结束后，唐玄宗大宴群臣，看见了郑镒，很吃惊地问他，为何升得这么快？郑镒面红耳赤，无言以对。旁边有个叫黄幡绰的人，嘲笑他说："此泰山之力也。"后来，人们就把岳父称为泰山。

张说虽然文武双全，贡献很大，但他生性贪财，私心颇重，而且脾气暴躁，与同僚关系都不好，遭到许多人弹劾。所以，后来唐玄宗令他专修国史，不再参与朝政事务了。

730 年，张说患病。唐玄宗每天都派使者去探望，并亲自为他书写药方。不久，张说病逝，终年六十四岁。

优雅才高张九龄

张九龄，是开元盛世最后一位贤相。他举止优雅，风度翩翩，才华横溢，集政治家、文学家、诗人于一身，为开元盛世做出了重要贡献。

两唐书记载，张九龄，出身官宦世家，是韶州曲江（今广东韶关）人。张九龄幼时聪明敏捷，七岁能写诗文，十三岁就名声显赫，被誉为岭南才子。张说被流放岭南时，得阅张九龄文章，对他大加赞赏，另眼相看。

张九龄长大以后，参加科举考试，荣登榜首，入仕做官。707年，张九龄又参加吏部考试，一举成名，被授予秘书省校书郎。唐玄宗登基后，举天下文藻之士，亲自策问，以求人才。张九龄策论被评为优等，名列前茅，因而升迁为右拾遗，不久改为左拾遗。

716年，张九龄去官归养，回到岭南。张九龄见岭南交通不便，奏请朝廷修建大庾岭路，开凿梅岭古道，改善南北交通。朝廷批准后，张九龄自任修路主管，亲自踏勘现场，指挥施工，不辞辛苦。梅岭古道修通后，成了连接南北的主要通道，造福子孙后代。

718年，张九龄被召入京，因他修大庾岭路有功，被提升为左补阙，主持吏部选拔人才。张九龄为人正派，处事公平，任人唯贤，得到朝野好评。不久，张九龄改任礼部员外郎，后又升迁至司勋员外郎。

723年，张说入朝，重新担任宰相。他早就对张九龄十分欣赏，如今同朝为官，更是对他青睐和关照，张九龄因此被提拔为中书舍人。

张九龄秉公守则，并不因为与张说关系密切而对他随声附和，而是对张说行事多有规劝。特别在封禅泰山的时候，张九龄再三劝告张说，不要任人唯亲，更不要谋取私利。张说不听，结果招致众怒，被削夺权力。张九龄也受张说牵连，被调出京师，担任冀州代理刺史，后来，又改任洪州都督、桂州都督等职。

张九龄当了几年地方官，政绩突出，名声颇佳。731年，张九龄被召入京，擢升秘书少监，兼集贤院学士、副知院事。张九龄文才出众，他奉旨代撰敕文，对御而作，不须草稿，援笔立成。唐玄宗十分满意，不久提升他为工部侍郎。

733年，张九龄被提拔为宰相，主理朝政。张九龄此时已经六十多岁了，他从政多年，阅历丰富，提出了许多治国政策，推动开元盛世继续向前发展。张九龄主持在河南屯田，引水种稻，有力促进了农业发展。张九龄重视地方官员的选拔任用，纠正了重内轻外风气，对加强地方治理起到了重要作用。

张九龄为相时期，正处于唐朝全盛阶段，但在光环下面，隐藏着许多矛盾和危机。张九龄针对社会弊端，提出以"王道"代替霸道的治国思路，主张轻刑罚，薄徭役，扶持农桑，保民育人。张九龄多次劝谏唐玄宗，要居安思危，整顿朝纲。张九龄的施政方针，对于缓和社会矛盾，维护开元盛世，发挥了重要作用。张九龄被后世誉为"开元之世清贞任宰相"的三杰之一。

张九龄对唐代文化发展也功不可没，他是继"初唐四杰"之后，力排齐梁颓风，追踪汉魏风骨，开创盛唐文化的重要一人。张九龄以他的政治地位和文学成就，影响了一代诗歌的发展。张九龄是著名文学家和诗人，许多诗歌流传至今，特别是"海上生明月，天涯共此时"的名句，更是唱绝千古。

736年，安禄山在讨伐契丹时违反军令，致使损兵折将，依律当斩，其上司张守珪奏请朝廷，要求将安禄山斩首。可是，安禄山与唐玄宗关系密切，唐玄宗想要赦免他。

张九龄颇有识人之道，认为安禄山属于奸诈之徒，一有机会，必会作乱。张九龄对侍中裴光庭说："乱幽州者，必此胡也。"张九龄毫不犹豫地在张守珪奏文上批示："穰苴出军，必斩庄贾；孙武行令，亦斩宫嫔。守珪军令必行，禄山不宜免死。"

唐玄宗不同意。张九龄据理直谏，说："安禄山狼子野心，又违抗军令，应该即刻斩杀，以绝后患。"此时的唐玄宗，已经滋生骄傲，听不进不同意见了，固执地将安禄山赦免释放。后来，安禄山果然造反，祸乱朝廷。唐玄宗逃难到蜀地，想起张九龄的忠言，感慨落泪，特派使者去祭扫张九龄的墓地。

737 年，张九龄受到小人李林甫排挤，又被他举荐的周子谅连累，因而被免去宰相职务，降职担任了荆州大都督府长史。

张九龄虽然不当宰相了，但他的才华和优雅风度，始终在唐玄宗脑海里有着深刻印象。后来，凡有人向唐玄宗推荐宰相人才，唐玄宗都会不自觉地问道："其风度与九龄相比，如何？"可见张九龄在唐玄宗心中的位置。

740 年，一代名相张九龄病逝。唐玄宗追封谥号为"文献"。

关于张九龄享年，《旧唐书》和《新唐书》均记载为六十八岁。张九龄的神道碑和墓志铭，却说他活了六十三岁。

张九龄的去世，标志着开元盛世基本结束。此后，唐玄宗重用口蜜腹剑的李林甫，大唐王朝就开始走下坡路了。

口蜜腹剑李林甫

口蜜腹剑这个成语，人们都很熟悉，形容一个人特别阴险，嘴上说着甜蜜的话，心里却盘算着害人的主意。这个成语，来源于唐朝宰相李林甫。唐玄宗宠信重用这样的阴险小人，他的辉煌事业，就要完蛋了。

两唐书记载，李林甫虽说是阴险小人，却出身高贵，属于皇族宗室。李林甫的曾祖父李叔良，是唐高祖李渊的族弟，被封为长平王；李林甫的祖父和父亲，自然都是大官。没想到声名显赫的李氏皇族中，出了李林甫这样一个小人。

李林甫从小就一肚子坏水，喜欢算计人，但表面上不露声色，谁也摸不透他的心思。李林甫长大以后，凭着皇族宗室的身份，入朝做官，历任太子中允、太子谕德、御史中丞、刑部侍郎、吏部侍郎，一直爬到黄门侍郎的高位，侍奉皇帝，地位显赫。

李林甫虽是小人，却不是流氓无赖的形象，而是道貌岸然，彬彬有礼，颇有文采，精通音律。李林甫见谁都是笑眯眯的，十分谦和，甚至对宫女、厨师，说话也很客气，有时还施以小恩小惠。对皇帝身边的人，他更是极力讨好，百般拉拢。所以，李林甫在宫中人缘很好，关系很广。

李林甫最想讨好的人，自然是皇帝。他经常贿赂唐玄宗身边的侍从人员，因而皇帝的喜怒爱好、一举一动，李林甫都十分清楚。李林甫工于心计，每次有事向皇帝奏报，他都事先设法了解皇帝的态度，按照皇帝的心思提出建议。这样时间一长，唐玄宗觉得，李林甫的意见，特别符合自己的心意，李林甫说的，几乎与自己心里想的一模一样，真是难得的人才。唐玄宗对李林甫越来越重视，越来越宠信。

735年，唐玄宗提升李林甫为宰相，与张九龄等人一起理政。史书没有记载有人反对，连张九龄也没有提出异议，说明李林甫的虚伪外表和阴恶用心，还不被人们所认识。

李林甫小人得志，立刻猖狂起来，他的第一个目标，是想扳倒张九龄，自己独揽大权。可是，张九龄当时正受到唐玄宗信任，李林甫清楚，凭他一己之力，是很难对付张九龄的。于是，李林甫极力讨好唐玄宗最宠爱的武惠妃，与她建立了密切关系，结成同盟军。

李林甫知道，武惠妃很想让自己的儿子李瑁当太子，便投其所好，表示愿意尽力帮忙。武惠妃自然十分感激，时常在枕边向唐玄宗说李林甫的好话，唐玄宗对李林甫更加宠信了。当时，唐玄宗已经立了次子李瑛为太子，可是，李瑛的生母赵丽妃早已失宠，而且去世多年，唐玄宗有意废掉太子。

武惠妃设计，陷害太子李瑛、鄂王李瑶、光王李琚三人。此时的唐玄宗，已经不是那个精明英武的贤君了，而是色迷心窍，听信谗言，要废黜三子。张九龄坚决反对，态度强硬，表示决不奉诏。李林甫当面一言不发，背地里却对唐玄宗说："这是陛下的家事，何必与外人商议呢？"在李林甫的唆使下唐玄宗终于下决心废黜三子并赐死，引发舆论大哗。唐玄宗把李林甫晋封为国公，对张九龄却不满意了。

736年，张九龄极力主张诛杀违犯军令的安禄山，忤逆旨意，唐玄宗更加不满。不久，唐玄宗想提拔朔方节度使牛仙客为宰相。张九龄劝阻说："边将有功，可以赏赐金帛。牛仙客文化程度不高，不宜入朝理政。"李林甫却在背后向唐玄宗说："只要有才识，何必满腹经纶。天子用人，有何不可？"唐玄宗认为很对，马上提拔牛仙客入朝。

牛仙客确实不是宰相之才，不会理政，颇有过失。737年，监察御史周子谅弹劾牛仙客。唐玄宗认为，周子谅是暗指他用人不当，恼羞成怒，当场将周子谅杖杀。李林甫逮着这个机会，赶紧进谗言，说周子谅是张九龄推荐的，是依仗张九龄才敢冒犯皇威。唐玄宗在恼怒之下，罢免了张九龄宰相职务，将他逐出朝廷。李林甫的阴谋得逞了，从此他独揽朝政。

李林甫执掌大权之后，最喜欢做的事情，就是取悦皇帝，事事顺从皇帝旨意，从不违背，整天歌功颂德，赞美不绝。唐玄宗被捧得迷迷糊糊，感觉舒服极了。

《新唐书》记载了一个有趣的事情。有一天，李林甫召集谏官，去参观立仗马，就是充当仪仗队的马。李林甫指着立仗马说："你们看这些马，整天默不作声，就能得到三品的饲料；如果嘶鸣一声，马上就会被逐出仪仗队伍。如今天子圣明，我们当臣子的，顺从皇帝的心意还来不及，难道还需要议论什么吗？"谏官们都心领神会，从此朝廷充满了阿谀之词，很少再有谏言了。

李林甫独揽大权，他最大的愿望，就是能够长期专权。因此，李林甫嫉贤妒能，决不允许朝中有贤能之人存在。朝中大臣中，凡是才能高过他的人，李林甫都要设法陷害排挤，将其逐出朝廷；凡是李林甫推荐的官员，都是平庸无能之辈，或者是溜须拍马之徒。这样，继张九龄之后，又有一大批贤臣被贬官免职，阿谀之臣充满朝堂。

当时，唐玄宗年事已高，早已没有了当年的雄心壮志，他躺在开元盛世的光环里，一心追求享受，一切都听李林甫安排，大唐王朝焉能不败？

李林甫排挤贤能，往往以和善的面目出现，许多人被他算计了，却还很感激他。有一次，李林甫陪唐玄宗在勤政楼垂帘观看乐舞，兵部侍郎卢绚策马从楼下走过。卢绚风度翩翩，唐玄宗赞美不已。卢绚在朝中属于贤能之士，也有威望，李林甫担心他被皇帝重用，于是心生一计。

李林甫把卢绚的儿子叫来，显得很近乎地对他说："你父亲很有才干，皇上打算让他镇守岭南。虽说是重用，但岭南很苦，又不太平，从个人角度看，不是个好事。我与你父亲是朋友，不能有难不帮，给你出个主意，让你父亲主动提出，到洛阳去做太子宾客，这是个清贵显职。"卢绚儿子十分感激，千恩万谢。于是，卢绚被调离朝廷，去了洛阳。后来，李林甫又借机把他贬为太子员外詹事，卢绚再也没有得到重用。

又有一次，唐玄宗忽然问李林甫，说："严挺之现在在哪里？这是个人才，可以重用。"李林甫吃了一惊，他由于妒忌严挺之才能，早已把他排挤出朝廷，此时担任绛州刺史。

李林甫急忙召见严挺之的弟弟严损之，故作关心地说："绛州十分艰苦，何不让你哥哥上书，说得了风疾，请求回京就医。这样，他就可以回到京师了。我可以向皇上进言，促成此事。"严损之也是千恩万谢。于是，李林甫上奏皇帝，说严挺之身患重病，无法再用了。唐玄宗叹息良久，只好给了严挺之一个闲职。

李林甫一肚子阴谋诡计，他见同是宰相的李适之得到唐玄宗信任，便设计陷害他。有一次，李林甫很神秘地对李适之说："华山发现金矿，如果奏报皇上，开采出来，国家就会更加富强。"李适之很兴奋，立刻奏报了皇帝。唐玄宗也很高兴，马上找李林甫商议开采金矿之事。

李林甫却说："臣早知道此事，不过，臣命人勘察，得知华山是龙气所在，如果开矿，于陛下不利。所以，臣嘱咐李适之，不要再提此事了，没想到他贪功心切，竟然奏报了陛下。"唐玄宗一听，觉得李林甫是大大的忠臣，而对李适之心生厌恶。此后，李适之再有事奏报，唐玄宗总是不耐烦地说："你有事去告诉李林甫吧。"李林甫又趁机进谗言，将李适之贬官。

李林甫当面一套，背后一套，嘴上说得漂亮，肚子里满是坏水，表面上和蔼可亲，实际上却是蛇蝎心肠。时间一久，人们都看透了他的本来面目，说他"口有蜜，腹有剑"。口蜜腹剑这个成语，就流传下来。

李林甫遭到许多人反对，他便露出残忍本性，进行残酷镇压。咸宁太守赵奉璋收集了李林甫二十条罪状，准备揭发。李林甫随便找了个罪名，将赵奉璋处死。李林甫为了保住自己的权力，在朝中排除异己，杀人立威，大臣杨慎矜、卢幼临、柳升等几百人先后被杀。朝中百官皆惴惴不安，屏息而不敢动。

李林甫本来与武惠妃合谋，想立她的儿子李瑁为太子。可是，武惠妃死得早，李瑁的妻子杨玉环被唐玄宗霸占，李瑁的太子做不成了，唐玄宗立了第三子李亨为太子。李林甫与李亨不和，竟想动摇东宫。他设计陷害李亨的妻兄韦坚，想牵连太子。多亏唐玄宗的心腹宦官高力士保护太子，李林甫的奸谋才没有得逞。

李林甫设计陷害别人，是很动脑子的，需要花费大量心血。他专门设计了一座房子，形状像半弦月，称为月堂，十分幽静。李林甫每遇到想陷害哪个大臣的时候，就独自住进月堂，绞尽脑汁，苦思冥想，谋划奸计。时间一长，人们都知道了他的这个习惯。所以，每当看到李林甫高高兴兴地从月堂里出来，人们都不寒而栗，纷纷猜测，不知道又是哪位大臣，即将大祸临头了。

李林甫知道自己树敌过多，恐遭人刺杀，因而防守十分严密。他外出时，用很多士兵护卫，赶人清道，即使公卿大臣，也要赶快避让。李林甫生性狡诈，住的地方有重重门关，还有暗道机关，没有人能够接近他。即便如此，李林甫一晚上仍然要更换两三个住处，就是家人，也不知道他住在何处。

李林甫的长子李岫，见父亲权势熏天，担心盈满为患，十分忧虑。有一天，李岫随父游园，看到一个役夫拉着重车走过。李岫灵机一动，跪倒在地，哭泣着规劝父亲，说："父亲久居相位，树敌甚多，以至于前途满是荆棘。一旦祸事临头，想要和这个役夫一样，恐怕都不能了。"李林甫喟然长叹，说："已经这样了，又有什么办法呢？"看来，李林甫整天算计陷害别人，他的日子也不好过。

李林甫对唐朝的最大危害，是劝唐玄宗重用安禄山等少数民族将领。起初，唐玄宗任用一些文武双全的汉将镇守边疆，如张嘉贞、王晙、张说等人。这些人都有才干，他们立功后，往往入朝为相，这对李林甫的相位构成很大威胁。

李林甫对唐玄宗说："以陛下的雄才大略和国家强盛，竟不能彻底剿灭夷狄，主要原因是由文官为将，他们生性怯弱，不敢冲锋陷阵，所以，不如任用蕃将。蕃将天性骁勇，从小在马背上长大，在战场上勇猛无敌。如果陛下能感化他们而用之，他们定会报答皇恩，以死效力，夷狄就不难剿灭了。"

按当时的规定，蕃将无论有多大功劳和才干，都不能入朝当宰相，所以李林甫使出这一奸计。唐玄宗没有看穿李林甫的险恶用心，反而认为他很有见识，于是提拔重用了安禄山、高仙芝、哥舒翰等一批少数民族将领。这些蕃将多数能够忠于唐朝，但也出了安禄山这样的野心家。李林甫在为相期间，积极扶持安禄山势力，使安禄山得以长期控制河北等地，最终造成"安史之乱"，祸乱大唐江山。

753 年，李林甫病死，终年七十岁。唐玄宗追赠他为太尉、扬州大都督，赐班剑武士，打算将他风光大葬。

不料，李林甫一死，还未下葬，群臣长期压抑的愤怒情绪就爆发出来，纷纷揭发他的罪状。唐玄宗似有醒悟，下诏削去李林甫官爵，抄没家产，诸子被流放岭南，连累亲党五十余人被贬。唐玄宗还下令，砍开李林甫棺材，剥去他身上的金紫官服，取出口中所含珍珠，改用庶人之礼安葬。

李林甫当宰相十九年，始终受到唐玄宗信任，他独揽朝政，一手遮天，以至于造成奸佞横行，朝纲混乱，风气江河日下，开元盛世的成果基本被毁，大唐王朝开始由盛转衰。

李林甫祸国殃民，被公认为是大奸臣。唐玄宗长期重用这样口蜜腹剑的奸臣，表明他已经由贤明转向了昏庸，唐朝也就开始混乱了。

唐玄宗乱国先乱家

唐玄宗是一个功过鲜明的皇帝。他执政的前三十年，励精图治，英明睿智，重用贤相，把大唐王朝推向鼎盛；而后却骄傲放纵，追求享乐，重用奸臣，把国家搞得乱糟糟的。唐玄宗乱国，是先从乱家开始的。

两唐书记载，唐玄宗登基后，册封发妻王氏为皇后。王皇后是大家闺秀，温柔贤惠，深明事理，曾帮助唐玄宗诛灭韦氏，得到众人敬重。可是，唐玄宗称帝后，移情别恋，王皇后失宠，又因她无子，不久被废黜。王皇后悲愤不已，被废三个月后病死。唐玄宗有些后悔。

唐玄宗登基不久，就爱上一个姓武的少女。武氏是武则天的侄孙女、武三思的侄女，因父亲早逝，从小在宫中长大，得到武则天庇护。武氏长大后，亭亭玉立，花容月貌，而且性情乖巧，善于逢迎，工于心计。唐玄宗一见倾心，纳入后宫，封为婕妤。

唐玄宗当时三十岁左右，武婕妤只有十四五岁。两人情意绵绵，如胶似漆，一连生了四个儿子和三个女儿，所生儿女皆得到唐玄宗偏爱，其中李瑁被封为寿王。唐玄宗登基不久，就把发妻王皇后抛到脑后去了，一心宠爱武婕妤。

724年，王皇后被废黜并病死，唐玄宗打算立武婕妤为皇后，结果引起满朝大臣的反对，因为武三思被诛灭时间不长，人们普遍对武氏怀有敌意和不满。唐玄宗当时还属于明君，能够纳谏，所以没有一意孤行，而是顺从大臣们的意见，只是将武婕妤封为武惠妃，没有立她为皇后。

不过，唐玄宗也没有立别人为皇后，武惠妃在宫中的待遇礼节，与皇后相同。唐玄宗对武惠妃的宠爱始终不衰，此后再也没有立过皇后。爱屋及乌，唐玄宗封武惠妃母亲为郑国夫人，她的弟弟武忠、武信，也都加官晋爵，全家人鸡犬升天。

武惠妃从小受到武则天的影响，很有野心，也有计谋。她恃着唐玄宗宠爱，一心想让自己的儿子李瑁当太子，将来继承帝位，她能够当皇太后。

武惠妃在 725 年之前，就连续生了四个儿子，可惜前两个儿子，不到两岁就夭折了。所以，三子李瑁出生后，武惠妃又喜又怕，便让唐玄宗哥哥李宪代为抚育。李瑁果然无恙，而且聪明伶俐，十分讨人喜欢，武惠妃想让他当太子。可是，李瑁在唐玄宗儿子当中，排行十八，按顺序还远着呢。更重要的是，唐玄宗早在登基之初，就立了太子李瑛。

李瑛，是唐玄宗的次子，706 年出生，母亲是赵丽妃。赵丽妃是歌女出身，能歌善舞，美丽动人，深受唐玄宠爱。唐玄宗登基后，因长子李琮打猎时受伤，毁了面容，便立次子李瑛为皇太子。后来，唐玄宗又宠爱了武惠妃，赵丽妃便失宠了，于 724 年病死。

李瑛长大后，宽厚仁义，待人友善，和睦兄弟，尤其与同父异母的五弟李瑶、八弟李琚关系密切。李瑛母亲已死，在宫中没有根基，又见武惠妃深受宠幸，连生数子，担心太子地位不保，因而处处小心谨慎，安分守己。

武惠妃想让自己的儿子当太子，第一步就是要设法废黜李瑛的太子之位。武惠妃很有心计，她派亲信跟踪李瑛，想找出他的过错。可是，李瑛谨言慎行，并无任何短处。武惠妃没有办法，只好赤膊上阵，在夜里哭哭啼啼，诬告李瑛想加害他们母子。这本来是无稽之谈，武惠妃方法也很拙劣，可是，唐玄宗已经色迷心窍，为了让美人开心，他打算废黜太子。

唐玄宗把废黜太子的想法一说，立刻召来大臣们的反对，都说太子仁德，没有过失，不能废黜。宰相张九龄态度更为坚决，并且拿历史上骊姬、贾南风等人的故事，劝谏唐玄宗。唐玄宗理屈词穷，只好把事情搁置下来。武惠妃得不到大臣们支持，也没有办法，只好再等待机会。

机会终于来了。735年，唐玄宗提拔奸臣李林甫当了宰相。李林甫知道武惠妃的心思，投其所好，表示要帮助李瑁成为太子。武惠妃大喜，从此与李林甫结成同盟。两个人互相勾结，干了许多坏事，张九龄被贬，就是他们的杰作之一。唐玄宗身边有这两个奸佞之人，朝政开始混乱。

武惠妃有了李林甫的支持，废黜太子的胆子更大了，别的办法不行，干脆就实施阴谋诡计吧。737年的一天，武惠妃把李瑛、李瑶、李琚以及李瑛的大舅哥薛锈一齐召来，说后宫不安全，时常有贼人出没，请他们夜里去捉贼。李瑛他们不知是计，又不敢违背武惠妃，只好答应了。

武惠妃立即禀告唐玄宗，说她得到消息，李瑛等人阴谋造反，夜里要来刺杀她。唐玄宗半信半疑。武惠妃说："陛下如果不信，夜里可派人来观察。"

到了夜里，李瑛等几个人果然身穿铠甲，手执兵器，悄悄来到后宫。唐玄宗闻报大怒，立即将他们逮捕。不久，唐玄宗下诏，将三个亲生儿子和薛锈全部处死。武惠妃的阴谋得逞了。

史书没有记载李林甫是否参与了阴谋，不过，凭他与武惠妃的关系，肯定起了很重要的作用，以至于李瑛等人无法洗白自己的冤屈。李瑛死时年仅三十一岁，正是年富力强的时候。

当时，寿王李瑁只有十六七岁。令武惠妃没有想到的是，太子李瑛刚死，唐玄宗就立即宣布立三子李亨为皇太子。李亨当时二十七岁，在朝中担任司徒，曾率军征伐契丹，立有战功，可谓文武兼备，他又排序在前，所以，立他为太子，是顺理成章的事情。

武惠妃费尽心机，却为别人作了嫁衣，悔恨恼怒，一病不起。武惠妃在病中，经常看见李瑛几个人，披头散发，浑身是血，向她索命，她被吓得尖叫不止。武惠妃派人给李瑛等人改葬，予以祭祀，以赎罪孽，但为时已晚。

737年，李瑛等人被害不到半年，武惠妃就在惊吓中死去，时年三十八岁。武惠妃幸亏死得早，不然的话，她会继续祸乱朝廷，也许会成为韦皇后第二。

　　武惠妃早死，是唐朝一大幸事，可是，唐玄宗却悲痛不已，追封她为贞顺皇后。不过，她谋害三位皇子之事尽人皆知，臭名昭著，到了唐代宗时期，就把她的皇后谥号废除了。

　　唐玄宗宠爱武惠妃，使她害人害己，又乱朝廷。三位皇子含冤被杀，引发舆论同情，人心离散。从此，大唐王朝乱象迭起，不得安宁。

唐玄宗爱上儿媳妇

    唐玄宗晚年的时候，由英武之主变成了昏庸之君，做了不少荒唐事。他最让人诟病和不齿的，是霸占了自己的儿媳妇杨玉环，就是后来大名鼎鼎的杨贵妃。

    两唐书记载，杨玉环，出生于 719 年，是隋朝梁郡通守杨汪的四世孙女，后来家族徙居蒲州永乐县（今山西芮城县永乐镇一带）。由于杨玉环是名人，所以关于她的籍贯和出生地，有很多说法，至今争论不休。

    杨玉环的父亲叫杨玄琰，担任过蜀州（今四川崇州）司户。杨玄琰死得早，年幼的杨玉环被寄养在洛阳叔父杨玄璬家。杨玄璬担任过河南府土曹。

    杨玉环天生丽质，长得楚楚动人，人见人爱。她受过良好的教育，有一定的文化修养，性格婉顺，精通音律，能歌善舞，还弹得一手好琵琶，属于美女加才女。

    734 年，十五岁的杨玉环应邀去参加一场婚礼，恰巧与寿王李瑁邂逅。李瑁被杨玉环的美貌迷住，一见倾心，回家后缠着母亲武惠妃，要娶杨玉环为妻。武惠妃对宝贝儿子的要求，无不应允，赶快到杨家送上贵重聘礼，把杨玉环娶进家门，由武惠妃做主，册封杨玉环为寿王妃。这个时候的唐玄宗，大概还没有见到杨玉环。

    杨玉环嫁入皇家，成了王妃，心满意足。丈夫李瑁比她小一岁，年轻英俊，对她体贴入微，小两口恩爱无比，杨玉环过了几年幸福美满的日子。史书没有记载她与李瑁有过孩子。这个期间，杨玉环不可能不去拜见公公，不知道唐玄宗见了漂亮的儿媳妇，是何心态？好在唐玄宗当时正宠爱着武惠妃，倒没出什么事情。

737年，武惠妃病逝。唐玄宗失去挚爱，郁郁寡欢，只好再寻美女。可是，尽管后宫美女数千，却没有一个中意的。于是，唐玄宗便把贪婪的目光，盯向了自己的儿媳妇，千方百计把杨玉环弄到手，让儿媳妇摇身一变，成了自己的媳妇。

至于唐玄宗是怎样把儿媳妇弄到手的，作为正史的《旧唐书》和《新唐书》，都为尊者讳，没有详细记载，只是说，有人向唐玄宗进言，说寿王妃长得漂亮，可以充入后宫。唐玄宗同意，命杨玉环自请度为女道士，给予宫中女官之职，让寿王李瑁另娶韦氏为妃。从此，杨玉环得到皇帝宠幸，被封为贵妃。

这简直无稽之谈，试想，有哪个胆大的人，敢跑去对皇帝说："你儿媳妇漂亮，可以充入后宫。"不被杀头才怪呢！有谁会这样不顾伦理、胆大妄为而又厚颜无耻呢？从两唐书其他篇章记载来看，唐玄宗把儿媳妇变成自己的媳妇，经历了漫长时间，费了很大工夫。

武惠妃死后不久，唐玄宗贪恋杨玉环美色，就召来侍寝。当时，唐玄宗五十三岁，杨玉环只有十八岁。杨玉环和李瑁刚刚结婚三年，正沉浸在幸福和恩爱之中，对于年龄、身份都相差很多的唐玄宗，杨玉环肯定是极力抗拒的。但面对皇权，她的抗拒又是无力的。

这样不明不白地乱伦了三年，唐玄宗不满足于偷偷摸摸，也不想让儿子再与杨玉环有夫妻名分，他想完全占有杨玉环。于是，740年，唐玄宗以为母亲祈福的名义，下诏书令杨玉环出家为女道士，道号"太真"。这样，杨玉环就与李瑁脱离了夫妻关系，也不是唐玄宗的儿媳妇了。

745年，唐玄宗把杨玉环接进宫中，册封为贵妃。从此，杨玉环正式成为唐玄宗的妃子，两个人终于可以名正言顺地在一起了。唐玄宗对杨玉环十分宠爱，如获至宝，当时仍然没有皇后，杨贵妃的待遇礼节，如同皇后一般。

唐玄宗先让杨玉环出家当道士，然后再接入宫中，完全是掩耳盗铃，自欺欺人。唐玄宗玩的这一手，是学的他爷爷李治。李治不是把他父皇的妃子武则天从尼姑庙里接出来，变成自己的妃子吗？

对于唐玄宗为何宠爱杨贵妃，千方百计要得到她，有的文学作品说，是因为杨贵妃长的像武惠妃。可两唐书并没有这样的记载，也不可能。唐玄宗乱伦霸占儿媳妇，完全是他贪色的本性所致。有的文学作品，把唐玄宗和杨贵妃，写成了十分动人的爱情故事，说什么"在天愿作比翼鸟，在地愿为连理枝"，这也是不可能的。唐玄宗对杨贵妃，也不是"三千宠爱在一身"，他有名有姓的嫔妃就有四十多人，生了六十多个儿子和女儿。唐玄宗是典型的花心纵欲皇帝。

杨贵妃入宫后，唐玄宗对她百般宠爱，光为杨贵妃制作织锦刺绣、衣服和各种器具的人员，就有一千多人。杨贵妃爱吃荔枝，唐玄宗通过驿站，用快马从南方运来新鲜荔枝，于是便有了"一骑红尘妃子笑，无人知是荔枝来"的著名诗句。

746年，就是杨贵妃被封为贵妃的第二年，不知因为何事，两人闹翻，唐玄宗一气之下，把杨贵妃遣送回娘家。赶走杨贵妃之后，唐玄宗不思饮食，而且怒打左右。高力士知道唐玄宗的心意，便去把杨贵妃接了回来。唐玄宗果然龙颜大悦。

750年，杨贵妃再次与唐玄宗大闹一场，唐玄宗又把她赶回娘家。这一次闹得厉害，连高力士都不敢相劝。此时，杨贵妃的堂兄杨国忠，已任朝廷高官，他央求大臣吉温，去向皇帝说情。唐玄宗同意让杨贵妃回来。杨贵妃见到唐玄宗，仍然怒气未消，持刀割断一束头发，说："将此留与皇上诀别。"唐玄宗惊慌，赶紧好言劝慰。

对这两次遣归娘家，两唐书都没有记载是什么原因，只是说杨贵妃"妒悍不逊"。

唐玄宗宠爱杨贵妃，她的娘家人自然沾了光。杨国忠因此官运亨通，当上宰相，祸乱朝廷。大唐王朝越来越乱了。

祸国宰相杨国忠

杨国忠是杨贵妃的堂兄，原名叫杨钊，唐玄宗给他赐名为国忠，表示要忠心为国。然而，杨国忠并没有忠于国家，而是祸乱国家。

两唐书记载，杨国忠，蒲州永乐（今山西永济）人。是武则天的男宠张易之的外甥。杨国忠年轻的时候，不学无术，行为放荡，嗜酒好赌，行为不端，为同宗族人所鄙视。杨国忠在家乡混不下去，三十岁时前往西川从军，慢慢熬了个扶风县尉。

745年，杨国忠听说堂妹被封为贵妃，便灵机一动，前去投靠。杨贵妃与这位堂兄多年不见，关系并不密切，但毕竟是同族人，不好推辞，只得引荐给唐玄宗。唐玄宗见杨国忠身材高大，又当过兵，便很给杨贵妃面子，当即任命他为金吾兵曹参军。

杨国忠的职务虽然不是很高，但可以随便出入禁中，能够接触皇帝和大臣。杨国忠头脑灵活，又在外混了多年，见过世面，很会投机取巧、阿谀逢迎。他小心翼翼地侍奉唐玄宗，又千方百计巴结权贵，很快升为监察御史，不久又升迁为度支员外郎，兼侍御史。在一年时间里，杨国忠便身兼十五职，一跃成为朝廷重臣。可是，由于杨国忠无功而升迁过快，满朝人士都对他嗤之以鼻。

到750年的时候，杨国忠已经成为唐玄宗的宠臣，对他信任有加。唐玄宗赐给杨国忠紫金鱼袋，这是一种显示高官的紫袍官服。杨国忠穿着紫袍，到处耀武扬威。唐玄宗还把他的名字由杨钊改为杨国忠，希望他能够尽忠报国。

然而，杨国忠并不想报国，只是一门心思往上爬，企图攫取更大的权力。当时的宰相是李林甫，他已经执政十几年，树大根深，党羽遍布朝野。杨国忠拼命巴结李林甫，二人狼狈为奸，干了不少坏事。后来，李林甫竟想陷害太子李亨，杨国忠充当先锋，多次向唐玄宗进谗言，因而与李亨结下了很深的矛盾。

752年，李林甫死后，杨国忠终于爬上了宰相高位，主持朝政。杨国忠权力欲极强，一人身兼四十余职，大小事情都由他说了算。此时，唐玄宗已经六十八岁了，更加昏庸，不理政事，杨国忠便一手遮天。

杨国忠虽然有很强的权力欲，却没有治国理政才能。他主持朝政以后，为了显示政绩，两次贸然攻打南诏。第一次攻打南诏，使用的是朝廷在南方的军队，结果大败，士兵死了好几万。杨国忠不甘心，又在北方招募士兵，第二次攻打南诏，结果失败得更惨，几乎全军覆灭。

杨国忠好大喜功，穷兵黩武，毫无政治头脑，动辄对周边少数民族用兵，破坏了稳定的民族关系，种下了少数民族起兵反唐的祸根。在几次战役中，杨国忠用人不当，不恤士兵，使成千上万的士兵暴尸边境，引发军心不满，这是他日后兵变被杀的重要原因。

杨国忠大权在握，为所欲为。本来选官是一件严肃的事情，有很多程序，要经过多个部门审查。即便李林甫为相时，选官由他定夺，但程序还是要走一走。杨国忠嫌麻烦，下令一律取消，官员的升降任免，全由他一个人说了算。这样，官僚队伍素质明显下降，滥竽充数之人充满了朝廷。大臣们强烈不满，但杨国忠有后台，谁也拿他没办法。

杨国忠当了宰相以后，无所顾忌，露出了无赖狂徒的本性。他平时趾高气扬，经常捋起袖子，指着官员的鼻子大骂，满朝文武都敢怒而不敢言。杨国忠外出时，前呼后拥，威风八面，生活上骄奢淫逸，经常玩狗斗鸡，一副流氓形象。

杨国忠最上心的事，是如何糊弄皇帝，只要蒙蔽住皇帝，他就可以高枕无忧了。有一年，关中地区发生水灾，唐玄宗担心会毁坏庄稼。杨国忠令人拿好庄稼给他看，说："雨水虽多，并未成灾，庄稼长得很好。"唐玄宗信以为真。实际上，关中已经发生严重灾害，民不聊生了。后来，当地官员上报灾情，杨国忠将他们训斥一顿，还要治罪，吓得地方官员再也不敢吭声了。

李林甫当了十九年宰相，已经把开元盛世的成果败坏完了，杨国忠接着又当了四年宰相，他专权误国，祸国殃民，终于搞得天怒人怨，使大唐王朝处于危险之中。

杨国忠有一件事倒是看得挺准，他认为安禄山包藏祸心，迟早会反。杨国忠多次向唐玄宗进言，可唐玄宗就是不信。结果真就发生了"安史之乱"，重创了大唐王朝，杨国忠也在兵变中死于非命。

包藏祸心安禄山

安禄山是历史上有名的反臣。他身体肥胖，肚子很大。有一次，唐玄宗问他："你肚子那么大，里边装的是什么？"安禄山毫不脸红地回答："是一肚子的赤胆忠心。"其实，安禄山是在当面撒谎，他的肚子里面，实际上包藏着一颗反叛的祸心。

两唐书记载，安禄山，是营州柳城（今辽宁朝阳）人，粟特族。《旧唐书》说他本无姓氏，名叫轧荦山，突厥语是"斗战"的意思。《新唐书》说他本姓康，出自西域康国。

安禄山父亲早死，他随母亲阿史德在突厥部落生活。其母是巫师，以占卜为业，后来嫁给一个姓安的人，儿子就姓安了，取名安禄山。

安禄山从小桀骜不驯，惹是生非，人们都厌恶他。安禄山十多岁的时候，觉得在继父家里过得不开心，于是离家出走，在外流浪。安禄山到过很多地方，见多识广，通晓六国蕃语，常给别人当翻译。

安禄山长大后，身材高大，白白胖胖，但仍不务正业，到处坑蒙拐骗和偷盗。有一次，安禄山偷羊被抓住，幽州节度使张守珪准备将他杖杀，已经剥光了他的衣服准备行刑，安禄山急中生智，高声大叫："大人难道不想消灭蕃族吗，为什么打死壮士？"张守珪闻言，见安禄山出言豪壮，不同寻常，又见他身材魁梧，便令人放了他，并将他带了回去。

张守珪是唐朝名将，长期镇守边境，抵御突厥、契丹。他救了安禄山性命，安禄山感激不尽，自然就从军了，从此跟随张守珪左右。

张守珪见安禄山胆略过人，又熟悉夷族情况，常命他深入敌后，去抓俘虏，以了解敌情。安禄山每次都能圆满完成任务，有时还能捉个小头目回来。张守珪十分满意，就收他为义子，安禄山开始步步升迁。

安禄山在军中，偶然遇见了童年时期的伙伴史思明。史思明也是粟特人，出自西域史国，与安禄山在柳城一块儿长大，此时也在军中效力。安禄山很高兴，每次捉俘虏都带着他一起去，二人同被称为"捉生将"。此后，史思明与安禄山形影不离，他也水涨船高，步步升迁。

张守珪对安禄山很器重，逐步提拔他为将军，并几次向朝廷推荐。唐玄宗对安禄山很感兴趣。安禄山得到皇帝垂爱，开始有些狂傲了。736年，他在与契丹作战中违背军令，贪功冒进，招致大败。张守珪治军严明，不徇私情，奏报朝廷，要将安禄山斩首，却被唐玄宗赦免了。

740年，张守珪病逝。此时，安禄山已担任平卢兵马使，朝廷授予他营州都督、平卢军使官衔。安禄山秉性机灵聪慧，很有心计，却装得憨厚诚实，他又会花言巧语，专拣别人爱听的话说，因此，许多人都喜欢他。安禄山不吝啬财物，经常用厚礼贿赂朝廷官员。官员们纷纷在皇帝面前夸赞安禄山，唐玄宗更加信任喜爱他了。

宰相李林甫为了稳固自己的相位，建议重用蕃将，并极力推荐安禄山。从742年开始，安禄山被任命为平卢节度使，不久兼任范阳节度使，后来又兼任河东节度使。这样，安禄山一身兼任三镇节度使，大权在握，成为威震一方的实权派人物。

节度使是地方最高军政长官。唐玄宗为了抵御和震慑周边少数民族，把大部分精兵部署在边境一带，设立了十镇节度使。节度使权力很大，总揽该地区的军、民、财、政，相当于土皇帝。这有一个很大的弊端，就是容易造成节度使拥兵自重，对抗中央。

安禄山身兼三镇节度使，统领精兵二十万，所辖地盘人多地广，便滋生了野心，他见朝廷日益腐败，便想起兵造反，夺取江山。安禄山一方面极力讨好朝廷，大表忠心；另一方面暗地里做着各种准备，阴谋叛乱。

安禄山在范阳城北建起了一座雄武城，表面上是为了抵御外敌入侵，实际上是储藏兵器、粮食和军需物资。他秘密派了一批情报人员，潜伏在京师，随时侦察朝廷动向。安禄山加紧扩充军队，加强训练，厉兵秣马，准备造反。

安禄山包藏祸心，但进京朝拜的时候，却装得十分恭敬顺从，处处讨唐玄宗欢心。安禄山是个大胖子，体重三百三十斤，尤其是肚子特别大，都垂到膝盖下边，走路时用手提着肚子，才能迈步。可是，他给唐玄宗跳胡旋舞，动作却快得像旋风一样，累得他气喘吁吁，汗流浃背。唐玄宗大受感动，问他肚子为何这么大，安禄山回答："唯赤心耳！"

安禄山内心极其精明，却装憨卖呆。有一次，他拜谒皇帝时，太子李亨也在场。安禄山只拜唐玄宗，故意不拜太子。经人提醒后，安禄山说："臣是粗人，不知朝廷礼仪，只知道有皇帝，不知道有太子。"这表演有点过头，可唐玄宗硬是看不出来，还认为安禄山对他十分忠心。太子李亨却看出来了，劝谏父亲提高警惕。唐玄宗不以为然。

安禄山知道唐玄宗宠爱杨贵妃，便请求做杨贵妃的养子。唐玄宗答应了，杨贵妃却没有什么态度。安禄山比杨贵妃大十六岁。安禄山每次进宫朝拜时，都是故意先拜杨贵妃，后拜唐玄宗。唐玄宗感到奇怪，安禄山说："臣是胡人，胡人都把母亲放在前头，而把父亲放在后边。"唐玄宗大笑。

有的书籍说，杨贵妃把安禄山当作婴儿，放在大盆里洗澡，有的甚至说她与安禄山通奸。正史中并没有这样的记载。从两唐书记载来看，杨贵妃与安禄山没有单独接触，也没说过他的好话，关系一般。这是符合情理的，因为杨国忠与安禄山关系不好，杨贵妃与安禄山自然也好不到哪里去。所以，唐玄宗信任安禄山，应该与杨贵妃没有多大关系。

李林甫当宰相的时候，对安禄山极力扶持，致使安禄山势力坐大。杨国忠当了宰相以后，觉得安禄山有野心，想控制他的势力，多次向唐玄宗进言，说安禄山必定会反。

对杨国忠的话，唐玄宗起初并不相信，后来杨国忠说得多了，唐玄宗就派中官辅璆琳前去侦察。安禄山知道辅璆琳的来意，做好了充分准备，又用重金贿赂他。辅璆琳回来后，大讲安禄山守边有功，对朝廷忠心耿耿。唐玄宗放心了。

杨国忠仍不死心，又对唐玄宗说："陛下派人侦察，已经打草惊蛇了，此时如果召安禄山进京，他必不敢来，这就证明他有反心。"唐玄宗想试一试，诏令安禄山进京。没想到，安禄山接到诏令后，并没有犹豫，立刻赶到京城。这下，唐玄宗彻底放心了。杨国忠傻了眼，无话可说。

唐玄宗面对应诏前来的安禄山，心有愧疚，不知道说什么好。安禄山却抓住机会，向皇帝哭诉："臣是外族人，承蒙陛下提拔，才有今日。陛下的大恩大德，臣就是死一万次，也无法报答。臣一心想为陛下尽忠效力，可是，杨国忠却想杀臣，臣如同万箭穿心一般难受。"说完，痛哭流涕，趴在地上不肯起来。

唐玄宗一脸尴尬，只得好言劝慰，又打破规矩，封了他一个左仆射的高官，属于宰相了，这才把他哄高兴了。从此，只要有人说安禄山造反，唐玄宗二话不说，就把人捆起来，交给安禄山去处置。

安禄山这次冒险进京，实际上是捏了一把汗，生怕唐玄宗把他留在京城，不让回来，那一切努力就白费了。等到唐玄宗让他回去，安禄山如释重负，没有片刻停留，急忙出了潼关，然后快马加鞭，每天跑三四百里路，迅速赶回范阳。安禄山担心夜长梦多，遂加快了造反的步伐。

755年十一月，安禄山联合史思明，终于起兵造反了，史称"安史之乱"。大唐王朝陷入了一场深重的灾难。

安史之乱动摇天下

"安史之乱"是中国历史上的重大事件，是唐朝由盛转衰的分水岭。"安史之乱"历时八年，对经济社会造成巨大破坏，给人民群众带来沉重灾难。

两唐书记载，755年十一月，蓄谋已久的安禄山，终于在范阳公开举兵造反了。范阳是中国古代地名及行政区划，起初为涿州、幽州治所。安禄山起兵时，范阳包括今河北怀安、高碑店以东，抚宁、昌黎以西，天津、霸州以北广大地区。

安禄山调集精兵十五万，又联络契丹、罗、奚、室韦等一些少数民族，号称二十万。安禄山聚集兵马之后，慷慨激昂地进行动员，说杨国忠专权误国，挟持皇帝，他奉唐玄宗密诏，率正义之师前去讨伐。虽说安禄山是一派胡言，却也起了一些作用。杨国忠祸国殃民，声名狼藉，人人痛恨。所以，将士们群情激愤，斗志昂扬，大军一路南下，直捣洛阳。

从范阳到洛阳，途经河北。河北是安禄山的地盘，安禄山又打着奉旨讨贼的旗号，地方官员不明就里，纷纷开城响应，慰劳大军。所以，安禄山的叛军在河北进展顺利，没有遇到抵抗。

安禄山叛军只用二十多天时间，就渡过黄河，进入河南地区。河南地区是唐朝腹地，几十年没有打仗了，人们安享太平，如今听说兵马到来，一片惊慌。各州郡守军不多，武备松弛，城防失修，叛军没费多大力气，就占领陈留（今开封），攻破荥阳，即将兵临洛阳城下。

安禄山造反之初，就有人火速禀报朝廷，可唐玄宗不信，认为是谣言，不予理睬。直到七天之后，各地告急文书像雪片似的飞来，唐玄宗才不得不信了。唐玄宗急忙把宰相杨国忠召来，商议对策。

杨国忠得意扬扬地说："臣早就说过，姓安的不是好人，必定会反，陛下就是不信。"唐玄宗瞪了他一眼，说："现在说这话，还有什么用呢？赶快想办法退敌吧。"

杨国忠用轻松的口吻，对唐玄宗说："陛下不用担心。安贼是胡人，他率领的是我大唐的将士，将士们肯定不会真心跟着他造反。依臣看来，不出旬日，必定有人砍下安贼的头颅，献给陛下。"

杨国忠的分析，是表面上的，他可不知道，安禄山为了造反，早就费尽心机，把这支唐军改造成自己的队伍了。在这支队伍里，除了汉人将士之外，他还扩充了大量胡人，并且都是骨干。军中将领，多数都换成了胡人。安禄山还通过重赏、收养子等方式，极力拉拢汉族将士。所以，安禄山对军队的控制力是很强的。何况，安禄山造反，打的是讨伐杨国忠的旗号，无论胡人还是汉人，都对杨国忠十分痛恨。

当时，唐朝多年没有战事，朝廷军队大多在边境一带驻守，一时调不回来，洛阳、长安一带兵力空虚，唐玄宗忧心忡忡。这时，将军封常清自告奋勇，请求在当地招募士兵，去守洛阳。唐玄宗大喜，给他封官加爵，令他募兵东征。唐玄宗又令右金吾大将军高仙芝随后接应，与封常清一块东进御敌。

封常清是唐朝名将，从军多年，屡立战功。他接受诏令后，迅速在当地募兵，不长时间就招到六万人，但大多是市井子弟。封常清来不及训练，带着他们火速赶往洛阳，与洛阳官员李憕、卢奕等人一起守城。

封常清刚到洛阳，安禄山叛军就蜂拥而至，将城池四面包围，奋力攻打。叛军人多势众，洛阳城年久失修，武备不足，守城士兵又是乌合之众，没有战斗力，不几天，叛军就攻破城池，四面入城。封常清率军展开巷战，但寡不敌众，不能取胜，只好冲出城去，向西败退。路上遇到高仙芝，二人觉得已无办法，只得带领残兵败将，退守潼关，欲借潼关之险，抵御叛军。

洛阳官员李憕、卢奕都是文官，不会上阵杀敌。城破后，属下逃散，宽阔的府衙里，只剩下他们两人。二人穿戴好官服，正襟危坐，镇定自若。安禄山劝他们投降，二人宁死不屈，惨遭杀害。

唐玄宗闻知封常清兵败，洛阳失守，勃然大怒，下令将封常清、高仙芝二人斩首。唐玄宗这一错误做法，不仅使朝廷丧失两员富有经验的大将，而且引发将士不满，动摇了军心，对平定叛乱极为不利。

安禄山起兵只有两个月，就攻占东都洛阳，他望着巍峨的皇宫，得意扬扬，开始做起了皇帝梦。756年正月初一，安禄山经过一番准备，正式登基称帝，自称雄武皇帝，国号大燕，年号叫圣武。

安禄山迫不及待地当皇帝，实际上大为失策，暴露了他造反的真实目的，表明安禄山并没有政治才干和大的谋略。河北地方官员看清楚了安禄山的真实嘴脸，纷纷起兵声讨。安禄山见后院起火，急令史思明回师清剿。从此，史思明主要在河北作战。

安禄山令儿子安庆绪，率军向西攻取长安，企图一举灭掉大唐王朝。可是，要想攻占长安，必须经过潼关天险。

潼关，位于今陕西省潼关县北，北临黄河，南踞山腰，地势险峻，素有"第一关"之称。潼关是进入关中的东大门，欲进关中，必占潼关，潼关一失，长安就难保了。

潼关决定着大唐王朝的生死存亡，因此，潼关之战，必定是惨烈而悲壮。

哥舒翰痛失潼关

有一首唐诗写得非常好。"北斗七星高，哥舒夜带刀。至今窥牧马，不敢过临洮。"这首诗，歌颂的是唐朝名将哥舒翰。

哥舒翰长期镇守西部边陲，他威武雄壮，有勇有谋，屡建奇功，威震敌胆。安禄山叛军进攻潼关的时候，他奉命担任守关主将。有这样一位智勇双全的将军，潼关本来可保无虞，可是，由于唐玄宗和杨国忠掣肘作梗，不仅痛失潼关，而且导致二十万唐军几乎全军覆灭。哥舒翰一世英名，也毁于一旦。

两唐书记载，哥舒翰，安西龟兹（今新疆库车）人，突骑施族。他从小喜欢练武，从军后骁勇善战，长期在边境作战，屡立战功。

哥舒翰擅使长矛，他追上敌人后，把矛搭在敌人肩上，大吼一声，敌人回头看，哥舒翰顺势一矛，刺进他的咽喉，然后把他挑起来，腾空有五尺多高。因此，敌人听见哥舒翰的名字，就吓得闻风而逃。

747 年，哥舒翰因功升任陇右节度使，后又任河西节度使。753 年，哥舒翰年龄大了，被调入朝中，拜为太子太保，兼御史大夫。安禄山图谋造反，想拉拢同是胡人的哥舒翰。哥舒翰却看不起安禄山，让他碰了一鼻子灰。

755 年二月，哥舒翰突然中风，昏迷很久才被抢救过来，但落下了半身不遂的后遗症，只好在家养病，闭门不出。这年十一月，安禄山造反了。叛军声势浩大，很快攻占洛阳，安禄山当了大燕皇帝。

唐玄宗知道，安禄山的下一个目标，肯定是攻取京都长安，而守卫潼关，就成了关键。这时，紧急征调的二十万朝廷军队，已经到达潼关。兵力是够了，可是，缺乏领兵的主将。封常清、高仙芝已经被杀，朝中再无良将。唐玄宗无奈，只好起用在家养病的哥舒翰。在这国难当头之时，哥舒翰不能推辞，只得拖着病体，上了战场。

哥舒翰抱病到了潼关，但确实身体吃不消，难以处理军务，只好让部下王思礼管骑兵，李承光管步兵。偏偏王思礼与李承光不和，两人意气用事，不顾大局，致使军中号令不一，常闹摩擦，搞得唐军矛盾丛生，士气低落。

王思礼向哥舒翰建议说："我有一计，可不战而退敌兵。安禄山造反，是以清除杨国忠为借口，如果我们留三万兵据守潼关，其余的回师京城，诛杀杨国忠，安禄山就没有进兵理由了。"

哥舒翰觉得王思礼太幼稚了，安禄山已经称帝，根本用不着借口了，不管杀不杀杨国忠，安禄山是一定要进兵的，于是没有同意。不料，王思礼的建议，被杨国忠探听到了。杨国忠吓出了一身冷汗，他决定先下手为强，开始算计哥舒翰。

756年一月，安禄山命儿子安庆绪率军西进，进攻潼关，一连发动多次攻击。潼关地形险要，易守难攻，哥舒翰久经沙场，是位经验丰富的老将军，他沉着冷静，凭坚据守，并不出击。叛军采取人海战术，一群群的士兵不要命地往上冲，可守卫潼关的唐军士兵也不少，而且居高临下，叛军没有占到半点便宜，只留下一片数不清的尸体。

安禄山见强攻不能奏效，使出一计，令把精锐部队埋伏起来，只让老弱残兵前去挑战，企图引诱唐军出击。这点伎俩怎能瞒得了哥舒翰，他对此根本不予理睬。安禄山使用了很多计策，哥舒翰只认准一条，就是坚守不出，安禄山毫无办法。这样，双方对峙了数月之久，叛军不能前进一步。

哥舒翰心里很清楚，目前凭坚据守，是最好的策略。时间一长，叛军必会军心涣散，粮食也将供应不上，形势就会发生逆转，到那个时候，再大举进兵，定能全歼叛军，收复洛阳。西汉时期的周亚夫，就是用这个办法，一举平定了七国之乱。特别是，哥舒翰手里有二十万精锐军队，他对最终获胜，充满了信心。

这样过了几个月之后，形势果然向着不利于叛军的方向发展。安禄山在起兵之初，由于事发突然，朝廷和地方官府都没有反应过来。不久，唐玄宗任命太子李亨为天下兵马大元帅，负责平叛。忠于唐室的地方官员，也纷纷整顿兵马，攻击叛军。河北大部分郡县，都声明脱离安禄山，复归朝廷。朔方节度使郭子仪、河东节度使李光弼，率军进入河北，联合攻打史思明，收复了一些失地。汝南郡太守来瑱、南阳太守鲁炅等人，也率兵反击叛军。

形势对安禄山越来越不利，安禄山心急如焚，他觉得只有迅速西进，拿下京都长安，才能振奋军心，扭转局势。可是，有哥舒翰像钉子一样在潼关守着，安禄山一筹莫展。安禄山对哥舒翰无计可施，便想到了长安城中的唐玄宗，觉得还是那个老家伙好糊弄，决定再利用唐玄宗一把，让他逼哥舒翰出兵。

安禄山让部将假装投降朝廷，送上了叛军兵力不足、军心不稳的假情报。唐玄宗闻报大喜，遂令哥舒翰出兵，企图一举消灭叛军，收复洛阳。哥舒翰赶紧上书，陈述目前不是出击的时候，而且十分危险，只有凭坚据守，才是上策。

唐玄宗接到哥舒翰奏报，有点犹豫。杨国忠却在一旁煽风点火，说各地都在反攻，正是消灭安贼的好机会，不可错失良机。唐玄宗听信了，再派使者，手持诏令，命哥舒翰出兵。

哥舒翰十分为难，他知道此时出兵不妥，可再三违抗圣命，也不是小事。哥舒翰犹豫再三，从大局考虑，再一次给唐玄宗上书，陈述厉害，说："安禄山久在军中，精通兵法，如果我军轻出，极易落入叛军圈套，到时悔之晚矣。"

唐玄宗拿着哥舒翰的奏报，给杨国忠看，征求他的意见。杨国忠冷笑一声，说："如果敌众我寡，固然应该凭坚据守，不宜轻出。可是，哥舒翰手下有二十万精兵，比叛军还多，敌寡我众，怕什么圈套？真不知道这位胡人将军，心里是怎么想的？"

杨国忠的话十分歹毒，暗指哥舒翰不可靠。于是，唐玄宗下了决心，第三次发出诏令，命哥舒翰立即出战。诏令措辞严厉，咄咄逼人，并提到封常清、高仙芝的名字，意思很明白，如果哥舒翰再违抗圣命，就是封、高二人的下场。

哥舒翰没有办法了，他忍不住大哭一场，然后下令出兵。756年六月，唐军离开坚守半年之久的潼关要塞，向叛军发动进攻。王思礼率五万精锐骑兵在前，十几万步兵在后，勇猛地扑向叛军。安禄山闻之大喜，他早已做好了充分准备，为唐军设下了一个大大的陷阱。

在潼关东边不远的灵宝，有一条七十里长的狭窄山道，南面是高山，北面是黄河，地形十分险峻。安禄山在这里精心布置了一个伏击圈，山上布满军队，摆满滚石檑木，堆满柴草，只等唐军前来送死。

王思礼率骑兵一马当先，气势汹汹，叛军假装不敌，节节败退。唐军紧追不舍，很快进入了灵宝山道的伏击圈。突然，一声号令，山上无数的滚石檑木砸下，箭矢雨点般飞来，唐军还没有看清楚敌人，就成片成堆地倒下，死伤惨重。唐军顿时大乱，争相逃命，无奈山道狭窄，施展不开，无路可逃。

王思礼情知中计，急令退军。安禄山早有准备，把数十辆点燃的草车推下山谷，截断了唐军退路。这样，二十万大军拥挤在狭小的山道上，如同待宰的羊羔，任凭叛军石砸、箭射、火烧，毫无招架之力。许多士兵走投无路，纵身跳入汹涌的黄河，被淹死数万人。唐军士兵绝望的哭号声、喊叫声惊天动地，惨不忍睹。最后，唐军几乎全军覆灭，只有少数士兵逃了回去。王思礼、李承光也是侥幸逃脱。

灵宝之战是中国战争史上伏击战的典型案例，十分成功。因是叛军所设，不大宣传，知道的人不多。安禄山设的这一计谋，有点像诸葛亮用过的战术，可见安禄山并非平庸之辈。不过，他的这一计谋，太过于残忍和野蛮了。

哥舒翰因为身体原因，没有亲自出战，他带领少量士兵，仍在守着潼关阵地。哥舒翰如果亲自率军，可能不会中计进入伏击圈。

哥舒翰闻知唐军惨败，二十万大军只回来了八千人，他一生从未有过如此败绩，又痛惜众多将士的性命，悲愤交加，口吐鲜血，昏了过去。

哥舒翰醒来时，发现手脚已被捆住，动弹不得。原来，部下火拔归仁等人见大势已去，意欲投降安禄山，他们怕哥舒翰不肯，就先把他捆了起来。

火拔归仁对哥舒翰说："朝廷昏庸，害了数十万兄弟的性命，还保他干什么？再说，你就是想保，也保不成了，肯定会落个像封常清、高仙芝一样的下场。"哥舒翰心灰意冷，走投无路，只好随着他们一同去了洛阳。

安禄山见到哥舒翰，洋洋得意，说："你过去一向看不起我，如今怎么样?"此时的哥舒翰，已经心如死灰，没有了英雄之气，他跪拜安禄山说："我肉眼凡胎，不识真人。陛下是拨乱之主，天命所归。"安禄山大喜，封哥舒翰为司空，却把火拔归仁拖出去斩了，说他背主不忠。

安禄山让哥舒翰给过去的手下诸将写信，企图招降他们。不料，李光弼等诸将复信，都责备哥舒翰不为国家死节，有失大臣体面，无一人前来投降。安禄山大失所望，见哥舒翰没有用处了，就把他囚禁起来。

哥舒翰不久被叛军杀害，终年五十四岁。《旧唐书》说他被安禄山所杀，《新唐书》说他是被安庆绪杀的。一代名将，竟死得如此窝囊。

哥舒翰虽然晚节有点污垢，但他曾经为国家做出过重大贡献，潼关兵败的责任也不在他，因而后世仍然给予他高度评价。特别在民间，哥舒翰享有很高的声誉，出现了许多赞颂他的诗歌。

潼关一失，长安就无险可守了，天下震惊，朝廷一片惊慌，形势又对安禄山有利了。唐玄宗为了保住老命，万般无奈，只好逃出长安，流亡在外。唐玄宗在流亡路上，发生了马嵬兵变，惊心动魄。

杨贵妃命丧马嵬

安禄山攻破潼关天险，又消灭唐军二十万精锐主力，声威大震，天下震惊。叛军马不停蹄，乘胜进兵，直捣长安。

长安城内，几乎没有守城部队，因而人心惶惶，一片混乱。大批民众扶老携幼，涌向城外。许多朝廷官员，也抛弃官位，随百姓外逃。唐玄宗紧急召集朝会，打算商议对策，可上朝者不到十分之一，而且面面相觑，毫无办法。唐玄宗无奈，只得决定弃城逃亡，先保住老命再说。

756年七月十三日，天刚蒙蒙亮，唐玄宗带着杨贵妃和在宫中的皇子皇孙们，在宰相杨国忠、禁军统领陈玄礼、心腹宦官高力士等人的保护下，出了延秋门，仓皇向西逃去。住在宫外的儿孙们顾不上了，就由他们自行逃命去吧。

与唐玄宗同行的，有太子李亨和少数朝廷官员，还有一些吐蕃使节。所带领的军队，总共只有三千人，其中两千人归李亨指挥。负责保卫皇帝安全的禁军，有一千人，由禁军龙武大将军陈玄礼统领。陈玄礼很早就跟随唐玄宗，参加过诛灭韦氏的政变，立有大功。陈玄礼长期统领禁军，负责保护皇帝，对唐玄宗忠心耿耿。

唐玄宗离开皇宫时，眼含热泪，神情凄凉。经过国库时，杨国忠想要放火烧毁，说："不能把这些财物留给叛贼。"唐玄宗凄惨地说："叛军来了，没有财物，一定会抢掠百姓的，不如留给他们，以减轻百姓的苦难。"

唐玄宗一行出了京城，过了便桥，杨国忠怕叛军追来，令人放火烧桥。唐玄宗见身后火起，吃了一惊，忙问缘由，得知是杨国忠所为。唐玄宗说："城中百姓正在逃难求生，为何要断他们的生路呢？"急令高力士带人把火扑灭。唐玄宗这个时候，心里才想起百姓，殊不知，百姓今天所承受的苦难，正是他一手造成的。

潼关之战，损失惨重，人们的心灵受到巨大撞击，都认为唐玄宗年迈昏庸，杨国忠专权误国，不满情绪迅速蔓延开来。当时，唐玄宗七十二岁，太子李亨也四十六岁了，而且当太子已经十八年。安禄山叛乱时，唐玄宗想把皇位让给太子。杨国忠与太子有矛盾，极力劝阻，又让杨贵妃进言，此事便不了了之了。李亨见天下乱成这个样子，心中忧虑，便与李辅国、陈玄礼等人议论。陈玄礼为人正直，不满杨国忠跋扈专权，主张杀掉他。

七月十四日，唐玄宗一行到了马嵬坡。马嵬坡在今陕西兴平市西十公里处，是唐代驿站所在地。唐玄宗和杨贵妃又累又饿，吃过饭就早早休息了。可是，士兵们却没有饭吃。由于逃难仓促，准备不足，马嵬又是小驿站，没有很多食物，士兵们只能饿着肚子。他们饥饿难忍，聚在一起，大发牢骚。

陈玄礼走过去，对士兵们说："如今天下崩难，都是杨国忠造成的，若不杀了他，难平心头之愤。"士兵们齐声说："我们早就这样想了，杀了杨国忠，死了也甘心。"于是，士兵们拿着武器，去找杨国忠算账。

这时，杨国忠正被几个吐蕃使节缠着，向他索要食物，杨国忠向他们解释。士兵中有人大喊："杨国忠与胡人谋反！"有人用箭射去。杨国忠见情况不妙，急忙逃命。听说要诛杀杨国忠，士兵们全都聚集过来，将杨国忠四面围住，杨国忠无路可逃。人们群情激愤，一拥而上，把杨国忠乱刀砍死，然后砍下他的头颅，挂在门外示众。

士兵们还不解气，又杀了杨国忠的儿子杨暄等人。御史大夫魏方进见发生兵变，大声呵斥，说："你们胆大妄为，竟敢杀害宰相！"魏方进是杨国忠的亲戚，没什么本事，靠着杨国忠才当上大官。士兵们不由分说，上前把魏方进也砍死了。大臣韦见素听见外面乱糟糟的，跑出来察看，被人一鞭子打得头破血流。有人大喊："韦相公是好人，不要伤害他。"看来，士兵们还是爱憎分明的。

这个时候，有人说："杨国忠虽然被杀，他妹妹杨贵妃还在皇帝身边，只怕她向皇上进谗言，为她哥哥报仇。"大家齐声高喊，说："杨贵妃必须死！"于是，士兵们一齐涌向驿站，把驿站围得水泄不通。

唐玄宗听见外面喧哗，忙问是怎么回事。左右侍从皆回答说，是杨国忠谋反。不一会儿，传来消息，说杨国忠被杀，紧接着，士兵们包围了驿站。唐玄宗心里明白了，这是发生了兵变。

唐玄宗知道，处理兵变，只能顺势而为，不能来硬的，于是，他拄着拐杖，走出门来，好言安慰士兵，说他们平定杨国忠谋反有功，日后予以奖励，让士兵们回去休息。

可是，士兵们纹丝不动，并不离去。陈玄礼上前，对唐玄宗说："军士们担心杨贵妃迷惑皇上，对他们不利。杨国忠谋反被诛，杨贵妃不应该再侍奉陛下，愿陛下忍痛割爱，赐死杨贵妃。"唐玄宗一听，脸色大变，生气地说了一句："朕自会处置。"说完，扭头进了内室。

士兵们不肯离去，依然围着驿站。大臣韦谔见事情紧急，跪奏唐玄宗说："众怒难犯，陛下安危在片刻之间，恳请陛下速决。"说完，叩头不止，把头都磕破了，血流满面。唐玄宗说："贵妃居于深宫，怎知国忠谋反？这事与她没有关系。"

高力士知道，事已至此，不杀杨贵妃，士兵们是决不会善罢甘休的，时间一长，军心骚动，什么事都有可能发生，说不定连皇帝一块杀了。于是，高力士也跪了下来，说："杨贵妃确实没罪，但她不死，将士们不能安心。只有将士们安心，陛下才会安全。"这意思再明显不过了，只有杨贵妃死，唐玄宗才能活命。

唐玄宗沉默了好长时间，觉得还是自己的命重要，于是挥挥手，让高力士去处理。

高力士把杨贵妃引到佛堂，将她缢杀。可怜一代美女杨贵妃，香消玉殒，时年三十八岁。

高力士把杨贵妃的尸体抬到驿站庭院中，让陈玄礼和士兵们查看。陈玄礼和士兵们见确实是杨贵妃无疑，这才脱掉甲胄，放下兵器，向唐玄宗叩头谢罪，高呼万岁。

高力士命人用紫茵包裹杨贵妃尸体，埋在驿站附近的道路旁边。

其实，杨贵妃死得无辜，她与堂兄杨国忠并不是一类人，没有干过什么坏事。杨贵妃得宠后很少干政，也没有害过别人，唐朝的震荡衰落，与她没有关系。只不过有些文学作品，受"红颜祸水"观念的影响，任意对她进行丑化。

民间对杨贵妃寄予深切同情，她被誉为中国古代四大美女之一。有很多传说，说杨贵妃并没有死，而是被人顶替活了下来，甚至说她后来流落到日本。可惜，这些都只是传说而已。

唐玄宗一行在经历马嵬兵变之后，继续西行，意图进入蜀地，那里山高路险，比较安全。不料，半路上又出事端。一群人拦住唐玄宗去路，要求把太子李亨留下，领导平叛。这大概是李亨事先安排好的。

唐玄宗没有理由不答应，于是，父子俩分道扬镳，唐玄宗继续去成都避难，陈玄礼仍然跟着他。李亨则北上去了朔方军的大本营灵武（今宁夏银川一带），领导全国平叛。

李亨一到灵武，就在众人拥戴下登基称帝，被称为唐肃宗，尊唐玄宗为太上皇。自此，唐玄宗时代结束，唐朝进入肃宗时期。

平叛天子唐肃宗

　　唐肃宗李亨，是位命运多舛的皇帝。他称帝时，正赶上"安史之乱"，他要做的头等大事，就是组织平叛。唐肃宗整日担惊受怕，没过上几天好日子，好不容易等到平叛快要胜利了，他却死了，真是命苦。

　　两唐书记载，李亨，生于711年，是唐玄宗第三子。李亨的母亲杨氏，是武则天母亲的侄孙女。杨氏怀孕时，唐玄宗刚被立为太子，与太平公主关系紧张，唐玄宗怕她借题发挥，影响太子地位，便悄悄弄来堕胎药，想把杨氏肚子里的孩子打掉，但犹豫再三，始终没有忍心下手。李亨在娘肚子里，就差点被扼杀。

　　李亨长大以后，性格柔弱，行事谨慎，但他勤于读书，很有学问。著名文人贺知章、皇甫彬、吕向等人，曾经给他讲学。李亨的文化素养较高，有诗词流传后世。

　　李亨二十岁以后，曾几次率兵抵御契丹、奚等少数民族的侵扰，立有战功，因功升任司徒，位列三公。

　　738年，二十七岁的李亨迎来人生重大转折，在太子李瑛被废杀之后，他被立为太子，成为储君。不过，三位皇子被杀，使李亨看清楚宫廷斗争的残酷和皇族亲情的淡漠，因而他更加谨言慎行，力求不出一点差错。在这期间，宰相李林甫、杨国忠出于私利，多次陷害李亨，企图废掉他的太子之位。李亨小心应对，委曲求全，总算是有惊无险，度过了艰难的时光。

　　李亨当太子十八年，他亲身经历了开元盛世的繁荣，也亲眼看到大唐王朝由盛转衰。李亨痛恨奸臣当道，祸国殃民，但也谨慎行事，始终隐忍不发，直到"安史之乱"爆发，江山破碎，李亨忍无可忍，才终于出手了。

有许多学者认为，马嵬兵变实际上是李亨策划的。两唐书虽然没有明确记载是李亨谋划，但起码他是支持者。正是因为有太子李亨支持，陈玄礼才敢发动兵变，诛杀杨国忠，逼死杨贵妃。马嵬兵变之后，唐玄宗逃难入川，实际上是消极避战。李亨没有随父亲进川，而是毅然北上，到达灵武，承担起领导全国平叛的重任。

李亨为什么要北上灵武？因为灵武是朔方军的大本营，朔方军是当时抗击叛军力量最强的一支部队。朔方节度使郭子仪，忠于唐室，智勇双全，他闻知安禄山造反，立即率军从安禄山背后杀来，迅速收复云中，攻占马邑，又与河东节度使李光弼联合，攻打河北，威胁安禄山老巢。所以，安禄山攻占洛阳之后，不得不分兵，让史思明去河北，与郭、李以及河北军民作战。

李亨到达灵武后，朔方军留守官员杜鸿渐、魏少游、李涵等人十分高兴，感到平叛有了希望。他们与李亨的心腹宦官李辅国商议，极力主张拥戴李亨登基。于是，756年八月，李亨在灵武南门的城楼上，举行了简单的登基仪式。当天，李亨派使者去成都，向唐玄宗汇报。唐玄宗早就有心让位，此时更是无可奈何，只得颁布诏书，正式确立李亨为皇帝，是为唐肃宗。

唐肃宗即位，对于振奋人心、凝聚力量起了重要作用，对平叛产生了重大影响。在河北作战的郭子仪、李光弼，立即赶回灵武，拜谒新皇帝。唐肃宗大喜，封二人为宰相，郭子仪兼任兵部尚书，李光弼兼任户部尚书。不过，二人仍兼节度使，主要任务是带兵平叛。此后，郭子仪、李光弼成为抗击叛军的中坚力量，为平叛立下大功。

安禄山起兵不到一年时间，就迅速攻占洛阳、长安两京，占据中原和关中地区，异常兴奋，得意忘形，他的势力也迅速扩大。不久，叛将尹子琦率十三万兵马南下，欲图江南。不料，河南节度副使张巡，坚守睢阳十个月之久，挡住了叛军南下之路，这就是著名的睢阳保卫战。

睢阳之战打得很苦，守城唐军不足七千人，却打退叛军无数次疯狂进攻。叛军有时在一天之内不间断地进攻二十余次，这样连续攻城十六昼夜。最后，叛军增兵至三十万人，以伤亡十二万人的代价，终于攻破睢阳城，张巡及部将三十六人全部殉国。睢阳之战挡住了叛军南下步伐，牵制了叛军主力，为全国反攻争取了宝贵时间，具有十分重要的意义。

在叛军南下受挫之时，安禄山被儿子安庆绪谋杀。安庆绪自立为大燕皇帝，统领叛军。此举造成叛军内部混乱，唐军趁机反攻。757年，唐军成功收复长安、洛阳两京，平叛取得重大胜利。

收复长安以后，唐肃宗忙于回迁京师、迎接太上皇等事宜，没有部署追击歼灭残敌。安庆绪从洛阳败退邺城之后，重整旗鼓，收拢残部，招兵买马，恢复实力，占据了相州。史思明在河北被郭子仪、李光弼打败，退守范阳，他假意投降唐朝，但暗地里重新集聚力量，以图东山再起。

758年九月，唐肃宗命郭子仪、李光弼等九位节度使，率各部共二十万兵马，后增至六十万人，围攻相州，企图一举灭掉安庆绪。但唐肃宗听信谗言，猜忌诸将，数十万大军，竟然不设元帅。诸将各自为政，没有统一指挥，致使围城数月，不能攻克，而且粮秣不继，造成军心不稳。

759年三月，安庆绪以让出皇位为诱饵，请求史思明救援。史思明复叛唐朝，从范阳率十几万兵马南下，攻击唐军。两军对阵，恰遇狂风骤起，飞沙走石，天昏地暗。唐军大惊而退，不料一退而不可止，形成溃散。史思明、安庆绪联手，趁机掩杀，六十万唐军被打得一败涂地。史思明乘胜扩大战果，又重新占领了洛阳。平叛遭受重大挫折。

在这关键时刻，叛军内乱又起。史思明诛杀安庆绪，接管了他的部队，自己当了皇帝。之后，叛军内讧不断，矛盾迭起。761年，史思明被儿子史朝义杀掉，叛军人心离散，屡被唐军所败。唐军趁机反攻，收复了大部分失地，只剩下洛阳和范阳两地了。平叛即将取得胜利。

762年四月，太上皇李隆基病逝，终年七十八岁。唐肃宗同时病重，过了十三天，也撒手人寰，时年五十一岁。在胜利的曙光已经到来之际，父子俩相继长辞人间，一起下葬，令人遗憾和唏嘘。

唐肃宗死后，太子李豫继位，是为唐代宗。唐代宗继承父亲未竟事业，继续平叛，半年之后，收复东都洛阳。叛军已经穷途末路了。

763年，唐军攻占叛军大本营范阳。史朝义走投无路，自缢身亡。历时八年、危害巨大的"安史之乱"，终于彻底结束了。

惨烈的睢阳保卫战

在"安史之乱"中，涌现出无数英雄人物，他们在国难当头，挺身而出，用自己的热血忠魂，谱写了惊天地、泣鬼神的英雄篇章。其中，指挥睢阳保卫战的张巡，就是一位典型代表。

《旧唐书》记载，张巡是蒲州河东（今山西永济）人；《新唐书》记载，张巡是邓州南阳（今属河南）人。现在一般认为，张巡的祖籍是山西永济，其父逃难至河南邓州，张巡出生在邓州。

张巡从小博览群书，志向远大，喜欢交结豪杰，讨厌与庸俗之人交往。741年，张巡参加科举考试，考中进士，被授予太子通事舍人，后来担任清河县令。

张巡为官清廉，执法严明，打击豪强，政绩突出，但长期得不到提升。有人对他说，这是因为他没有巴结依附朝中权贵，劝他给李林甫、杨国忠送礼。张巡嗤之以鼻，坚决拒绝。所以，张巡十几年原地踏步，后来又平级改任真源（今河南鹿邑）县令。

755年十一月，"安史之乱"爆发。叛军很快攻陷洛阳，随后向河南各州县进兵，声势浩大，不可抵挡。一些州县的长官吓破了胆，有的弃官逃跑，有的望风而降，局势一片混乱。

张巡的上司杨万石投降了叛军，并写信劝张巡一同投降。张巡大怒，把信件撕得粉碎，召集民众，在玄元皇帝（李耳）祠内大哭一场，决心起兵反抗叛军。青壮年纷纷响应，张巡很快拉起一支千余人的队伍。

756年，河南州县大部分沦陷，一些有气节的地方官员也拉起队伍，与叛军周旋。单父县尉贾贲带领千余人，与张巡合兵一处。二人商议，决定夺取雍丘，作为立足之地。雍丘县令令狐潮，已经投降了叛军，献出城池。张巡与令狐潮同是县令，十分熟悉，知道他是个草包，又胆小怕死，所以，决定攻占雍丘。果然，张巡、贾贲一举攻进县城，令狐潮逃走。

令狐潮不甘心，引来叛军四万多人，意图夺回雍丘。令狐潮向张巡写信劝降，张巡手下有六个军官动摇了。张巡在堂上高挂皇帝画像，带领众人跪拜，然后将六人当众斩首，从而坚定了军心。

张巡、贾贲兵力不过三千，兵器不足，却坚守雍丘六十多天，历经三百多战。战况异常激烈，贾贲战死，张巡多处负伤。张巡部将雷万春，日夜在城头督战，身中六箭，依然巍然挺立，叛军心惊，疑为神人。因寡不敌众，粮草不继，张巡只得率军突围，转战于宁陵一带，最后来到睢阳。

睢阳在今河南商丘市，地处交通要道，战略地位十分重要。睢阳是个大镇，有民众数万人，但守城唐军不足七千。此时，唐肃宗已在灵武登位，诏令天下，唐朝军民为之一振。唐肃宗得知张巡抗敌事迹，予以褒奖，并提拔他为河南节度副使，令他坚守睢阳，阻止叛军南下。

睢阳太守许远，佩服张巡有谋略，推举他为守城总指挥，自己负责筹集军粮和作战物资。张巡首先鼓舞士气，坚定军民守城决心，并斩杀了意图投敌的将军田秀荣，振奋了军威。为了弥补军力之不足，张巡把青壮年组织起来，军民共同守城。张巡抓紧加固城墙，安排檑木滚石，做好一切准备，严阵以待，准备迎接一场恶战。

叛军攻占两京、夺取中原和关中地区之后，胃口大开，计划兵进江南，占领全国。睢阳挡在南下的路上，叛军欲下江南，必先攻克睢阳。睢阳成为重中之重。

757年初，叛军大将尹子琦，率十三万兵马杀向睢阳。尹子琦不是平庸之辈，是叛军中为数不多的有勇有谋的将军。尹子琦依仗人多势众，不间断地连续发动进攻，企图一举攻占城池。

张巡早有准备，冷静指挥，沉着应战。叛军靠近时，城上檑木滚石一齐砸下，城下顿时血肉横飞，死伤一片。尹子琦不管不顾，士兵们死伤一批，命令再冲上去一批，轮番攻城，一刻也不停歇，有时一天进攻二十余次，连续攻城十六昼夜。尹子琦想用这种不要命的凶悍战术，震慑唐军，瓦解守城军民的斗志。

张巡手持兵器，在城墙上来回奔跑督战。他怒发冲冠，圆睁双目，咬牙切齿，厉声高喊，激励士气，以至于把牙齿都咬碎了，眼眶破裂，血流满面。人们都被他这种英雄气概所震撼，无不以一当十，拼命杀敌。

尹子琦见小小的睢阳城，竟然如此坚固，恼羞成怒，又调来大批军队，总数达三十万人。尹子琦采取挖地道、架云梯、用木马钩车等多种方法攻城，都被张巡一一破解。尹子琦连续攻城数月，毫无进展。睢阳城就像铜墙铁壁一般，巍然屹立。

到了五六月份，麦子熟了，叛军停止攻城，抢割麦子以充军粮。张巡在城头看见，心生一计，令士兵擂鼓，装作出城攻击的样子。叛军只好停止割麦，准备战斗。可唐军并不出击，只是虚张声势，连续几次都是这样。叛军便不再理会，照常割麦，失去了警惕。

张巡见时机成熟，令部将南霁云率军突然杀出。唐军出城后并没有攻击割麦的敌军，而是直扑尹子琦大营。尹子琦没有想到唐军敢来闯营，仓促应战，被南霁云一箭射中左眼，叛军死伤严重。若不是唐军兵少，尹子琦就完蛋了。

尹子琦见睢阳久攻不下，兵马损失惨重，自己也负了伤，瞎了一目，便改变战术，围而不打，坐等城中粮尽。果然，时间不长，城中粮食逐渐断绝，唐军面临绝境。

南霁云自告奋勇，率三十名骑兵，杀出重围，外出求援。南霁云先到徐州，徐州长官许叔冀不肯救援，南霁云无奈，大骂离去。许叔冀后来投降史思明，不知所终。

南霁云又去临淮（今江苏盱眙一带）。临淮长官贺兰进明也不肯相救，他见南霁云是员猛将，想把他留下，设宴款待。南霁云望着满桌子丰盛食物，流下泪来，说："我睢阳将士，已经月余没有粮食吃了，我怎能忍心独自下咽。我没有完成使命，只能与睢阳共存亡，现留下一指，以表心迹。"说着，抽出佩刀，斩下自己的中指，随即告辞而归，重新杀入睢阳城中。

睢阳城中粮食完全断绝，只好宰杀战马。马很快吃完了，将士们便到处剥树皮、罗麻雀、挖老鼠，所有能充饥的东西都吃完了。此时，唐军只剩下一千多人，都瘦弱不堪，饿得拉不开弓，不断有人被饿死。可是，面对绝境，全军将士无一人提出投降。

这个时候，张巡下达了一道受到人们非议的命令，令杀掉妇孺老弱，给将士们充饥。张巡带头，亲手杀死妻妾，许远也带头杀死家人。张巡令把家人尸体煮了，给士兵们充饥。士兵们号啕大哭，皆不忍食。张巡脸色铁青，下达军令，强迫士兵吃下。

到了十月，张巡他们已经饿得不能站立，许多人奄奄一息。张巡挣扎着爬起来，跪在地上，向西方叩头，声泪俱下说："臣已力尽，不能保全城池了。臣活着不能报答皇上，死后一定变成厉鬼杀敌。"

唐军失去了战斗力，尹子琦顺利进入睢阳城。尹子琦令人把张巡押来，说："听说你督战时，咬牙切齿，把牙都咬碎了，是不是真的？"说着，用刀撬开他的嘴察看，发现张巡满嘴的牙齿，只剩下三四颗了，果然是真的！

尹子琦感叹不已，想劝张巡投降。张巡和部下全都宁死不屈。尹子琦佩服张巡的忠义和气节，想要放了他，可部下不同意。最后，张巡、雷万春、南霁云等三十六人一同遇害。张巡死时四十九岁。许远被押送洛阳后，也英勇就义。尹子琦不久在陈留被唐军所杀。

睢阳保卫战是"安史之乱"中一次十分关键的战役。张巡以区区不足七千人的兵力，坚守睢阳长达十个月，杀死杀伤叛军十二万人，牵制大批叛军主力，不仅保住了江南半壁江山，而且为全国反攻争取了宝贵时间。睢阳之战的代价也是惨烈的，守城唐军全军覆灭，城中数万百姓，仅存活四百余人。

"安史之乱"平息后，有人对张巡食百姓之事提出异议，朝廷经过朝议，认为张巡功大于过，追赠张巡为扬州大都督、邓国公，并授其子官职。

后人给予张巡高度评价，认为唐朝没有灭亡天下，首功当推张巡。文天祥在《正气歌》中，赞扬张巡和颜杲卿，说"为张睢阳齿，为颜常山舌"。

睢阳人民为了纪念张巡、许远等英烈，专门建造了张巡祠。张巡祠现在仍然坐落在商丘古城南门外，前来祭拜的人络绎不绝。

骂贼不怕割舌的颜杲卿

民族英雄文天祥，在《正气歌》中有个名句："为张睢阳齿，为颜常山舌。"他赞颂的两个人，一个是恨敌咬碎牙齿的张巡，一个是骂敌被割去舌头、惨遭杀害的颜杲卿。

两唐书记载，颜杲卿，山东人，是孔门弟子颜回的四十代孙。其堂弟颜真卿，是唐朝名臣、著名书法家。

颜杲卿从小受到优良的家庭教育，为人忠义，性情刚直，很有才干。他起初担任范阳户曹参军，是安禄山的部下。安禄山很器重他，升任他为营田判官，后来又让他代理常山太守。

755 年，安禄山起兵叛乱，在河北没有遇到阻拦，兵锋直指洛阳。唐玄宗感叹道："河北二十四个郡，难道没有一个忠臣吗？"其实，河北大部分官员，还是忠于唐室的，只不过安禄山起兵突然，又打着奉密诏讨伐杨国忠的旗号，他们一时不知所措，没有反应过来。

面对突发事变，颜杲卿立即与时任平原太守的堂弟颜真卿联系。兄弟俩一致认为，是安禄山怀有野心，犯上作乱，在这关键时刻，他们必须尽忠报国。平原郡当时有三千兵马，颜真卿又紧急招募一万人，准备起兵抗击叛军。

这个时候，安禄山已经攻占洛阳。颜杲卿认为，安禄山一定会兵犯长安，危害社稷，形势将变得十分严峻。颜杲卿决定迅速攻占土门（今陕西富平一带），打开西进通道，必要时，可以从背后袭击叛军。

当时，安禄山派他的养子蒋钦凑（《新唐书》称为李钦凑），率五千兵马镇守土门。恰巧这些兵马原本是隶属常山郡的，颜杲卿把蒋钦凑骗到治所杀掉，控制了军队。颜真卿也在平原郡杀掉安禄山的使者，兄弟俩发檄文到各郡县，公开声讨安禄山。常山、平原两郡声威大震，有十七个郡响应，公推颜真卿为盟主。

安禄山正在洛阳登基称帝，闻知河北后院起火，急令史思明率大军回师剿灭。史思明首先攻打常山郡，颜杲卿立即部署守城。可常山郡兵少，城防不坚，史思明军队人多势众，作战凶悍，经过六天激战，城池陷落。颜杲卿虽拼死抵抗，但寡不敌众，不幸被俘。他的儿子颜诞、侄子颜诩等人一同被俘。

史思明把颜杲卿押送到洛阳。安禄山见了颜杲卿，依然摆出一副上司的架子，怒气冲冲地训斥道："你是我的下属，而且你几次升迁，都是我亲自提拔的，你为什么忘恩负义，背叛我？"

颜杲卿怒目而视，大义凛然地说："忘恩负义的人是你，朝廷对你恩重如山，给了你高官厚禄，你为什么要叛逆，当个乱臣贼子？我是你提拔的不假，你如果为国尽忠，我自然感恩，听你的命令；可如今你已成了反贼，我难道还要跟着你叛逆吗？"

安禄山强压怒火，说："我如今也是皇帝了，李唐气数已尽，你如果归顺我，可保住性命，而且还能享受荣华富贵。"

颜杲卿一听，怒火中烧，厉声大骂："呸！你这个偷羊贼，原本是个穷困潦倒的奴隶，靠着窃取皇上的恩宠，才有今日。你不思报恩，反而举兵叛逆，又妄称天子，真是天地不容！"

安禄山被骂得面红耳赤，青筋暴起，恶狠狠地说："你敢再骂，我割了你的舌头。"

颜杲卿怒目圆睁，两眼冒火，继续痛骂不止："你不忠不孝，不仁不义，为了一己私利，挑起战火，致使无数的人死于无辜。你逆天而行，必遭天打雷劈，死无葬身之地。"

安禄山大怒，喝令左右，把颜杲卿按倒在地，果真割了他的舌头。

颜杲卿顽强地站起身来，满口鲜血，嘴里仍然含糊不清地骂着，把口中鲜血吐到安禄山身上。安禄山暴跳如雷，命人把他绑在柱子上，一刀一刀地割他的肉吃。颜杲卿在狂呼怒骂中死去，终年六十五岁。

颜杲卿的儿子颜诞、侄子颜诩，以及部下袁履谦等人，也是坚贞不屈，痛骂反贼，都是先被砍断手脚，然后碎割处死。其惨状让人不忍目睹，不少人为他们默默流泪。

颜杲卿死后，人们无不为他的忠节不屈精神所感动。朝廷商议他的谥号时，起初定为"忠"，但觉得仍不到位，后来又加了一个字，定为"忠节"。在封建社会，两个字的谥号，是比较少见的。

颜真卿听说堂兄惨死，悲愤异常，更加坚定了平叛决心。史思明攻陷常山后，气焰嚣张，又连续攻破邺、广平、钜鹿、赵郡、魏郡、上谷、博陵、文安、信都等郡，唯有平原、博平、清河三郡拼死抵抗，没有沦陷。后来，颜真卿在平叛中立有大功，擢升为尚书右丞。

二十多年以后，淮西节度使李希烈叛乱，唐德宗令颜真卿前去招抚。朝臣皆大吃一惊，知道此去必定凶多吉少，纷纷劝颜真卿不要去。颜真卿淡淡一笑，说："君命不可违。我都快八十岁了，还怕死吗？"

颜真卿到了叛军那里，几个凶狠的叛将围上来，把刀架在他脖子上。颜真卿面不改色，淡定地说："你们听说过常山颜杲卿吗？那是我兄长，也是我的表率。我们颜家人世代忠良，没有一个怕死的。"颜真卿最终被叛军杀害，终年七十七岁。

颜真卿是著名书法家，他的书法遒劲雄伟，字如其人，被称为"颜体"，至今仍在广泛流行，受到人们喜爱。

颜杲卿、颜真卿兄弟二人，赤胆忠心，铮铮铁骨，是颜氏家族的优秀代表，也是中华儿女的优秀代表，其品德和精神，千古永存。

忠武双全郭子仪

郭子仪是唐朝著名政治家、军事家，属于历史名人。在平定"安史之乱"中，他率军转战四方，先后收复河东、河北、长安、洛阳等地，后来又击退吐蕃，多次挽救唐朝危局，功勋卓著。特别是他品行高尚，无论是顺境还是逆境，都始终对唐室忠贞不贰，受到人们赞扬。

两唐书记载，郭子仪，华州郑县（今陕西渭南华州区）人。郭子仪自幼习武，长大后参加武举考试，成绩优异，成了一名下级军官。郭子仪长期在北部边防军服役，他作战勇敢，胸有谋略，体恤士兵，因功累迁至朔方节度使。

"安史之乱"爆发的时候，郭子仪母亲去世，他正在家中守孝。郭子仪深知忠孝不能两全的道理，毅然返回灵武，点齐兵马，东进平叛。灵武远在西北，路途遥远，郭子仪平叛心切，日夜兼程，时间不长，就兵临山西。

安禄山起兵之后，在向洛阳进军的同时，也派兵占领了山西部分地区。郭子仪大军赶到，随即对叛军展开攻击，先是收复玉右县，斩杀叛将周万顷，接着，在河曲击败叛将高秀岩。大军继续东进，很快收复云中（今山西大同）、马邑，占据东陉关，打通了向河北进军的道路。郭子仪大军犹如一把尖刀，插向安禄山背后。

安禄山南下进兵，也很神速。由于河北是他的地盘，他又打着奉诏讨伐杨国忠旗号，所以一路畅通无阻，只用两个月时间，就攻占了东都洛阳，安禄山随即在洛阳自称大燕皇帝。

这时，河北各郡县看清楚了安禄山谋反的真面目，纷纷声讨，表示效忠李唐。安禄山派史思明回师镇压。史思明率大军攻占常山郡、俘获颜杲卿之后，又连续攻克十几个郡，基本上占领了河北全境。

这个时候，河东节度使李光弼从太原起兵，东进讨贼。李光弼是契丹人，却忠于唐室，他作战凶猛，智勇双全，一举打败叛军，收复了常山郡。郭子仪也迅速出兵井陉关，直插河北，与李光弼联合，共同反击史思明。

郭子仪与李光弼曾在朔方郡同时为将，两人都有本事，互不服气，加上年轻气盛，互不相让，因而关系十分紧张，甚至达到不能同桌吃饭的地步。如今两人在战场上相遇，面对破碎河山，不禁感叹流泪，说："国家遭此大难，连皇上都避难去了，个人私怨算得了什么？我们只有同心协力，共赴国难。"从此，两人尽释前嫌，在平叛中并肩战斗，给后人留下一段值得效仿的佳话。

郭子仪与李光弼联手，互相支持配合，多次打败史思明，收复了河北、河东大部分地区。郭、李二人威名远扬，各地民众欢欣鼓舞，纷纷抬着酒肉慰劳唐军。史思明被打败后，退守大本营范阳。郭子仪正想乘胜攻击范阳，却接到唐肃宗让他班师的诏令。

唐肃宗让郭子仪回师，是想收复长安。因为安禄山被儿子安庆绪杀掉以后，叛军内部不稳，史思明又假意投降了唐朝，所以唐肃宗打算尽快攻取长安。郭子仪回师后，在长安附近与叛将安守忠打了一仗，不料却打败了，士兵伤亡很大，还丢失了大批武器和辎重。郭子仪受到降职处分。

757 年八月，唐肃宗任命长子李豫为天下兵马大元帅，任命郭子仪为副元帅，联络回纥兵马，加上唐军共计十五万人，准备攻打长安，收复京师。

守卫长安的叛军有十万多人。叛军不习惯守城，而喜欢野战，于是在沣水之东的香积寺一带摆下战场，抵御唐军。

叛军十分凶悍，见唐军到来，趁其立足未稳，突然发动进攻。唐军有些慌乱，在这危急关头，前军主将李嗣业大吼一声："今日若不死战，必将一败涂地。"说着，李嗣业脱掉铠甲，光着膀子，挥舞大刀，厉声大喊，带头冲向敌阵。士兵们受其鼓舞，个个拼死向前。回纥兵也很凶悍，打仗不怕死。战斗十分惨烈，从中午一直打到晚上，到处血肉横飞，尸横遍野。

这一仗，叛军死伤六万多人，元气大伤，退回长安后，没敢停留，连夜逃跑了。第二天，唐军入城，百姓夹道欢呼，不少人流下眼泪，说："没想到今日又能见到官军。"

李豫、郭子仪休整部队三日，然后率军继续东进，直扑洛阳。安庆绪杀了老爹之后，坐享其成，当了大燕皇帝，听说唐军到来，急令谋臣严庄领兵对敌。严庄是汉族人，却极力唆使安禄山造反，是安禄山的主要谋士，后又投靠安庆绪，帮助他谋杀了安禄山。严庄善于投机取巧，但没有什么真本事。

严庄率十万军队，背山结阵，对抗唐军。郭子仪用大部队攻击叛军正面，令李嗣业和回纥兵登山绕到叛军背后。两军战斗正酣之时，叛军背后尘土飞扬，回纥兵杀到。叛军很怕回纥兵，大惊失色，纷纷溃逃。唐军乘胜掩杀，叛军死伤无数。严庄见势不妙，赶紧投降了，居然被朝廷封了个三品高官。

安庆绪闻知兵败，没等唐军前来攻城，就仓皇逃到邺城，占据相州。郭子仪顺利收复洛阳，同时，河北、河东、河南大部分地区也已收复。郭子仪得胜还朝，唐肃宗令人高接远迎，并夸赞郭子仪说："国家再造，都是您的功劳啊！"唐肃宗加封郭子仪为司徒、代国公，赐食邑一千户。

收复两京之后，唐肃宗忙着回迁、迎接太上皇李隆基回京等事宜，没有部署对残敌进行追剿。安庆绪、史思明得到喘息机会，分别在相州、范阳重整旗鼓，恢复实力。

758年，唐肃宗令九个节度使，各领本部人马，共计六十万人，围攻相州，企图一举灭掉安庆绪。可是，唐肃宗听信谗言，猜忌诸将，不设元帅，致使唐军没有统一指挥，各自为政，相州久攻不下。后来，史思明从范阳起兵，来救相州，与安庆绪内外夹击，大败唐军，而且重新占领了洛阳。勇将李嗣业在此役中战死。

唐肃宗恼怒，拿郭子仪当替罪羊，撤销了他的职务，夺了他的兵权。许多人为他鸣不平，郭子仪却为死伤的将士感到悲痛和内疚，甘愿受罚，并不解释，更无怨言。

760年，唐肃宗重新起用郭子仪。郭子仪继续领兵平叛，直到

763 年"安史之乱"彻底结束。

唐肃宗死后,唐代宗继位。唐代宗担心老将不好驾驭,再一次剥夺了郭子仪的兵权。

唐朝真是命运多舛,"安史之乱"刚被平息,吐蕃又趁乱打了过来,一举攻占了长安城。刚即位不久的唐代宗逃往陕州(今河南陕县),诏令郭子仪召集军队,抵御吐蕃。当时,郭子仪身边只有二十多名士兵,但他在军中有很高的威望。郭子仪军令一下,各路军队纷纷赶来。郭子仪率军大败吐蕃,吐蕃军在长安城只待了十五天,就被驱逐出去。郭子仪把唐代宗迎回长安,他再一次挽救了国家。

唐代宗抱歉地对郭子仪说:"你是国家忠臣,朕后悔任用你晚了,才有今日之乱。"从此,唐代宗对郭子仪宠信有加,赐给他免死铁券,把他的画像挂在凌烟阁上,任命他为太尉、中书令。后来,唐代宗打算任命他为尚书令。因为唐太宗李世民当过尚书令,此后这一职位一直空着。郭子仪跪地谢恩,但坚辞不受。

郭子仪于国家有大功,又深受皇帝宠信,但他从不居功自傲,而是谦虚谨慎,宽厚待人,受到朝野称赞。

唐代宗把女儿升平公主,嫁给了郭子仪的儿子郭暧。皇帝女儿,自然高傲。有一次,小两口吵架,郭暧说:"你不就仗着你爹是皇帝吗?我爹是不稀罕当,要不然,哪有你爹的份?"这话说得过分了,搞不好会掉脑袋的。

升平公主不知深浅,回家告诉了父亲唐代宗。唐代宗并没有生气,反而说:"他说得没错,郭令公要是想当皇帝的话,天下就不是我们家的了。"唐代宗借机把女儿教训了一通。后人在这一情节基础上,创作了戏曲《打金枝》。

郭子仪听说了此事,勃然大怒,当即将郭暧痛打数十大板,然后将他关起来,自己赶快去向皇帝请罪。唐代宗笑着说:"儿女在闺房之中,什么话不说?何必那么认真呢。"唐代宗还是挺明白事理的。

781 年,郭子仪寿终正寝,享年八十五岁。

后世给予郭子仪高度评价,称他"再造王室,勋高一代"。唐代追封古代名将六十四人,宋代追封七十二人,郭子仪均名列其中。

夷族忠臣李光弼

李光弼，与郭子仪齐名，人称"李郭"。李光弼是契丹人，属于夷族，但他忠于唐室，足智多谋，善于用兵，为平定"安史之乱"立下汗马功劳。

两唐书记载，李光弼是营州柳城人，与安禄山是同乡。他的父亲叫李楷洛，原是契丹酋长，武则天时期投降唐朝。李楷洛骁勇善战，屡立战功，升迁至左羽林大将军，封蓟国公，在与吐蕃作战时病死，谥号"忠烈"。

李光弼小时候喜欢嬉戏玩耍，长大后擅长骑马射箭，并且严肃坚毅，沉着果断，有出色的谋略。他继承父亲的爵位，后因与吐蕃、吐谷浑作战有功，升任云麾将军。

安禄山造反时，李光弼任河东节度副使，代行节度使权力。史思明围攻常山时，李光弼率五千兵马，东进救援。李光弼军尚未到达，常山已沦陷，颜杲卿被害。史思明留下部分兵力驻守，又去攻打别处。

李光弼一举收复了常山郡，只见城内残垣断壁，遍地尸体。李光弼把他们妥善安葬，并祭奠哀悼，又打开监牢，释放被叛军俘虏的士兵。李光弼组织军民，抓紧修固城墙，安排滚石檑木，准备抵御叛军攻城。

史思明听说常山丢失，十分气恼，派出两万人马，企图夺回城池。李光弼虽然兵少，但他治军有方，纪律严明，训练有素，因而战斗力很强。李光弼专门培训了五百名神箭手，个个箭不虚发。叛军攻城时，还没来到跟前，就被射杀一大半，少数侥幸冲到城下的，又被檑木滚石砸得血肉横飞。叛军久攻不下，损失了大量兵力，只好撤走了。

常山保卫战获得大捷，鼓舞了军民士气。信都、清河、博平等郡的官员，带着各自的队伍，都来依附李光弼，青壮年也纷纷参军，李光弼的队伍迅速扩大。李光弼率军攻打被叛军占领的赵郡，只用一天时间，就把赵郡攻克了。

这个时候，郭子仪率领朔方军进入河北，李光弼与郭子仪联手，力量更加强大。他们或者联合歼敌，或者分兵进攻，打得史思明顾此失彼，防不胜防。李光弼与郭子仪联合，在嘉山打了一场大仗，重创叛军主力。史思明狼狈逃窜，败退到大本营范阳去了。河北全境基本收复。

李光弼足智多谋，常常出奇制胜。有一次，他与史思明隔河对峙。史思明有一千多匹精良战马，十分爱惜，每天都令人牵到河边洗澡。李光弼见了，心生一计，在军中挑了五百匹母马，赶到河边。史思明的战马见了，纷纷游过河来，从此便成了唐军的战马。不过，这件事情，两唐书并没有记载，而是《太平广记》说的。《太平广记》是古代纪实小说，不一定是真的，但李光弼很有计谋，却是真的。

757年，李光弼被任命为太原留守，他便赶赴太原上任。不久，史思明与部下蔡希德，率领十万兵马进攻太原，企图经太原从北道袭击灵武，支援据守长安的叛军。当时，李光弼手下的精兵，都被抽调去收复长安了，城中兵卒不足万人，而且多数是老弱病残，形势十分严峻。

面对危局，将士们都很惊慌。李光弼召集大家说："打仗靠的是谋略和勇气，不在于人多。只要大家齐心协力，我们不仅能够守住城池，还能大量消灭敌人。"将士们看到李光弼坚毅沉着的表情，感到有了主心骨，军心稳定下来。

有人建议说："赶快组织军民加高城墙，便于防守。"李光弼却反其道而行之，只派少数人加固城防，而组织大批人员在城内挖地道，地道直通城外，一连挖了多条。谁也搞不清楚李光弼的葫芦里卖的是什么药。

战斗打响后，叛军仗着人多势众，凶猛地向城池扑来。李光弼事先在城墙上安装了许多抛石器，能把石头抛出很远，威力很大。叛军刚一发动进攻，无数的石块就像冰雹似的砸来，叛军死伤一大片；叛军冲锋到半途，雨点般的箭矢迎面飞来，又射倒一大片；少数冲到城下的，城上檑木滚石纷纷落下，叛军被砸得鬼哭狼嚎。就这样，叛军多次发动进攻，均被打退。

史思明恼羞成怒，令大批士兵蜂拥而上，冒着滚石箭雨，不要命地向前冲锋，冲到城下，竖起云梯，奋力攻城，战况异常激烈。在这危急时刻，李光弼命敢死队悄悄从地道出城，从叛军背后发起攻击。叛军做梦也没想到对方会有这么一招，看着仿佛从天而降的唐军，叛军顿时慌了手脚，胆战心惊，争相逃命，死伤惨重。

叛军十万兵马，围城一个多月，太原城屹立不倒。安禄山被儿子安庆绪刺杀以后，史思明滋生了当皇帝的野心，见太原久攻不下，便留下蔡希德继续围城，自己回到范阳，筹划大事去了。蔡希德就更不是李光弼对手了，连战连败，损兵折将，最后只好灰溜溜地撤走了。

太原之战，是以少胜多、以弱制强的典型战例，也是平乱战争的重要转折点。李光弼充分发挥其军事才能，不仅成功保卫了太原城，而且牵制和消灭了大量叛军，为郭子仪收复两京创造了有利条件。

758年，两京收复后，唐肃宗命九个节度使率军围攻相州，因没有统一指挥，唐朝六十万大军一败涂地。唐军各部溃散，唯有李光弼的军队保持完整，安全地撤回太原。唐肃宗撤了郭子仪的职务，由李光弼接任天下兵马副元帅。

李光弼率军转战四方，沉重打击了叛军，在河阳之战中又获大捷。李光弼在战斗中经常身先士卒，带头冲锋陷阵。为了防止被俘受辱，李光弼始终在靴子里藏有短刀，时刻准备在危急时刻自杀殉国。李光弼作为少数民族将领，对唐朝一片忠心，实属难能可贵。

763年，祸乱八年之久的"安史之乱"终被平息。李光弼一直是平叛主将之一，发挥了出色的军事才能，立下赫赫战功，用自己的实际行动，彰显了对国家的无限忠诚。

764年，"安史之乱"结束不久，李光弼不幸病逝，终年五十七岁。朝廷赐谥号"武穆"，令百官为其送葬。

后世给予李光弼高度评价，认为他是唐代中流砥柱，挽狂澜于既倒之人。《新唐书》评价他"战功推为中兴第一"。

叛军屡见儿杀爹

　　"安史之乱"之所以被平息，除了唐朝军民顽强抵抗以外，也与叛军只崇尚武力而不讲仁义道德有着直接的关系。叛军每到一处，都烧杀抢掠，祸害百姓，因而失去人心。尤其是，叛军残暴野蛮，竟然连续出现儿子杀死老子的逆行，安禄山和史思明，都是被自己儿子杀死的。如此不仁之师，岂能长久？

　　两唐书记载，安禄山有十多个儿子。长子安庆宗，在朝廷担任检校太仆卿，娶了皇帝宗室之女，居住在长安。安禄山造反时，竟没有事先让儿子逃脱，唐玄宗一怒之下，将安庆宗处死。所以，次子安庆绪，按顺序就应该是安禄山的接班人。

　　安庆绪，原来叫安仁执，唐玄宗宠信安禄山的时候，赐名为庆绪。安庆绪善于骑马射箭，还不到二十岁，就被朝廷任命为鸿胪卿，并兼任广阳太守。但安庆绪比较愚笨，说话颠三倒四的，安禄山不太喜欢他。

　　安庆绪积极参加叛乱，立有战功，又是嫡子，可是，安禄山称帝时，只是把他封为晋王，并没有立为太子。安庆绪的母亲姓康，是安禄山的原配妻子。后来，安禄山宠爱侧室段氏，也喜欢段氏生的儿子安庆恩，想立安庆恩为太子。安庆绪大为不满，怀恨在心，遂起了杀父夺位之心。

　　安禄山体重达到三百三十斤，由于过度肥胖，身上长年长疮疖。他称帝后不久，病情加重，全身长满块状毒疮。安禄山病痛难忍，变得异常狂躁暴虐，经常拿身边人撒气，动辄使用刑罚，连身为谋主的大臣严庄，也时常遭受毒打。严庄心里有气，恨不得立刻杀掉安禄山。

安禄山有个贴身侍从，名叫李猪儿，从十几岁就开始伺候他。李猪儿聪明灵活，很得安禄山欢心。安禄山肚子大，每次穿衣系带，都是李猪儿用头顶着他的肚子，再由别人帮忙，才能勉强穿上裤子。安禄山称帝后，觉得应该有宦官，便把李猪儿阉割。李猪儿鲜血流了好几升，昏死了整整一天，差点没命了。因此，李猪儿对安禄山恨之入骨。

安庆绪、严庄、李猪儿都仇恨安禄山，自然就联合在了一起，密谋刺杀他。安禄山病情愈加严重，视力下降，渐渐模糊，不久完全失明了。他只得每天躺在床上，吃喝拉撒全由别人照顾。安庆绪他们觉得，下手的机会到了。

757年一天夜里，安庆绪三人手执兵器，进了安禄山寝室。安庆绪在门外把风，提防有人前来，严庄、李猪儿则入内行刺。安禄山熟悉严庄、李猪儿的脚步声，并未起疑。李猪儿看着躺在床上的安禄山，恨得咬牙切齿，举起大刀，砍向他的肚子，顿时，五脏六腑随着鲜血一块迸流出来。安禄山大叫一声，想拿床头挂着的宝刀，但已经不能动弹了。安禄山摇着帐幔大声喊："害我的是家贼！"说完，便气绝身死。一代奸雄，就这样死在自己儿子和身边人手中。

安庆绪杀了父亲之后，当上大燕皇帝，可他并无才能，致使人心不服，内部混乱，半年之后，长安、洛阳两京就被唐军收复了，安庆绪逃往邺城。

758年，唐朝九个节度使围攻相州。安庆绪危在旦夕，只得以让位做诱饵，请求史思明救援。史思明本来就有称帝野心，便起兵来救，打垮了唐军。

安庆绪得救后，又不想让位了。史思明大怒，斥责说："你这个奸贼，大逆不孝，竟敢杀害自己的父亲。现在，我替你父亲惩罚逆子。"史思明把安庆绪杀掉，同时也杀了安庆绪的四个弟弟和他的亲信。史思明当了皇帝，继续与唐军作战。

史思明为人凶狠残暴，他的部队也是残暴之师，每攻陷一城，必杀光老幼，抓青壮年为挑夫，把妇女奸淫殆尽，凶残无比。魏州一战，史思明军一天就杀掉三万多人，血流成河。史思明对部下甚至儿子，也十分凶暴，稍不如意，就是一顿毒打，甚至拉出去砍头。因此，许多人都恨他。

761 年，史思明与唐军作战失利，退守永宁。史思明下令筑三角城，以储备军粮，让儿子史朝义和将领骆悦负责。史朝义是史思明的长子，跟随父亲造反，立有战功，被封为怀王。史思明犯了与安禄山同样的错误，他偏爱小儿子史朝清，想立他为太子。史思明把这想法公开与左右说，并不隐瞒。史朝义听了，心里很不是滋味。

这次史朝义和骆悦领命，修筑三角城，很快在规定时间内完成了任务。史思明来视察，见没有用泥抹外墙，勃然大怒，下令要将史朝义、骆悦斩首。众将苦苦求情，史思明冲着史朝义大骂：“等我攻克陕州，再斩此贼！”

史朝义和骆悦战战兢兢，心生怨恨，他俩一商量，干脆先下手为强吧。史朝义把曹将军叫来商议。曹将军负责保卫史思明安全，却经常受到责罚，早就心怀不满。三人一商议，决定当晚就动手。

当天夜里，骆悦在曹将军指引下，提刀闯入史思明寝室。偏巧史思明拉肚子，蹲在厕所里，听见动静，立即翻墙逃跑，却被士兵一箭射伤，捆绑起来。

史思明急问：“何人造反？”有人说是怀王。史思明明白了，说：“我早上说的是气话，我怎么会杀自己的儿子呢？”史思明一失往日凶暴之态，连声乞求饶命。骆悦并不理会，令人将他勒死了。

史朝义杀了父亲之后，即位称帝。他又杀掉弟弟史朝清和史思明一些亲信，引发内部火并，大乱两个多月，死了数千人。叛军势力从此一蹶不振。

763 年，唐军攻破范阳。史朝义孤身逃到一片树林里，走投无路，在林中上吊自杀。“安史之乱”彻底结束。

安禄山、史思明的叛军残暴无道，父子之间也相互残杀，有悖人伦，天地不容。历史的经验表明：凡是逆天而行，没有不灭亡的。

盛世时期的李白

唐朝的兴盛，在很大程度上表现为诗歌繁荣。唐朝诗歌的杰出代表，是李白和杜甫。两人的青壮年时期，生活在不同的年代，反映着不同的社会现象，因而其诗歌具有不同的风格。

李白主要生活在开元盛世时期，所以，他的诗歌豪迈奔放，清新飘逸，富有浓厚的浪漫主义色彩，被后人誉为"诗仙"。

李白，字太白，701年出生。关于李白的籍贯及身世，有许多争议。《旧唐书》记载，李白是山东人，父亲当过任城尉。李白少年时，与鲁地名士孔巢父、韩沔等六人，隐于徂徕山（泰山东南），号称"竹溪六逸"。杜甫在诗中，也称李白是山东人。

《新唐书》记载，李白是兴圣皇帝（凉武昭王李暠）九世孙，与唐朝皇帝同宗。李白祖上在隋末以罪徙西域，武则天时期逃回，客居巴西。

据郭沫若等学者考证，李白原籍是陇西成纪（今属甘肃天水），隋末祖上被流放中亚碎叶（今巴尔喀什湖南），李白出生在那里。关于李白的籍贯和出生地，还有很多说法，大家争来争去，莫衷一是。

至于李白的名字，也有多种说法。有人说，李白母亲在怀孕时，梦见了太白金星，因此为儿子取名叫李白。也有人说，李白七岁时，赋诗一首，其中一句是"李花怒放一树白"，于是取名李白。

李白自幼聪慧，喜爱读书，五岁就能作诗，十五岁时已有诗赋多首，开始出名。李白喜欢游山玩水，十八岁之前，就出游江油、剑阁、梓州等地，增长了不少阅历和见识，为诗歌创作提供了源泉。

724年，李白二十三岁，他不去参加科举考试，而是离家远游，遍寻名山大川。在七八年时间内，李白先后到过成都、峨眉山、渝州（今重庆）、扬州、汝州、安陆、江夏、陈州等地，结识了李邕、孟浩然等名人。

当时，正是开元盛世，天下太平，国家强盛，百姓富裕，到处莺歌燕舞，一派繁荣景象。李白身处盛世，享受幸福，饱览大好河山，激情万丈，创作了大量热情奔放的诗歌。著名的《静夜思》《望庐山瀑布》《望天门山》《黄鹤楼送孟浩然之广陵》《登峨眉山》《江夏行》《苏台览古》等诗篇，都是在这一时期完成的。李白讴歌了祖国壮丽山河和太平盛世，抒发了豪情，为其浪漫主义风格奠定了基础。

730年，李白来到繁花似锦的京城长安，此时，他的诗歌已经广为流传，深受人们喜爱，李白已成为名人。李白在长安广泛结交名士，拜访王公大臣。著名诗人贺知章，当时任朝廷高官，他称赞李白为谪仙人。李白从此号称"谪仙人"。

李白写了两篇著名的词赋，一是《明堂赋》，二是《大猎赋》，献给唐玄宗，希望能得到皇帝赏识。这两篇赋词藻华美，气势如虹，赞美了开元盛世的繁荣景象，歌颂了唐朝国强民富、幅员辽阔，远胜过汉朝。唐玄宗看了，果然很高兴，对李白有了深刻印象。

742年，唐玄宗召见李白，对他很客气，降辇步迎，"以七宝床赐食于前，亲手调羹"。唐玄宗与李白交谈甚欢，随即封李白供奉翰林，陪侍皇帝左右，为皇帝写诗娱乐。李白写了许多宫廷乐诗，唐玄宗和杨贵妃都交口称赞。

李白性情豪放洒脱，酷爱饮酒，自由散漫，根本不适宜在朝廷做官。有时唐玄宗召他，他却烂醉如泥，不能奉诏。高力士是唐玄宗的心腹宦官，李白却看不起他，让他脱靴，慢慢地，一些人都对李白颇有微词。时间长了，李白也厌倦了御用文人的生活，请求辞官。唐玄宗知道李白不是当官的材料，送他一些金银，放他走了。从此，李白犹如鱼归大海，又四处云游去了。

744年，李白在洛阳遇见了杜甫。李白比杜甫大十一岁，而且已经名满天下，而杜甫当时还没有名气，但风华正茂，谈吐不凡，两人结下了深厚的友谊。两人约定，秋天再在梁宋见面，再续友情。到了约定日期，两人如约而至，又遇到著名诗人高适。三个人志同道合，饮酒游玩，评文论诗，好不快活。

可惜好景不长，755 年，安禄山造反，天下大乱。李白携妻子南逃避难，到庐山隐居下来。李白晚年崇尚道教，并履行了道教仪式，成为道士，号称"青莲居士"。

安禄山造反后，唐玄宗任命十六子永王李璘担任江陵大都督。李璘在南方招兵买马，招揽人才，把李白招至麾下。此时，李白已经五十七岁了，仍然壮心不已，他创作了《永王东巡歌》，抒发了建功报国的情怀。

757 年，李璘企图割据自立，被唐肃宗派兵剿灭，李白也受到牵连，被判死罪。郭子仪曾与李白有交情，请求免自己的官职，以赎李白的性命，李白因而被改判流放夜郎。

759 年，朝廷大赦，李白获得自由，他顺江而下，回到江陵。李白在返回途中，写下了著名的《早发白帝城》，表现了他的喜悦心情。李白返回后，在金陵、宣城一带游历。

762 年，一代文豪李白与世长辞，终年六十一岁。

名人的死法，也具有传奇色彩，李白之死有三种说法：一是醉死；二是病死；三是淹死。《旧唐书》说，李白"饮酒过度，醉死于宣城"。有一种说法很浪漫，说李白在船上喝醉了酒，跳到水中去捞月亮，结果被淹死。

李白的一生，富有传奇色彩。他除了晚年受点坎坷，其他大部分时间，都生活在开元盛世，算是很幸运了。杜甫与他相比，就曲折痛苦多了。

乱世之中的杜甫

　　与李白齐名的杜甫，身世坎坷，经历了"安史之乱"，主要生活在乱世。因此，他的诗歌沉郁顿挫，慷慨悲壮，反映了乱世之景象，具有现实主义特色。杜甫被后人誉为"诗圣"。

　　两唐书记载，杜甫，字子美，生于712年。他祖籍原是襄阳，后迁居河南巩县。他的祖父，是武则天时期的名臣杜审言。

　　杜甫家庭环境优越，从小受到各种文化艺术熏陶，五六岁时，就看过著名舞蹈家公孙大娘的舞蹈，听过李龟年的歌，欣赏过吴道子的画。但他十分顽皮，十五岁时还像孩童一样嬉戏玩耍，"一日上树能千回"。因此，杜甫几次参加科举考试，都名落孙山。杜甫一气之下，不再应考，而专心游玩。

　　杜甫从十九岁开始，离家出游。他先到今山西临猗，又漫游吴越数年，还到过山东、河北等地。杜甫一边游山玩水，一边吟诗作赋，过着快意生活。著名诗篇《望岳》，就是这一时期的杰出作品。杜甫年龄不大，就能写出"会当凌绝顶，一览众山小"的千古名句，确实不简单。

　　744年，杜甫在洛阳见到了李白。当时，李白已经名扬天下，而且比杜甫大十几岁，应该算是前辈。杜甫虽然很敬佩李白，但并不一味低头称颂。李白也不以年长才高自傲，两人以平等身份相处，建立了深厚友谊。此后两人又几次见面，切磋诗文，互相学习，都感觉受益匪浅。

　　747年，唐玄宗诏告天下，凡"通一艺者"，均可到长安参加考试，择优录用。杜甫已经三十五岁了，他再次前去应试，结果由于宰相李林甫搞了一场"野无遗贤"的闹剧，参加考试的无一人录取。当时，李林甫专权，朝政已经开始混乱了。

751年，杜甫向朝廷进献了《大礼赋》，得到唐玄宗赏识，给了他一个"参列选序"资格，等待分配官职。但杜甫不会巴结权贵，又有李林甫作梗，他始终没有等来朝廷任命。

就这样，杜甫被困长安十年，科举之路走不通，又不会走权贵之门，郁郁不得志，仕途失意，生活穷困潦倒。杜甫整日愁眉不展，自然写不出李白那样欢快流畅、充满豪气的诗歌了。杜甫这个时期的诗歌，大都是表现自己怀才不遇、生活坎坷的。

755年，杜甫终于被授予河西尉这样的小官，不久又改任右卫率府兵曹参军，负责看守兵甲器杖。那时杜甫已经四十三岁了，来长安也有十年，总算有了一笔微薄的俸禄。杜甫拿着可怜的一点钱，赶紧送到奉先（今陕西蒲城）家中，可一进家门，就听见妻子的哭声，原来是小儿子饿死了。杜甫根据长安十年的感受和沿途见闻，写成了著名的《自京赴奉先县咏怀五百字》。

杜甫真是命苦，他刚当上一个小官，"安史之乱"就爆发了，两京失守，朝廷溃散，皇帝也逃难去了。杜甫听说唐肃宗在灵武即位，便不远千里，北上灵武，打算为国效力，不料，中途被叛军抓住，押回长安。好在叛军见他官小，看管不严，杜甫冒险逃脱，又去投奔了唐肃宗。唐肃宗看在他千里来投的份上，任命他为左拾遗。

杜甫性情直爽，不会逢迎，不久得罪了唐肃宗，被贬为华州司功参军。杜甫在途中，亲眼看到战乱给百姓带来的沉重灾难，触景生情，写下了不朽的史诗——"三吏"和"三别"，用文学形式反映了当时的社会现实。

759年，杜甫对污浊的时政痛心疾首，因而放弃了华州司功参军的职务，西去秦州，几经辗转，到了成都。镇守成都的大臣严武，钦佩杜甫才华，帮他在城西建了一座草堂，世称"杜甫草堂"。

764年，严武推荐杜甫做了检校工部员外郎，后人称杜甫为杜工部。不久严武去世，杜甫没了依靠，便离开成都，到奉节居住。杜甫租了一些公田，自己和家人一块参加劳动，过着艰辛的生活。

当时，"安史之乱"刚被平息，到处一片破败。百姓饱受战争之苦，缺衣少食，许多人流离失所，饥寒交迫。杜甫的生活也十分艰难，茅屋破旧，衣不蔽体，有时几天揭不开锅。

在这艰苦的环境中，杜甫的诗歌创作达到了高峰，在几年时间内，作诗四百三十多首，占现存作品的百分之三十。更加难能可贵的是，杜甫的思想境界得到升华，他不再过多考虑自己的苦难，而是把个人苦难融于广大百姓之中，深刻揭露了社会黑暗和现实问题，希望天下百姓都能过上安稳的日子。他的名句"安得广厦千万间，大庇天下寒士俱欢颜"，就是他这一时期思想的生动写照。

杜甫生活在唐朝由盛转衰的历史时期，又亲身经历了"安史之乱"，他的诗歌反映了社会动荡、朝廷黑暗、人民疾苦，揭示了深刻的社会矛盾，因而被誉为"诗史"。杜甫一生写诗一千五百多首，很多是传诵千古的名篇。杜甫忧国忧民，是伟大的现实主义诗人。

768 年，杜甫离开奉节，四处漂泊，先后到过江陵、公安、岳阳、潭州、衡阳等地。杜甫历经艰辛和苦难，居无定所，有时几天吃不上东西。

770 年，在由潭州去岳阳的一条小船上，杜甫不幸病逝，终年五十八岁。一代文豪，静悄悄地离开了人间。

杜甫对后世产生了巨大影响，不仅在中国，在世界上也影响广泛。美国现代诗人肯尼斯·雷克斯罗斯说："我的诗歌主要受到杜甫的影响。他是最伟大的诗人，在某些方面甚至超过了莎士比亚和荷马。"

唐代宗平乱遗后患

762年，唐玄宗、唐肃宗父子俩几乎同时死去。唐肃宗长子李豫继位，是为唐代宗。唐代宗当了十七年皇帝，他彻底平定"安史之乱"，努力医治战争创伤，推行改革，恢复经济，干得还不错，被称为"平乱守成"之君。不过，唐代宗没有削弱地方节度使的势力，而且让一些降将镇守一方，留下了藩镇割据的后患。

两唐书记载，李豫生于727年，母亲是唐肃宗的妃子吴氏。吴氏死得早，后被追封为章敬皇后。李豫是唐玄宗一百多个孙子中年龄最大的，因而深受爷爷疼爱。李豫天资聪明，为人宽厚，喜怒不形于色，又好学强记，精通文史。

756年，唐肃宗在灵武称帝，他打算立长子李豫为太子，让三子李俶当天下兵马大元帅。谋士李泌说："李豫是长子，又有为君之气量，为何不让他当元帅？"

唐肃宗说："我想让他当太子，何须做元帅？"李泌说："那就更不妥了，假如元帅立了大功，如何安置？陛下不见太宗与建成吗？"唐肃宗顿时醒悟，当即任命李豫为天下兵马大元帅。当时，李豫已经二十九岁了，正值年富力强。

757年，李豫和郭子仪率领唐军，一举收复长安、洛阳两京。虽然主要是郭子仪指挥，但李豫是元帅，也功不可没。于是，758年，李豫顺理成章地被立为太子。唐肃宗同时册封张淑妃为皇后。张皇后生了两个儿子，长子夭折，次子年幼。

唐玄宗、唐肃宗回到京城后，身体不好，时常有病。李豫奔走于两个皇帝之间，问候侍疾，亲自尝药尝饭，经常衣不解带，日夜侍候。李豫的孝行，感动了很多人。唐肃宗的心腹宦官李辅国、程元振等，都与李豫关系不错。

张皇后却对李豫不好。张皇后外表美貌，却心术不正，既有野心，又有心机。她原是唐肃宗的良娣，在逃难期间，每当住宿，她都要求睡在外面，说如有贼人来袭，她可以挡一挡。唐肃宗很感动，称帝后封她为淑妃，不久又册封她为皇后。

张皇后爱慕虚荣，起初想让自己的幼子当太子，唐肃宗不答应，后来又想废掉李豫，让唐肃宗的次子李系当太子。762 年四月，唐肃宗病重，即将归天。张皇后与几个亲信宦官商议，打算在唐肃宗病危的时候，发动政变，诛杀李豫，伪造遗诏，让李系继位。李辅国、程元振探知了张皇后阴谋，暗地里做好了应变准备。李辅国虽是宦官，当时却任兵部尚书，手握兵权。

四月十六日晚，张皇后埋伏好武士，便伪造皇帝诏书，令李豫即刻进宫。李豫不知危险，匆忙赶来，进了凌霄门，却被李辅国安排的士兵保护起来。随后，李辅国、程元振分别领兵，将张皇后、李系等人全都抓了起来，囚禁到别的宫殿，后来处死。

四月十八日，唐肃宗驾崩。在李辅国、程元振等人的安排下，李豫在肃宗灵柩前登皇帝位，被称为唐代宗。像粉碎政变、拥立皇帝登基这样的大事，宦官都能办得到，说明当时宦官的权势已经很大了。

唐代宗是依靠宦官登位的，自然要表彰其功，于是升任李辅国为司空，兼中书令，晋号为"尚父"；任命程元振为右监门将军，统领禁军。

李辅国早在唐肃宗时期，就深受宠信，曾为肃宗登基立有大功，如今又扶持代宗称帝，先后扶立了两个皇帝。李辅国自认为功高盖世，便想擅政专权，他对唐代宗说："陛下只管坐在宫中，外面的事由老奴处理。"唐代宗表面应允，心里却十分反感。

李辅国果然独揽朝政，大小事务都由他说了算，百官奏事，都要先经过他。唐代宗不是平庸之君，岂容宦官专权？但他不想公开处置李辅国，便密令贴身卫士杜济，冒充强盗，夜里潜入李府，将李辅国刺杀。杜济后来升任梓州刺史，多年后说出了这个秘密。不久，程元振等人也被免官回乡，宦官势力被清除。

唐代宗称帝后，随即展开对史朝义叛军的反攻，当年十月就收复了洛阳，叛军已经穷途末路了。见大势已去，许多叛军将领献地投降。田承嗣献出莫州，李宝臣、薛嵩等人降唐，最后李怀仙献出范阳。史朝义走投无路，自缢身亡，"安史之乱"终于结束。

"安史之乱"为祸八年，使唐朝经历了一次空前浩劫。《旧唐书》记载，叛乱平息后，户部统计人口，全国人口只剩下一千六百九十二万余人。大量房屋被烧毁，人们流离失所，田地荒芜，到处一片破败凋敝。从此，黄河流域的繁荣景象不复存在，中国经济的重心转向了南方。更重要的是，唐朝的统治遭受重大打击，国库空虚，朝廷的权威和向心力大受影响，中央集权被削弱，此后，唐朝逐步进入藩镇势大时期。

面对这百废待兴的局面，唐代宗励精图治，从政治、经济两个方面入手，医治战争给社会和人们心灵造成的伤害，努力恢复秩序，希望能够尽快复兴。

在政治上，唐代宗大刀阔斧地平反冤假错案，唐玄宗、唐肃宗时期受到迫害的王皇后、太子李瑛、鄂王李瑶、光王李琚、永王李璘等人，都被平反昭雪，恢复封号；调整宫廷内外的人事关系，重用郭子仪等一批贤臣良将；对叛军中的降将予以优待，有的继续予以重用；轻刑慎罚，大赦天下，缓解社会矛盾。唐代宗试图通过这些措施，安抚人心，稳定社会，实现政治清明。

在经济上，唐代宗重用刘晏，采取了三大改革措施。一是改革漕运，使南方的粮食，能够通过水道，源源不断地运到长安，解决了关中地区的粮食问题。二是改革盐政，使国家财政收入大幅增加。三是改革粮价，保证了百姓生活和社会稳定。唐代宗实行的"以养民为先"的财政方针，对后世影响很大。

唐代宗比较贤明，他经历过战乱和苦难，深知民间痛苦，经常下诏减免受灾地区的赋税，对鳏寡孤独者给予救助。他宽厚仁义，善待大臣，重用人才，勤于政事。唐代宗生活上也很简朴，不搞奢侈豪华，不纵情声色，总体上是个不错的皇帝。

唐代宗在对待个人感情问题上，也令人称道。他的妻子沈氏，在"安史之乱"中失踪。唐代宗苦苦找了十年，没有收获。唐代宗称帝后，立了沈氏生的儿子李适为太子，李适接着又找，结果招来许多冒名顶替者，但对冒名者从不处罚。沈氏始终没有找到，可能死于战乱之中了。唐代宗已经尽心尽力了。

　　唐代宗后来喜爱贵妃独孤氏，独孤氏命短，得病死了。唐代宗抱着爱妃的尸体不撒手，痛哭不止，不让下葬。结果，独孤氏的尸体在宫中陪了唐代宗三年，才出宫安葬，这在历史上也算奇闻了。

　　唐代宗最大的失误，是没有削弱各节度使的势力，加强和巩固中央集权。特别是重用了降将田承嗣、李宝臣、李怀仙等人，让他们继续占据河北，形成"河北三镇"。三镇逐渐垄断了军事、经济、政治大权，处于半独立状态，为日后藩镇割据留下了隐患。

　　779 年，唐代宗驾崩，终年五十二岁。

　　《旧唐书》对唐代宗评价很高，称他是贤明之君，甚至说："古之贤君，未能及此。"《新唐书》对他评价低一些，说他"平乱守成，盖亦中材之主也！"

　　有功亦有过，这才是真实的人生。

刘晏改革促恢复

唐代宗在恢复经济过程中，重用了一个叫刘晏的人。刘晏是唐朝杰出的经济改革家、理财家，他针砭时弊，大胆进行改革，为"安史之乱"后恢复经济，立下了汗马功劳。

两唐书记载，刘晏，曹州南华（今山东东明）人。他自幼天资颖悟，勤奋好学，七岁就能写出好文章，远近闻名，被誉为神童。

725年，唐玄宗去泰山封禅，各地纷纷进献颂文。唐玄宗对其中一篇颂文很感兴趣，该文不仅词意优美，而且是一个叫刘晏的八岁儿童写的。唐玄宗有点不相信，让当时的文坛领袖、宰相张说当面考考他。

张说考完刘晏，高兴地对唐玄宗说："这个孩子，简直就是国家祥瑞啊！"唐玄宗也很高兴，当即把刘晏带回长安，封了一个太子正字的官职，陪太子读书。刘晏的名声，轰动了京城。

刘晏长大后，先后任夏县、温县县令。当时，催缴赋税是县令的一个重要任务，其他县常常不能按时完成任务，县令们都很头疼。刘晏不知用了什么办法，百姓们都自动缴纳，不用督催，赋税都是按时完成。刘晏治理县域政绩突出，民众为他刻碑传颂。

755年，刘晏被调入朝中，担任度支郎中，管理江淮租庸。不久，升任户部侍郎兼御史中丞，负责度支、铸钱、盐铁等事务。刘晏聪明敏捷，思路开阔，几年下来，他成了朝中公认的经济专家和理财高手。

762年，唐代宗即位后，提升刘晏为户部侍郎兼京兆尹，同时担任度支使、盐铁使、铸钱使、水陆转运都使。"安史之乱"平息后，唐代宗急于恢复经济，擢升刘晏为宰相，全面主持经济工作。

刘晏上任后，面临的燃眉之急，是粮食问题。当时，关中地区缺粮，饥荒四起，粮价暴涨，急需从南方向关中运粮。战乱导致部分水道不通，只能靠陆路运输。陆路运输成本高、效率低，路途又远，难以从根本上解决问题。因此，刘晏决定，要改革漕运。

刘晏亲自调查研究，他从淮河乘船，经泗河、汴河，进入黄河，然后向西，遇到水道阻塞，就徒步察看，一直到达长安。这样，刘晏了解到漕运中的弊端和主要问题，有针对性地进行改进。一是组织人力疏通河道；二是改革运输方式，将全程改为四个运输段；三是沿途建仓贮粮，以便运转；四是船夫由征调改为花钱雇用。

漕运改革后，水道畅通，运输方式科学高效，船夫积极性很高，南方的粮食源源不断地运往关中，不仅解了燃眉之急，还有大量储备。唐代宗高兴地对刘晏说："你就是我的萧何啊！"

刘晏第二项大的改革举措，是改革盐政，以解决财政困难问题。盐是千家万户必备食品，而且利润丰厚，所以，自春秋齐国管仲"兴盐铁之利"以来，基本上都是由国家控制着。

唐朝对盐实行国家专卖，在制盐、收盐、卖盐各个环节，都由政府负责，因而盐务机构庞大，开支惊人。盐的利润很大部分用于人头费，再加上盐官中饱私囊，造成盐价居高不下，而入到国库里的钱却不多。刘晏决定予以改革。

刘晏的盐政改革，主要是放开两头，只抓中间关键环节。即允许百姓制盐，但不得私卖，由政府统购；允许盐商零售，但不得私买，由政府统一批发。这样，大量的盐官和机构被撤销，盐的买卖畅通，盐价下跌，万民称颂。国家财政收入大幅增加，由原来每年收入六十万缗，猛增到六百多万缗，增长了十倍多。有的时候，盐税收入占国家全部财政收入的一半以上。

刘晏采取的第三项重大举措，是改革粮价。粮价稳定，关系国计民生。刘晏实行"丰则贵取，饥则贱与"的办法，丰年时国家买粮，存入粮仓，以免谷贱伤农；歉年时国家平价卖粮，防止粮价上涨。这样，粮价稳定，百姓受益，国家获利，社会稳定。

刘晏确立了"以养民为先"的财政方针，积极进行财政体制改革。他在全国建立了经济情报网，及时准确地掌握全国经济状况和市场动态，根据这些情报，调剂有无，平抑物价，组织生产，应民之急，收到良好效果。

刘晏勤于政务，满脑子考虑国家财政大事。他天一亮就开始办公，一直忙到半夜，天天如此，从没有过休息日。不管有多少事，他都是当天处理完毕，从不拖延。骑马上朝时，别人都是有说有笑，只有刘晏默不作声，他正在用马鞭计算财政情况呢。

刘晏掌管国家财政大权，从他手中经过的钱不计其数，他个人生活却十分简朴，住房简陋，伙食简单，家中不雇用人和婢女，家务活都是夫人干。刘晏也不纳妾。

刘晏通过推行改革，精心治理政务，有力地恢复并促进了经济发展，保障民生，安定社会，使得赋税大增，人口增多。刘晏为恢复"安史之乱"后的经济社会秩序，做出了重要贡献。

779 年，唐代宗去世，儿子唐德宗继位。唐德宗重用杨炎为宰相，推行"两税法"。杨炎也是著名的财政学家，受到唐德宗宠信。可是，杨炎心胸狭隘，他曾当过刘晏的下属，二人历来不和。杨炎得到皇帝宠信后，挟私报复，屡进谗言，刘晏被贬为忠州刺史。

780 年，杨炎诬陷刘晏与节度使勾结，图谋反叛。唐德宗大怒，派人去忠州，将刘晏赐死。刘晏享年六十五岁。

杨炎认为刘晏主管财政多年，家中必定财产万贯，便派人抄家。结果，在刘晏家里，只抄出两车书、几斛粮食，人们都佩服刘晏的清廉。

刘晏死后，许多人上书为他鸣冤。唐德宗逐渐了解到事情真相，对杨炎心生厌恶，从此不再信任他了。一年后，杨炎同样被人陷害，死于非命。

784 年，唐德宗为刘晏平反，将其安葬，后又追封他为司徒，并让刘晏的两个儿子入朝为官。刘晏可以瞑目了。

后人给予刘晏高度评价，认为后来的理财者，没有能超过刘晏的。中国传统启蒙教材《三字经》，把刘晏的事迹写了进去，把他树立为青少年学习的榜样。

刘晏的名字和事迹，永远流传后世，成为激励人生的精神力量。

唐德宗削藩惹兵变

唐代宗死后，儿子李适继位，是为唐德宗。唐德宗很想当个圣明皇帝，他废租庸调制，改行"两税法"，促进了经济发展，颇有中兴意味。然而，唐德宗性情急躁，一心削藩，企图削弱节度使权力，结果引发兵变，适得其反，中央集权更加弱化。

两唐书记载，李适生于742年，是唐代宗的长子。他二十岁那年，被任命为天下兵马大元帅，率军与叛军作战，最终平定"安史之乱"，因功被立为皇太子。李适三十八岁时，继承帝位，被称为唐德宗。

唐德宗的母亲沈氏，在"安史之乱"中失踪，唐代宗苦找十年未果。唐德宗继位后，思母心切，下发诏书，在全国广泛寻找。不久，喜讯传来，说沈氏找到了，唐德宗欣喜若狂，可经人辨认，却是假冒的。

大臣们都很气愤，要求惩治假冒者。唐德宗叹口气说："只要能找到母亲，朕甘愿受一百次欺骗。"下令将假冒者放了。后来冒名者越来越多，均不治罪。唐德宗终其一生，也没有找到母亲，但他的孝心，受到人们赞扬。

唐德宗即位两天后，就诏令天下，实行勤俭治国，各地不得再向朝廷进贡珍奇异宝和地方特产，不得以金银装饰器具，不得奢华浪费。唐德宗令朝廷带头，裁减宫女乐工数百人，宫中养的珍禽异兽全部放出，甚至连外国进献的三十二头会跳舞的珍贵大象，也被放归山林。这些措施，显示了新君登基以后的新气象。

唐德宗对违反诏令的官员毫不客气，严加处罚。他派使臣给各个节度使颁赐旌节。有的使臣接受了淮西节度使李希烈的礼物，唐德宗大怒，将其杖责六十，处以流刑。别的使臣听说以后，都吓得偷偷把礼品扔到山谷里，空手回京。

唐德宗为了发展经济，重用财政学家杨炎为宰相。唐朝长期实行租庸调制，这是在均田制基础上的赋税制度。"安史之乱"以后，由于大批农民逃亡，再加上土地兼并严重，租庸调制已经不适宜了。在杨炎建议下，唐德宗下发诏令，废除租庸调制，改为"两税法"。

"两税法"由过去以人丁纳税为主，改为以土地纳税为主；由实物纳税改为现金缴税。因新法分夏、秋两季征税，故称"两税法"。"两税法"是中国赋税制度史上的重大改革，适应社会发展需要，促进了经济发展。

唐德宗很想有一番作为，他在经济有了一定发展之后，便想削弱节度使的权势，加强中央集权。当时，节度使不仅势力强大，而且还企图搞世袭制。在唐代宗时期，降将田承嗣死了，他在临死前，直接把魏博节度使的职位传给侄子田悦，朝廷无可奈何。唐德宗继位后，降将李宝臣又死了，其子李惟岳要求继承成德节度使职位，唐德宗坚决予以拒绝。于是，李惟岳联合田悦，又联络了淄青节度使李正己和山南东道节度使梁崇义，四镇起兵，反叛朝廷，史称"四镇之乱"。

唐德宗命李希烈、朱滔、姚令言等五个节度使，率军平叛。不久，唐军取得重大胜利，四镇被灭掉三个，只剩下田悦了。这个时候，唐德宗被胜利冲昏了头脑，他想借机削弱节度使的权力。本来他用这五个节度使，去打那四个节度使，就有让鹬蚌相争的意思，如今又要趁机削藩，结果引起节度使们强烈不满。在田悦的挑唆下，李希烈、朱滔也反了。

783年，李希烈围攻河南襄城，唐德宗令泾原节度使姚令言率兵救援。不料，泾原兵路经长安时，借口伙食差、犒赏少，发生哗变，在长安城中杀人放火。

唐德宗闻知兵变，急召禁军将领护驾。可是，不知道什么原因，他平时信任的禁军将领一个也没有来，倒是内侍宦官窦文场、霍仙鸣紧跟左右，他们召集了一百多个宦官，保护着皇帝，拼死冲出城去，逃到奉天（今陕西乾县）。从此，唐德宗不再信任大臣，而是重用和依靠宦官。

泾原叛军占领了长安，姚令言感到自己声望不够，便带领众将去请朱泚当首领。朱泚是朱滔的哥哥，长期担任朝廷高官，名望很高。朱泚野心也很大，他随即进入宣政殿，登基称帝，国号大秦。朱泚残暴，将留在长安的皇室子孙全部斩杀，共杀死七十七人。朱泚又亲自率军，去奉天追杀唐德宗。泾原兵发动的叛乱，史称"泾原兵变"。

唐德宗狼狈逃到奉天，身边只有一群宦官，奉天守军也不多，仍然处于危险之中。唐德宗急忙发出诏令，令附近官军火速前来救驾。官军尚未赶到，朱泚的兵马却来了，将奉天城团团围住，奋力攻打。奉天城并不坚固，眼看就要陷落，唐德宗危在旦夕，陷入绝望，史称"奉天之难"。

在这危急时刻，朔方节度使李怀光率军赶到，击退叛军，救了唐德宗。唐德宗十分感激，认为他是大忠臣。不料，李怀光也心存反意，他与退守长安的朱泚秘密联络，打算平定关中后，各自为帝，但没有谈拢，于是带兵返回，不久也反了。

各地节度使纷纷叛乱，史称"二帝四王之乱"。二帝，是指称秦帝的朱泚和称楚帝的李希烈；四王是：冀王朱滔、魏王田悦、齐王李纳、赵王王武俊。其实，尚未称帝称王的反叛者还有很多，形势比"安史之乱"还要严峻，大唐王朝随时有分崩离析的危险。唐德宗没有想到，自己急于削藩，却惹出大祸，后悔莫及。

784 年，唐德宗万般无奈，只得忍气吞声地下了一道罪己诏，承认自己的错误，承担了造成兵变的责任，同时宣布大赦，除了残杀宗室的朱泚外，赦免所有叛乱者，仍任各职，包括僭越称帝的李希烈和朱泚的弟弟朱滔。

各个节度使造反的目的，是想保持藩镇割据的现状，维护他们的既得利益，并不是要推翻朝廷，更不是要尊奉朱泚或李希烈为帝，所以，唐德宗罪己诏一下，各个节度使都先后息兵，宣布仍然效忠唐室。

在节度使中，也有忠于朝廷的，神策行营节度使李晟，就是其中之一。李晟率军先后与田悦、朱滔、王武俊等人作战，后来又灭掉朱泚，收复长安，迎接唐德宗回京。

这次兵变之后，朝廷威望一落千丈，唐德宗感到颜面扫地，原先的英雄之气一扫而光，开始变得消沉起来。他通过"奉天之难"，意识到钱财的重要性，喜欢起了钱财。唐德宗下诏，增加了许多税种，不仅有茶叶一类的杂税，甚至还有间架税。间架税是物业税的前身。繁杂的税赋，导致民怨日深。

唐德宗再也不提削藩了，而是对藩镇势力姑息迁就。各藩镇投其所好，纷纷给皇帝进贡钱财，每个节度使，每年要进奉五十万缗。这些钱财，当然是从老百姓身上盘剥的。民众的负担越来越重，藩镇的势力越来越强。

更严重的是，唐德宗片面接受了兵变中的教训，不相信甚至猜忌大臣，经常进行人事变动，尤其是频繁更换宰相，造成人心不稳，朝政混乱。与此同时，唐德宗认为宦官最可靠，开始重用宦官，由宦官担任禁军统领，并充任军队的监军。

宦官的地位迅速提高，并且掌握实权，开始干预朝政，而且有很大的能量。在唐朝中后期，藩镇的问题没有解决，又出现了宦官专权。这两大弊端，加速了唐朝衰落。

宦官干政掌大权

在"泾原兵变"的危急时刻，唐德宗没有得到禁军护卫，而是由一群宦官拼死相救，保护他脱离了险境。相比之下，唐德宗认为，还是宦官对他忠心耿耿，此后便开始重用宦官。

宦官，是专门侍候皇帝、皇后嫔妃以及皇室家庭的官员，在夏商周时期就有。不过，那个时候的宦官，有许多是正常人，到了东汉，才改为由阉人担任。

宦是星座的名称，在帝座之西，离得很近，所以称为宦官。唐高宗时期，让宦官充当太监的官职，以后逐渐又叫太监。宦官日夜在皇帝身边侍候，管理文书，传达诏令，容易得到皇帝宠信。他们地位显赫，狐假虎威，也容易专权乱政。许多帝王认为，宦官没有家庭，没有儿女，不可能篡位当皇帝，比起大臣们来说，令人放心。所以，宦官专权屡见不鲜，尤其是在皇帝暗弱的时候。

唐朝前期，由于李世民、武则天、唐玄宗等人，都是雄武之君，宦官干政很少。唐玄宗时期最有权势的宦官，是高力士。不过，高力士干政不多，他一生忠于唐玄宗，唐玄宗死后，他也吐血而死，被誉为"千古贤宦第一人"。

唐肃宗时期，任用了几个心腹宦官，像李辅国、程元振、鱼朝恩等人，但尚未形成宦官集团，所以，唐代宗称帝以后，轻而易举地将几个宦官清除掉了。

唐德宗即位前期，对宦官并不感兴趣，他严禁宦官干政，还处死了心术不正的宦官刘忠翼。"泾原兵变"之后，唐德宗态度大变，开始重用宦官，培植宦官势力。

784 年，兵乱结束，唐德宗重回京城。他立即着手整顿禁军，撤掉了在"泾原兵变"中表现不佳的白志贞等人。唐德宗把禁军主力神策军分成左右两军，由护驾有功的宦官窦文场、霍仙鸣分别统领。

后来，左右神策军不断扩充兵力，负责保卫皇帝以及京师安全，窦文场、霍仙鸣始终掌握军权。二人倒是忠于职守，史书没有记载他们有什么劣迹。与此同时，唐德宗还任用了一批宦官，去充当各部队的监军，有很大权力。这样，宦官地位空前提高，逐渐形成了一个宦官集团。

在宦官当中，有个叫俱文珍的，汝州汝阳（今河南汝阳）人，鲜卑族。他早年净身入宫，认一个刘姓宦官为父，改名叫刘贞亮。俱文珍性格坚强，颇识义理，很有胆识，在"泾原兵变"中奋力保护唐德宗，立有功劳。唐德宗重用宦官的时候，任命俱文珍为宣武军监军。

宣武军统治汴州，位于汴河之上，控制着南北漕运，位置十分重要。李希烈反叛时，曾经攻占汴州。后来，刘玄佐率军收复汴州，被委任为宣武军节度使。汴州形势复杂，不断发生兵变，局势不够稳定，又因汴河是朝廷一条重要的物资运输线，所以，唐德宗委派自己信任的宦官俱文珍去当监军。

监军负有监督军队的权力，而且身边还有千余人的亲兵队伍，有权有势。俱文珍协助刘玄佐治理汴州，稳定局势，保障汴河运输，很有成绩，唐德宗十分满意。后来，刘玄佐病逝，其子刘士宁当时任宣武军兵马使，他想接替父亲的职位，众将不服，刘士宁就杀掉与他作对的李湛、伊娄说等几个将领，企图发动兵变，武力夺取节度使职位。

在这危急时刻，俱文珍果断出手，设计将刘士宁抓获，捆绑起来，押送到长安，又以监军的身份，号令部队，使部队保持稳定，没有哗变。后来，朝廷派陆长源来当宣武军节度使。

陆长源为人刚烈，他见宣武军散漫，军纪不严，便想整治。不料，因操之过急，方法不当，激起兵变，陆长源被杀，宣武军又处于混乱之中。

由于事发突然，情况紧急，奏报朝廷已经来不及了，俱文珍立即给宋州刺史刘逸准写信，请他带兵前来平乱。刘逸准曾在宣武军当过大将，有勇有谋，甚得军心。刘逸准进入汴州后，得到士兵拥护，局势很快稳定下来。俱文珍奏报唐德宗，让刘逸准当了宣武军节度使。

俱文珍担任宣武军监军数年，在挫败叛乱、稳定局势方面发挥了重要作用，也显示出了他富有谋略、处事果断的政治才干，得到唐德宗赏识。窦文场、霍仙鸣死后，唐德宗让俱文珍统领禁军，同时兼任知内侍省事，总管宫廷事务。

俱文珍大权在握，但并不专横跋扈，而是礼貌待人，笼络人心。他与朝臣以及各地节度使的关系都很好，许多人依附于他。俱文珍着重发展宦官势力，宦官刘光琦、薛文珍、尚衍、解玉等人，都是他的同党。俱文珍成了宦官首领。

唐德宗起初重用宦官，主要是在军队方面，等到宦官势力坐大，自然就要干政了。宦官干政，不光是靠皇帝宠信和溜须拍马，也要有真本事才行。俱文珍就有真本事。

805年，唐德宗驾崩，终年六十三岁。他的嫡长子李诵继位，是为唐顺宗。

唐顺宗即位时，已经四十五岁了，光太子就当了二十五年。唐顺宗经历过节度使兵变，又目睹了宦官专权，他认为这是朝廷两大弊端，于是他一上台，就搞起历史上有名的"永贞革新"，企图清除宦官势力，强化皇权。

那么，势力庞大的宦官集团，会乖乖就范吗？俱文珍会怎么应对呢？

短命的"永贞革新"

唐顺宗即位以后，重用王叔文、柳宗元、刘禹锡等一批大臣，搞起了"永贞革新"，企图清除宦官势力。然而，堂堂皇帝和大臣们，竟然斗不过宦官，"永贞革新"只有一百多天就失败了，多人被贬，唐顺宗也被赶下台。唐顺宗当皇帝只有半年多时间。

两唐书记载，唐顺宗生于761年，779年被立为皇太子。唐顺宗为人宽厚仁义，待人谦和，特别尊重师傅，每次见到师傅，都抢先叩拜。唐顺宗还特别孝顺，在节度使叛乱时，他持剑不离唐德宗左右，时刻保护父亲安全。在奉天被围的危难关头，唐顺宗亲上城头，鼓励将士们奋勇杀敌。

唐顺宗勤奋好学，精通史经，爱好文学，擅长书法。唐顺宗礼贤下士，善交朋友，他当太子时，就与王叔文、柳宗元、刘禹锡等人来往密切。

王叔文，越州山阴（今浙江绍兴）人，胸有谋略，志向远大。他担任太子侍读，常向唐顺宗谈论民间疾苦，也时常议论政事，对唐顺宗影响很大。

柳宗元，河东郡（今山西运城永济）人，唐宋八大家之一，是著名文学家、思想家。他参加科举考试，名列前茅，名声大振，在朝中担任监察御史里行。

刘禹锡，河南洛阳人，出生于苏州嘉兴（今浙江嘉兴），是唐代著名文学家、哲学家。他也是通过科举考试，步入仕途，累迁至监察御史。

唐顺宗与这几个人志同道合，常在一起讨论文学，也议论时政，他们都亲身经历了藩镇叛乱，也目睹了宦官专权，都认为这是朝廷的两大弊端，应该革除。唐顺宗想向父亲进言，实行改革。王叔文不同意，劝阻他说："您现在主要是稳固太子之位，一切等到登基之后再说。"

805 年，唐德宗病逝，唐顺宗继位。可惜，唐顺宗在继位前不久，突然中风，身体很不好，而且失去了语言能力。唐顺宗虽然有病，但仍然心系天下大事，他下诏重用王叔文、王伾、刘禹锡、柳宗元等人，推行改革，史称"永贞革新"。

当时，四人中除了王叔文年龄稍大，其他人都是三十多岁，年富力强，生气勃勃，很想有一番作为，恢复唐朝的兴盛。他们团结和联合了朝中一批正直的官员，在皇帝支持下，形成了革新派势力集团。这个集团的核心，被人称为"二王刘柳"。

"永贞革新"的矛头，直指藩镇势力和宦官集团，尤其是反对宦官干预朝政，目的是加强中央集权，重振皇威。

"永贞革新"采取了一系列措施，主要内容有：一是取消宫市。有些宦官，经常打着为皇宫购物的名义，在街市低价购买货物，甚至公开抢掠，谋取私利，称为宫市。唐顺宗下诏取消，断了宦官财路，百姓拍手称快。

二是裁撤五坊使的官职。五坊使是指雕坊使、鹘坊使、鹞坊使、鹰坊使、狗坊使，由宦官担任。五坊使经常打着为皇宫购置珍禽异兽的旗号，外出扰民，中饱私囊，民怨甚大。唐顺宗下令撤销。

三是打击贪官。浙西观察使李锜，因贪污被罢免职务。京兆尹李实，依仗皇族身份，欺压百姓，瞒报灾情，被贬为通州长史。朝廷风气有了改观。

四是抑制藩镇势力。取消节度使进奉制度，不得再盘剥百姓；限制节度使权力，不准他们随意扩大地盘；将有些藩镇的财政权收归中央。

五是抑制宦官势力。裁减宫中宦官数量，减少宦官俸钱；打击宦官的不法行为；计划夺取宦官手里的兵权，但没有成功。

从上述改革措施来看，"永贞革新"并不激烈，甚至还没有触动俱文珍等高层宦官的利益，但俱文珍政治敏锐性很强，他觉得改革持续下去，迟早会对自己乃至整个宦官集团构成威胁，于是，他不动声色地开始反击了。

改革派委派右金吾大将军范希朝为神策军节度使，试图夺回宦官手中的兵权。俱文珍知道，军权是根本，万万不能放弃，他密令神策军的宦官，坚决予以拒绝。俱文珍对手下宦官说："如果没有军权，我辈皆死无葬身之地了。"

俱文珍利用人脉广泛的优势，鼓动朝中大臣和各地节度使，纷纷上书，反对革新，给朝廷施加压力，同时制造各种障碍。这样，"永贞革新"只维持了一百多天，就进行不下去了。

俱文珍仍不罢休，他想从根本上搞垮革新派，便谋划了一个计策，打算扶立李纯为皇帝，取代唐顺宗。李纯是唐顺宗的长子，当时二十八岁，年轻有为。俱文珍善于笼络人，平时就与李纯关系不错。他找到李纯说："皇上身体不好，难以处理政务，您作为长子，理应为皇上分忧解难。"李纯自然明白是什么意思，很高兴地答应了。

俱文珍按照自己的计划，分步稳妥实施。第一步，他联络朝中大臣和一些地方官员，奏请立李纯为太子。李纯是长子，又年富力强，唐顺宗没有理由不答应。第二步，俱文珍以皇上保重龙体、安心养病为理由，奏请由太子监国，主持朝政。唐顺宗也同意了，李纯从此掌握了军政大权。

805年八月，俱文珍见时机成熟，便让人写好诏书，宣布唐顺宗退位，当太上皇；李纯登上皇位，是为唐宪宗。唐顺宗只当了一百八十六天皇帝，就被赶下了皇帝宝座。

唐宪宗上台后，按照俱文珍的安排，将王叔文贬为渝州司户，第二年被赐死；王伾被贬为开州司马，不久病死；刘禹锡、柳宗元、韩泰、陈谏、韩晔、凌准、程异、韦执谊等八名革新派骨干成员，先后被贬为边远八州司马，史称"二王八司马"。

就这样，由皇帝支持的一场革新运动，被宦官轻而易举地扼杀了。"永贞革新"虽然失败了，但其改革精神符合社会发展需要，有些改革措施，在唐宪宗时期得到继续执行，由此导致了唐宪宗的"元和中兴"。

唐顺宗下台后第二年去世，终年四十五岁。两唐书只说他驾崩，没说死因。有学者考证说，唐顺宗是被宦官们害死的。

813年，俱文珍病死。唐宪宗感念他有拥戴之功，赠开府仪同三司。

俱文珍拥戴唐宪宗，是为了扼杀革新派，不料却有意外成果。唐宪宗是一位大有作为的皇帝，他励精图治，改革弊政，取得削藩重大成果，开创了"元和中兴"。

唐宪宗"元和中兴"

在唐朝中期，唐宪宗是为数不多的有为君主。他在位十五年，励精图治，勤勉政事，重用贤良，促进了经济社会发展。唐宪宗最大的功绩，是沉重打击了藩镇势力，重振中央政府权威，史称"元和中兴"。

两唐书记载，唐宪宗小时候，聪明伶俐，祖父唐德宗特别喜欢他。有一次，唐德宗把他抱在膝上，和他逗着玩，问："你是谁家的孩子，怎么在我怀里？"唐宪宗张口答道："我是第三天子。"小小孩童，口出大言，唐德宗感到惊奇，更加喜爱他了。

唐宪宗父亲唐顺宗称帝时，没有立皇后，也没有立太子。唐宪宗虽说是长子，但他有二十多个兄弟，许多都已长大，太子之位不一定就是他的。唐宪宗忐忑不安。

这时，手握实权的宦官俱文珍找到他，表示愿意帮助他登上帝位，唐宪宗喜出望外。俱文珍趁着唐顺宗有病，联络朝中大臣，进行了一系列筹划。在俱文珍运作下，唐宪宗四月当太子，七月监国，八月就荣登帝位。唐顺宗被赶下台，尊为太上皇，第二年死去。

唐宪宗年轻有为，胸怀大志，他敬仰唐太宗、唐玄宗，决心效法，复兴大唐。唐宪宗十分勤政，每天天不亮就上朝，亲自处理政务。他整治官吏，严肃朝纲，禁止奢华，厉行节约，呈现出一派新的气象。

唐宪宗提拔重用了一批很有才干的宰相，如李吉甫、杜黄裳、李绛、武元衡、裴度等人。这些人有一个共同特点，就是反对藩镇割据，主张加强中央集权。唐宪宗身边，还聚集了一批才华横溢的文人，如韩愈、元稹、白居易等人。

唐宪宗是靠着宦官上台的，对宦官有好感，宦官中有才干的人，他也重用，有的还担任了领兵统帅，率军出征，致使宦官势力进一步扩大。不过，唐宪宗自信能够驾驭他们，所以，当白居易等人建议限制宦官权力时，唐宪宗说："宦官，不过家奴而已。不管给他们多大权力，只要想除掉，就像拔一根毫毛那样容易。"

唐宪宗在经济上，采取一些有效措施，促进了经济发展。他轻徭薄赋，减轻民众负担；实行营田养兵，减少财政开支。他重用了一批善于理财的官员，使财政收入达到刘晏时期的水平。通过这些措施，实现了民心稳定，国库充裕，为打击藩镇势力奠定了基础。

唐宪宗英武果敢，一改过去对地方节度使姑息迁就的做法，对藩镇采取强硬态度。

剑南西川节度使韦皋病死后，副节度使刘辟要求接任，声称如果朝廷不准，他就造反。宰相杜黄裳对唐宪宗说："此风不可长。"极力主张拒绝，并立即调兵，做好平叛准备。刘辟果然兴兵造反，他认为西川路途遥远，朝廷军队不会来得那么快，没想到朝廷就近调兵，一举平息叛乱，将刘辟擒获，押往长安。

唐宪宗在长安召开审判大会，公开将刘辟斩首示众。此举表明了朝廷的强硬态度，震动了朝野，也给各地节度使敲响了警钟。朝臣大受鼓舞，纷纷庆贺。唐宪宗高兴地对杜黄裳说："此卿之功也。"

各地节度使手握兵权，有些人不把朝廷放在眼里，不来朝拜，诛杀刘辟之后，进京拜谒的才逐渐增多。镇海节度使李锜请求入京朝见，皇帝发出诏令后，李锜却称病不来了。武元衡主张借机削藩，撤销李锜职务。李锜不甘心，举兵造反，不料朝廷早有准备，一举平定，将李锜擒获到京师，也公开处斩了。

唐宪宗对付各地节度使，除了态度强硬，有时也采用计谋。魏博地区自田承嗣掌管以来，五十多年均处于半独立状态。812年，魏博节度使田季安病死，将职位传给十一岁的儿子田怀谏，实权落到家奴蒋士则手中。

唐宪宗召集宰相们，商议如何处理魏博问题。李吉甫主张借机出兵，一举收复魏博地区。李绛不同意，他认为田怀谏年龄小，不能主事；蒋士则出身微贱，又无才能，不能服众。李绛主张对魏博的将领进行分化瓦解，设法让其自乱，这样可以不战而屈人之兵。武元衡支持李绛的意见。

唐宪宗觉得李绛的计策高明，于是依计而行。果然，不久魏博自乱，将领田兴等人杀了蒋士则，率魏博六州民众归顺朝廷。唐宪宗大喜，拿出一百五十万缗奖励将士，并对六州百姓免除一年的赋税徭役。从此，魏博地区重归中央管理。

唐宪宗大刀阔斧地削藩，引起一些节度使的恐慌。淄青节度使李师道老奸巨猾，暗中搞阴谋活动。他派人冒充强盗，在荥阳烧杀抢掠，烧毁钱帛三十万缗、粮三万余斛，企图制造混乱。他还派人潜入东都洛阳，打算焚烧宫阙，杀掠市民，但没有得逞。后来，李师道派出刺客，混入长安城，去刺杀主张削藩的大臣。结果，号称"铁血宰相"的武元衡被刺杀，裴度受了重伤。逆臣的暴行，没有吓倒唐宪宗和大臣们，反而激起他们的极大愤慨，更加坚定了削藩的决心。

814年，淮西节度使吴少阳病死，其子吴元济匿丧不报，自掌兵权。淮西自李希烈造反以来，一直处于半独立状态，而且地广人多，力量比较强大。唐宪宗决定用兵，武力收复淮西。

吴元济兴兵抗拒，李师道和成德节度使王承宗也在暗中支持，战事十分激烈。在开始阶段，官军作战不利，损兵折将，不少人建议息兵。唐宪宗毫不动摇，他知道淮西之战决定全局，只要平定了淮西，其他地方就不足为虑了。大难不死的裴度，主动要求去前线督战。裴度忠心耿耿，胸有谋略，调度有方，很快扭转了战局。经过三年苦战，终于平定淮西，斩杀了吴元济。

收复淮西，表明形势发生了根本性变化，朝廷完全占据了优势。王承宗见势不妙，主动献地求降。李师道也请求归降，可不久又反悔，兴兵造反。唐宪宗立即命大军平叛，大败李师道。最后，李师道被部下杀掉，淄青十二州重归朝廷。

经过十几年平藩战争，朝廷收复了大片土地，藩镇势力遭到沉重打击，剩下的节度使全都表示顺从中央，再也不敢乱说乱动了。这样，中央集权得到加强，朝廷权威重新树立起来。唐宪宗的功绩，得到人们高度评价，有人把唐宪宗的"元和中兴"，与唐太宗的"贞观之治"、唐玄宗的"开元盛世"相提并论，加以赞颂。

唐宪宗复兴大唐，自认为建立了不朽之功，渐渐骄奢起来，喜欢听人歌功颂德，听不进不同意见。后来，唐宪宗罢免和疏远了裴度、韩愈等一批正直的官员，而重用奸臣皇甫镈，政治日见衰败。

在皇甫镈的诱惑下，唐宪宗迷上了长生不老，开始服用长生不老药，结果慢性中毒，性情变得暴躁易怒，经常处罚甚至诛杀大臣。唐宪宗由明君变成暴虐无道的昏君了。

更为严重的是，唐宪宗始终信任重用宦官。他为明君的时候，自然可以控制他们；他成了昏君之后，宦官们就无所顾忌了。在唐宪宗晚期，宦官权力很大，他们不仅干预朝政，甚至干预册立太子之事。宦官们分成了两派，一派拥护李恽为太子，一派拥护李恒为太子，两派闹得不可开交。

不仅是宦官，大臣们也分成了两派。牛僧孺和李德裕两个宰相，各拉一派势力，互相争斗，把朝廷搞得乌烟瘴气，并且此后两派势力延续了四十多年，对唐朝政治造成极大破坏，史称"牛李党争"。

820 年，唐宪宗突然暴亡，年仅四十三岁。

唐宪宗死得突然而蹊跷，显然是非正常死亡。《旧唐书》记载："时以暴崩，皆言内官陈弘志弑逆，史氏讳而不书。"意思是说，唐宪宗突然死亡，人们都说是宦官陈弘志害死的，史官却没有记载。

《新唐书》记载，唐宪宗"身罹不测之祸"，是宦官王守澄和陈弘志共同谋害的。

可怜开创"元和中兴"的一代英主，竟然死在他信任的宦官手里，悲哀啊！

"铁血宰相"武元衡

　　815年六月三日，拂晓时分，夜色灰暗。长安城大街上空无一人，四处寂静。大唐宰相武元衡骑马上朝，前边两个侍卫挑灯引路。

　　突然，黑暗处射来数枚飞镖，灯笼应声而灭，侍卫倒地身亡。武元衡吃了一惊，还没反应过来，几个黑衣人纵身扑到眼前。一人抡起木棒，砸向马腿，武元衡一头栽下马来；另一人飞步向前，一刀砍下他的脑袋。黑衣人拎着武元衡首级，扬长而去。这一切流畅利索，瞬间完成，显然是一次有预谋的暗杀。这就是轰动一时、历史上有名的"武元衡被刺案"。

　　两唐书记载，武元衡是武则天族人。其曾祖父武载德，是武则天的堂兄弟，曾任湖州刺史；祖父武平一，是个文人，擅写文章；父亲武就，曾担任殿中侍御史。

　　武元衡天资聪颖，勤奋好学，才华横溢。他二十六岁时，参加科举考试，因诗赋策论俱佳，高中榜首，踏入仕途。

　　武元衡是唐朝著名诗人，擅长五言诗，他的诗有很多被谱上曲子，广泛传唱。武元衡与白居易是好朋友，有人评价说，他与白居易齐名，刘禹锡尚在其下。

　　武元衡当过华原县令，他为政勤勉，执法严厉，盗贼绝迹，县域大治。唐德宗闻知他的才能，调他入朝，升任比部员外郎。武元衡表现出色，政绩突出，在一年内连升三级，官至左司郎中，可以参政议事。唐德宗常对人说："武元衡有宰相之才。"804年，武元衡升任御史中丞，掌管监察执法，离宰相只有一步之遥了。

　　805年，唐德宗去世，唐顺宗继位。唐顺宗依靠王叔文、柳宗元等人，推行"永贞革新"。武元衡与王叔文不和，反对改革，拒绝配合，还任意诽谤，结果被罢免职务，贬为太子右庶子。

半年之后，唐顺宗下台，唐宪宗登位，武元衡恢复了御史中丞职务，并加封户部侍郎。唐宪宗觉得武元衡清廉正直，处事果断，能干大事，不久擢升他为宰相。

武元衡与唐宪宗一样，向往唐太宗、唐玄宗时期的盛世，坚决主张削除藩镇势力，加强中央集权，重塑朝廷权威。唐宪宗与武元衡志同道合，两人常在一起商议削藩大计，有时一谈就是半夜。武元衡成了唐宪宗削藩的主要谋士和得力助手。

镇海节度使李锜不遵诏令，不进京朝见。唐宪宗召集众臣，商议处置办法。有人说节度使不来朝见的，不在少数，法不责众，可以任其自便。武元衡慷慨陈词，极力主张撤销李锜职务，并分析说，李锜的力量不强，如果反叛，正好将他剿灭，杀一儆百。唐宪宗赞成武元衡的意见，结果顺利平定了李锜叛乱。

武元衡坚决反对对藩镇姑息迁就，主张采用强硬手段削藩，并在讨伐刘辟、收复魏博等战役中出谋献计，精心筹划，皆取得重大胜利。在平叛过程中，有些官军将领目无法纪，纵兵抢掠，造成民怨。武元衡毫不留情，对违纪将领严厉制裁。

淄青节度使李师道，对唐宪宗削藩感到恐惧，对武元衡等主张削藩的大臣恨之入骨。李师道与幕僚商议说："皇帝一心削藩，全靠武元衡等人辅佐，如果除掉他们，众臣就不敢再向皇帝进言削藩了。"幕僚们觉得是个好办法，并说唐朝多年没有出现过刺杀大臣的事情，大臣们戒备不严，很好下手。于是，李师道派出刺客，果然一举成功，造成了大唐宰相被当街刺杀的惨剧。

在武元衡遇刺的同时，主张削藩的大臣裴度也遭遇袭击。大概路途不远，裴度步行上朝。刺客从黑暗中跃出，向他连击三剑，裴度急忙躲闪。刺客第一剑砍来，裴度一低头，被削掉了头发。裴度撒腿就跑，刺客追上去，第二剑砍断了他的靴带，第三剑刺中了他的背部，顿时鲜血迸流。裴度大叫一声，滚落到路边沟内，昏死过去。侍卫王义大声呼喊，奋力反击，被砍断右手，改由左手与敌搏斗。喊叫声惊动了居民，刺客仓皇而逃。裴度受了重伤，但保住了性命。

朝廷重臣一死一伤，震动了朝野。唐宪宗在朝堂上，闻知凶讯，勃然大怒，即刻下令全城搜捕凶手，结果抓住了十八名嫌疑人。在审讯时，嫌疑人有的宁死不招，有的说是成德节度使王承宗派来的。唐宪宗一怒之下，把十八人全杀了。后来得知是李师道派遣了刺客，于是灭掉了李师道。所以，《旧唐书》说武元衡是李师道派人杀的，《新唐书》说是王承宗派人干的。

武元衡遇难时五十八岁。他死后，唐宪宗异常悲愤，一天都没有吃饭，追赠武元衡为司徒，谥号"忠愍"。

唐宪宗亲自去看望受了重伤的裴度。裴度苏醒后，第一句话说的是："淮西心腹大患，不可不除。"三天之后，唐宪宗任命裴度为宰相，接替武元衡。裴度伤好以后，亲自去前线督战，平定了淮西。

武元衡、裴度被刺，反而使唐宪宗和大臣们同仇敌忾，他们齐心协力，沉重打击了藩镇势力，完成了武元衡的未竟事业。

"铁骨文人"韩愈

　　韩愈，是唐代古文运动倡导者，被后人尊为唐宋八大家之首，是著名的文学家、思想家、哲学家。韩愈的文学成就极高，有"文章巨公"、"百代文宗"之美誉。韩愈最难能可贵的是，他虽然是纤弱文人，却有着一身铮铮铁骨。

　　两唐书记载，韩愈，字退之，是河南河阳（今河南孟州）人。韩愈小时候很苦，三岁便成了孤儿，由兄长韩会抚养，可不到十岁，兄长又死了，他只得随着寡嫂郑氏一块生活。当时"安史之乱"平息不久，经济衰退，民不聊生。韩愈家境贫寒，寡嫂带着他颠沛流离，吃尽了万般苦头，最后流落到江南宣州居住。小时的韩愈，饱尝了人间疾苦，也养成了他坚强不屈的性格。

　　韩愈虽然家贫，但从小就有志气，他刻苦读书学习，希望能改变贫穷命运。由于上不起学堂，请不起老师，韩愈主要靠自学，因而他的学问功底并不厚实。

　　韩愈从二十岁开始，连续三年参加科举考试，均名落孙山。韩愈并不气馁，792年，他第四次参加考试，终于登进士第。可是，要想取得理想官职，还需要参加吏部的博学宏词科考试。于是，第二年，韩愈参加了这项考试，结果失败。

　　这一年，抚养他长大的寡嫂郑氏病逝。韩愈将郑氏灵柩运回老家孟州，与兄长合葬，并为寡嫂守丧五个月。

　　韩愈守丧结束后，一面刻苦读书，丰富知识，一面继续参加吏部考试。韩愈又连续三次参加吏部博学宏词科考试，均遭失败。韩愈性格坚强，不达目的誓不罢休。801年，韩愈第四次参加考试，终于考中，被任命为国子监四门博士。韩愈好不容易实现了自己的夙愿，入朝为官。那一年，韩愈三十四岁。

韩愈苦读数十年，屡次参加考试，终于功成名就，自然十分珍惜，工作特别卖力，两年后就升任监察御史，似乎前途一片光明。

可是，韩愈性情耿直，一身铁骨，不会逢迎，更不会阿谀奉承，并不适宜尔虞我诈的官场。韩愈担任监察御史不久，关中地区大旱，他去京城附近察看民情。

韩愈见灾情十分严重，不少灾民流离失所，四处乞讨，感到很痛心。可是，京兆尹李实却封锁灾情，谎称百姓安居乐业。韩愈气愤不已，当即向朝廷写了《论天旱人饥状》的奏书。李实是皇族，权势很大，对韩愈进行打击迫害。结果，韩愈只当了不到一年的监察御史，就被免官，贬为阳山县令。

唐宪宗登基后，听说了韩愈的名声，把他召进朝廷，担任国子博士，不久升任都官员外郎，韩愈似乎要走好运了。可韩愈性情不改，照样敢讲真话，惹得很多人对他有意见，结果又被贬为河南县令。

此后，韩愈在十几年时间内，多次被贬，几上几下，但其志不改，不肯与世俗同流合污。为此，韩愈专门写了著名的《进学解》，名言"业精于勤，荒于嬉；行成于思，毁于随"，就是出自此文。

裴度很佩服韩愈的才华和人品，他当了宰相以后，韩愈的处境开始改观，又回朝担任史馆修撰，后升为中书舍人。裴度平定淮西的时候，请韩愈担任了行军司马。韩愈作为文人，却上了战场，他出谋献策，参与军机，立有功劳。平叛结束后，韩愈因功升任刑部侍郎，成为朝廷高官。

唐宪宗削藩取得重大成果，重新树立了皇帝权威，便飘飘然起来，日益骄奢。819年，唐宪宗派人前往凤翔，要把佛骨（舍利子）迎到长安来。迎佛骨活动兴师动众，规模宏大。韩愈不信佛，觉得这样劳民伤财，实在没有好处，于是写了《论佛骨表》，极力劝谏。

韩愈在《论佛骨表》中说，中国本来没有佛，尧舜和商周时期天下太平，几位圣贤和君主都是高寿。可是，自从佛传入中国以后，战乱不断，国运不长，皇帝也不长寿。梁武帝就是因为信佛，才导致国灭身死的。所以，陛下千万不要信佛。

韩愈还说，佛就是个不开化的外国人，不懂中国话，不知道君臣之义、父子之情。他如果活着，陛下都没有必要接见他；何况他已死多年，枯朽的指骨，是污秽不祥的死尸残留部分，怎么能允许他进入宫廷呢？陛下耗费人力物力，奉迎佛骨，实在是不明之举，对天下百姓无益。佛如果真的有灵的话，就让他降灾祸于我吧，我绝不后悔。

韩愈真是快人快语，胆大无忌，这样的话，在今天恐怕都很少有人敢说。当时，佛教已经十分兴盛，韩愈对佛的大不敬，自然引起佛教徒和信佛的达官贵人的切齿痛恨，他们纷纷要求将韩愈处以极刑。多亏裴度等人极力保他，韩愈才保住了性命，只是被贬为潮州刺史，逐出朝廷。唐宪宗对韩愈已经是格外开恩了。

后来，唐宪宗想再起用韩愈，可是，裴度已被疏远，奸臣皇甫镈当了宰相。皇甫镈说："韩愈固然有才，但终究太过狂放粗疏了，不宜再用。"于是，韩愈始终没有再得到重用。

韩愈在官场上屡受挫折，但在文学、思想、哲学等方面却成就斐然。他在文学方面，倡导古文运动，主张文章"发言真率，无所畏避"，敢于讲真话实话，为后人留下了大量优秀诗文，被誉为"百代文宗"。他在思想方面，力避佛、老，致力于复兴儒学，取得重大成果。许多人认为，儒学自孔、孟之下，便是韩愈了。他在哲学方面，具有辩证思维，并不拘于传统观念，敢于创新，有独到的建树。韩愈作为铁骨文人，不适宜当官，却十分适合做学问。

唐宪宗暴崩后，他的儿子唐穆宗继位。韩愈被召回朝廷，担任兵部侍郎、吏部侍郎等职。唐穆宗是个昏庸的皇帝，韩愈自然也没有什么作为，便专心致志地做学问。

824 年，韩愈病逝，享年五十七岁。

韩愈铮铮铁骨，在政治上难以施展抱负，却能在文学海洋里任情翱翔，也是一件幸事。韩愈如果在官场上得意，恐怕就不会成为唐宋八大家之首、留下千古美名了。真是塞翁失马，焉知非福。

闲适洒脱白居易

    文人都有性格，而且性格各异。同样生活在唐朝中期的白居易，与一身铁骨的韩愈不同，他起初也是"兼济天下"，但政治上不得意，便转向"独善其身"，饮酒作诗、逍遥自在去了。白居易被称为"诗王"，与李白、杜甫并称为"唐代三大杰出诗人"。

    两唐书记载，白居易，字乐天，号香山居士，又号醉吟先生。他祖籍山西太原，迁居下邽，生于河南新郑。白居易出身官宦之家，比韩愈幸福多了。其父叫白季庚，当过彭城令，后升为襄州别驾。

    白居易从小受到良好教育，擅写诗文。他十五六岁时，袖中装了自己的诗作，去请教名士顾况。顾况自恃才高，别人的诗文，没有一个看上眼的，可读了白居易诗作后，大为惊讶，说："我以为有才华的人已经没有了，没想到出现了你。"

    798年，白居易参加科举考试，高中甲科，被授予秘书省校书郎。806年，他参加唐宪宗亲自主持的朝廷考试，又一举考中，被任命为集贤殿校理，第二年任翰林学士，第三年升任左拾遗。白居易的科举和仕途之路，也比韩愈顺畅多了。

    白居易一路擢升，春风得意，他想起孟子的名言"达则兼济天下"，于是豪情满怀，关注天下大事，打算一展胸中的政治报负。

    白居易多次向皇帝上书，阐述自己的政治见解，提出治国之策。大概是因为白居易年轻，又没有经历过苦难，对民情和现实了解不透彻，所以并没有引起唐宪宗的重视。白居易连续上书多次，均如泥牛入海，没有音讯。

    白居易在上书阐述自己政治主张的同时，也写了大量诗歌。这些诗歌，多数反映社会问题，针砭时弊，抒发自己的政治理想，其中有许多讽刺诗。这倒引起了唐宪宗的重视，但是却很不满意。

唐宪宗对宰相李绛说："白居易这小子，是朕提拔的，他却对朕无礼，真是气人。"好在李绛是贤相，劝皇帝广开言路，不要与他计较。唐宪宗这才没有发作，让白居易安稳了好多年。

815年，宰相武元衡遇刺身亡，朝野震惊。白居易与武元衡是好朋友，他痛心疾首，上书要求追究真凶，言辞激烈。有大臣弹劾他，说这不是他职权范围内的事，属于越职。又有人弹劾他，说白居易母亲是坠井死的，可他却写了《新井篇》的诗，言辞浮华，没有孝道。唐宪宗早就对白居易不满意，借机将他贬为江州司马，逐出朝廷。

白居易正在春风得意之时，忽然遭此打击，而且理由又是牵强附会，顿时如同冷水浇头，心灰意冷。白居易又想起孟子名言的下一句："穷则独善其身。"于是，他变得不再热衷于政治，而喜欢游山玩水，饮酒作诗，广交朋友，活得超脱潇洒，无拘无束。

被贬江州事件，对白居易打击很大，是他一生中的转折点和分水岭，使他前后判若两人。那一年，白居易四十四岁。

唐宪宗死后，唐穆宗爱慕白居易的才华，把他召入朝中，先后任司门员外郎、中书舍人等职。当时朝廷混乱，唐穆宗荒怠政事，大臣们明争暗斗，争权夺利。白居易早已没有了年轻时兼济天下的豪情壮志，厌倦了政治。他见朝廷黑暗，于是主动要求外任。

822年，白居易被任命为杭州刺史，三年后又改任苏州刺史。白居易任职期间，关心百姓生活，修筑西湖堤防，疏浚六井，开凿山塘河，还是有一些政绩的。苏杭素有"人间天堂"之称，白居易也饱览了山湖美景，好不快活。

826年，白居易借口有病，辞去刺史职务，与刘禹锡等一帮文友，游览于扬州、楚州一带，无拘无束地游玩。

白居易晚年时，在朝中担任太子宾客分司、太子少傅一类的闲职，七十岁时，领取一半的俸禄退休。

846年，白居易在洛阳寿终正寝，享年七十五岁。

白居易的一生，始终遵循"达则兼济天下，穷则独善其身"的信条，在被贬江州之前，他关心政治，以天下为己任；遭受挫折后，便以修身养性、闲适洒脱为乐事。白居易的下半生，既崇尚儒学，又吸收了道家逍遥观念，还接受了佛教的"解脱"思想，一切都能看得开、放得下，所以活得洒脱自如，自由自在。

当然，白居易在"独善其身"的同时，仍然关心天下苍生，这从他许多反映民间疾苦的诗文中，能够体现出来。

白居易为后世留下近三千首诗歌，其中有大量的闲适诗，这是白居易诗歌的重要特点。闲适诗的宗旨在于"独善其身"，强调远离是非，知足保和，表现出淡泊平静、闲逸悠然的情调，被许多人所喜爱。

白居易的闲适诗，实质上是表达一种淡泊名利、清新自然、心态平和、知足常乐的人生态度。这种人生态度，有利于人的身心健康和社会和谐，因而对后世影响很大。

唐穆宗游玩出意外

唐宪宗被宦官毒死了，三子李恒继位，是为唐穆宗。唐穆宗既不是长子，又无德才，而且不被父亲宠爱，可他母亲家庭势力大，又有宦官支持，所以先当太子，再当皇帝。

两唐书记载，唐宪宗一生没立过皇后，但嫔妃不少，先后生了二十多个儿子。长子李宁，为纪美人所生；次子李恽，生母不详，地位很低，大概是宫女生的；三子李恒，母亲是大名鼎鼎郭子仪的孙女。这三个儿子年龄相仿，只相差一两岁。

李恒母亲家族势力大，朝中大臣中，许多人与郭子仪有渊源，所以，郭妃一直为儿子谋取太子之位。唐宪宗感到很为难，他当皇帝后，迟迟没有立太子。

唐宪宗暗地里观察几个儿子的品行和才能，逐渐对长子李宁产生了好感。李宁喜欢读书，很有才华，又宽厚仁义，举止符合礼法。唐宪宗把心事对宰相李绛讲了，李绛也认为李宁最合适，并劝唐宪宗说："立太子是大事，关系社稷根本，不能久拖不决，否则的话，容易让别人产生觊觎之心。"

809 年，唐宪宗下决心立李宁为太子，可是，由于郭妃势力的阻挠，再加上连续遭遇大雨，原定于在春天举行的册立仪式，一直拖到秋天才举行。虽然颇费一番周折，但总算完成了一件大事，唐宪宗终于松了一口气。

不料，天有不测风云，李宁在被立为太子两年后，不幸染病，英年早逝，年仅十九岁。唐宪宗悲痛欲绝，十三天没有上朝。人死不能复生，再悲伤也没用，唐宪宗不得不再次为立太子之事伤脑筋。

郭妃见有机可乘，与兄弟郭钊商议，联络朝中大臣，纷纷上书谏言，要求立李恒为太子。郭妃还勾结宦官梁守谦、王守澄、陈弘志等人，秘密进行策划。梁守谦是右神策军统领，手握兵权；王守澄、陈弘志在皇帝身边服侍。几个人都有权有势，又得到唐宪宗信任，所以能量很大。

不过，宦官吐突承璀等人，与次子李恽关系不错，以按照次序继承为由，打算拥立李恽为太子。吐突承璀是左神策军统领，势力也不小。这样，宦官们分成两派，闹得不可开交。最终，因郭妃家族势力过大，唐宪宗无奈立了三子李恒为太子。

唐宪宗虽然立了李恒为太子，但心里并不满意，所以，当群臣上表请求立郭妃为皇后的时候，唐宪宗以各种借口拒绝了。郭妃对此非常生气，她在朝野广结党羽，与吐突承璀等人进行较量，拼死也要保住儿子的太子地位。

吐突承璀等人对拥立李恽失败并不甘心，他们也看出了唐宪宗的心思，暗中进行谋划，打算一有机会，就废掉李恒，改立李恽。因此，李恒的太子之位并不牢固。

李恒很清楚自己的处境，内心十分紧张，他悄悄问舅舅郭钊，应该怎么办？郭钊却胸有成竹，告诉李恒说，什么都不要做，只耐心等待就行。郭钊在朝中任司农卿，他与梁守谦、王守澄等人早就谋划好了，想借机暗害唐宪宗，让李恒提前登上皇位。

820年，唐宪宗因服用丹药患病，梁守谦等人见机会来临，便开始了行动。在唐宪宗身边伺候的宦官王守澄、陈弘志趁机下毒，毒死了唐宪宗，对外宣称是皇帝无法承受丹药而暴崩。梁守谦随即领兵诛灭反对派，吐突承璀、李恽等人猝不及防，全被诛杀。李恒顺利登上帝位，被称为唐穆宗。

唐穆宗登基时二十六岁，年富力强，正是可以大有作为的年龄。唐太宗李世民和唐玄宗李隆基，都是二十七八岁称帝的，一个开创了贞观之治，一个打造了开元盛世，都创造了辉煌业绩。然而，唐穆宗生性好玩，并不想效法他们，觉得那样太辛苦了。当时，唐宪宗削藩取得成功，重塑中央权威，唐穆宗认为天下太平，可以纵情享乐。

唐宪宗的丧礼刚过，唐穆宗就急不可耐地带领大批亲信，外出打猎去了。此后，唐穆宗几乎就干两件事：在宫内吃喝玩乐，观看歌舞、角牴戏，欣赏杂技、俳优表演；出宫则骑马打猎、击鞠，四处游玩。唐穆宗生日时，别出心裁地想搞一次大型庆祝活动，因开支太大，被群臣劝阻。

唐穆宗在宫内大兴土木，修建了永安殿、宝庆殿等大型建筑，还用重金装饰京城内的安国寺、慈恩寺、千福寺等寺院，花费了大量钱财。在修假山时发生事故，七个民夫被砸死。新殿建成后，唐穆宗在那里观看百戏，极欢尽兴。

唐穆宗喜欢搞大型宴会，一次就要数百上千人。重阳节那天，唐穆宗又想借机大摆宴席，把皇亲国戚、文武百官和一些老年人都请来。大臣们上奏说："陛下刚登临大宝，年号尚且未改，这样大举宴会，恐怕不合适。"唐穆宗根本不听。

唐穆宗最喜欢的，还是打猎游玩。有一次，边境夷族来犯，形势吃紧，唐穆宗却不管不顾，带领神策军一千余人外出打猎。几个大臣跪在马前劝谏，唐穆宗说："朕已决定出行，你们不要再烦朕了。"

唐穆宗对宴会游乐之事很上瘾，他对大臣丁公著说："欢宴游乐，说明国家富强，天下太平，五谷丰登，朕感觉很欣慰。"

丁公著趁机劝谏说："凡事过了限度，就不是好事了。国家自天宝以后，风俗奢侈，酒宴过多，上行下效，造成很多弊端。陛下还是节制一下为好。"唐穆宗不以为然。

唐穆宗"宴乐过多，畋游无度"，终于乐极生悲，发生了意外。822 年，唐穆宗与宦官内臣打马球，在玩兴正浓之时，一个宦官突然从马上栽下来，昏死过去。唐穆宗猛然受到惊吓，一阵头晕目眩，也从马上摔下来。御医赶快抢救，诊断是中风。从此，唐穆宗瘫痪在床，再也爬不起来了。

824 年，只当了四年皇帝的唐穆宗，由于游玩过度，发生意外，一命呜呼，年仅三十岁。

唐穆宗死后，其长子李湛继位，是为唐敬宗。没想到，唐敬宗也是个短命天子，只当了两年皇帝，就被宦官谋杀了。

宦官又杀一皇帝

在唐朝中后期，宦官专权，权势熏天。宦官在毒杀唐宪宗六年之后，又谋杀了他的孙子唐敬宗。不过，唐敬宗并不是一个称职的皇帝。

两唐书记载，唐敬宗名叫李湛，是唐穆宗李恒的长子，生于809年，母亲姓王，是唐穆宗的嫔妃。李湛十四岁时，被册封为皇太子。

824年，唐穆宗驾崩，唐敬宗在灵柩前继位，时年十五岁，是唐朝第十三位皇帝（不含武则天和唐殇帝李重茂）。唐敬宗从小长于深宫，只知道吃喝玩乐，而不知人间疾苦，更不懂得治国之道。由于父亲是意外死亡，唐敬宗没有做好当皇帝的准备，甚至压根儿就不会当皇帝。

唐敬宗完全继承了父亲喜欢游乐的基因，而且有过之而无不及。唐敬宗在即位的第二个月，丧礼尚未结束，他就在中和殿打球，连打两天。打球累了，就在中和殿大摆宴席，胡吃海喝，尽情欢宴。

唐敬宗不喜欢上朝议事，对国家大事不放在心上。大臣们为了参加朝会，都是天不亮就起床准备。可是，到了朝堂，皇帝却不见踪影。大臣们只好三番五次去请，直到日上三竿，唐敬宗才懒洋洋地来到。大臣们进行劝谏，有的大臣把头都磕破了。唐敬宗心生厌烦，干脆请也不来了，一个月也难得上两次朝。

唐敬宗和他父亲一样，喜欢大兴土木。他即位以后，从春天到寒冬，相继修建宫殿楼阁，没有一天停息，官员和匠役之人都怨声载道，以至于发生了历史上罕见的染工暴动事件。大臣们都认为，这是因为唐敬宗一味沉湎于游乐，经常不在宫中，给不法之徒留下了可乘之机。

唐敬宗喜欢玩乐，而且变本加厉，花样不断翻新。他在陆地上玩腻了，就想玩水上游戏。有一天，唐敬宗忽然给盐铁使下诏，要他建造二十艘龙舟，打算举行龙舟竞赛，而且要把木材从南方运到长安，在京师打造龙舟。这一项花费巨大，要占国家当年转运经费的一半。大臣们极力劝谏，唐敬宗才答应削减了一些费用。

825年，唐敬宗忽然心血来潮，要去骊山游玩。大臣们劝谏说："骊山是不祥之地，从周幽王以来，游幸骊山的帝王都没有好结果。秦始皇葬在那里，国家二世而亡；玄宗在骊山修建行宫，安禄山造反；先帝去了一趟骊山，回来就驾崩了。所以，陛下还是不去为好。"

大臣们是想吓唬年轻的皇帝，阻止他兴师动众，到处游玩。不料，听大臣们这么一说，唐敬宗倒来了兴趣，说："骊山真有这么凶险吗？越是这样，朕越是要去，看是否会应验。"唐敬宗不顾大臣们劝阻，固执前往。回来之后，唐敬宗对左右说："朕去骊山玩得很开心，没什么凶险之事。看来，臣子们的话，不可全信。"唐敬宗从此更加我行我素了。

唐敬宗丝毫不汲取父亲的教训，酷爱打马球。唐敬宗是一位马球高手，宦官刘克明、苏佐明等人，也擅长马球，因而受到唐敬宗宠信，时刻不离左右，整天陪着他玩。

唐敬宗不仅自己喜欢打马球，也要求禁军将士和宫廷之人都要参加。826年六月，唐敬宗在宫中举办了一次体育盛会，除了马球比赛之外，还有摔跤、散打、杂戏等多个项目。唐敬宗玩兴大发，竟然别出心裁，令人骑驴进行马球比赛，一直折腾到深夜，才准许人们休息。大家都精疲力竭，疲惫不堪。

唐敬宗实在是太能玩、太会玩了，无论是打猎游玩，还是观赏搏击、拔河、龙舟竞赛等项目，他从来都是乐此不疲。唐敬宗白天玩不够，晚上带人捕狐狸取乐，称之为"打夜狐"。从两唐书记载来看，看不到唐敬宗在治国理政上有什么才干和政绩，却看到他在游玩方面花样百出，与众不同。幸亏他在位时间短，不然的话，大唐王朝恐怕要被他玩完了。唐敬宗如此作为，自然引起朝野的普遍不满。

唐敬宗在玩的方面很认真，不允许人们敷衍或有失误，否则予以重罚。不少陪他玩的宦官受到责罚，轻则辱骂，重则鞭打，有的还被削职减俸，甚至被流放。他所宠信的刘克明、苏佐明等人，也不能幸免。时间一长，宦官们人人心怀畏惧，怨愤不已。

826年十二月的一天夜里，唐敬宗又一次带人出去"打夜狐"，多人因配合不好，遭到打骂。回宫之后，唐敬宗不知疲倦，仍然兴致高昂，又与刘克明等二十多名宦官饮酒作乐。唐敬宗喝得酒酣耳热，入室更衣。忽然，一阵风起，把灯烛刮灭，大殿顿时陷入一团漆黑。

刘克明、苏佐明、石定宽等几个宦官，趁机进入更衣室，把唐敬宗谋害了。唐敬宗死时十七岁，当皇帝只有两年。

第二天，刘克明等人宣称，皇帝得急病死了，并伪造遗诏，令绛王李悟代理监国，即皇帝位。李悟是唐宪宗第六子、唐敬宗的叔叔。刘克明等人借拥立之功，企图谋取高官。

唐敬宗突然死亡，立刻引发轩然大波。唐敬宗再不称职，也是名正言顺的皇帝，弑君就是逆天大罪。宦官王守澄、梁守谦率神策军入宫问罪，弑君者无法抵御，刘克明投井而死，其党羽数十人被杀，李悟也被杀害。宦官们拥立唐敬宗的弟弟李昂为帝，是为唐文宗。

刘克明等人心怀私怨，弑君另立皇帝，企图恃功把持朝政，但美梦瞬间灰飞烟灭。

滑稽的染工暴动

　　唐敬宗虽然只当了短暂的两年皇帝，可在任期间却发生了一件惊天大事，就是染工暴动。染工们杀入皇宫，差一点要了唐敬宗的小命。

　　在中国历史上，由于饥寒交迫，农民起义屡见不鲜，但染工暴动却罕见。特别是，暴动者不是因为饥寒，也不是为了反抗压迫，似乎就是为了享受一下皇宫生活。真够滑稽的。

　　染工，是朝廷官营染坊的工人，专职负责皇宫里的丝织品印染。由于唐敬宗喜欢奢华，各地向朝廷进献的丝织品很多，印染的任务很重。染坊有许多染工，他们日夜劳作，十分辛苦。染工们目睹皇宫里过着纸醉金迷的生活，心里既羡慕，又愤愤不平。

　　染工有个头目，叫张韶，干染工多年。史书没有记载张韶是哪里人、多大年龄。张韶在长安时间久了，与街上一个摆摊算命的先生成了好朋友。算命先生名叫苏玄明，能说会道，显得玄机奥妙。张韶常找他算卦，偶尔也能应验，因而对他十分信服。

　　有一天，张韶又与苏玄明一块喝酒。饮酒无聊，苏玄明便为张韶占卜一卦。忽然，苏玄明故作吃惊，指着卦象，对张韶说："张兄，你要大富大贵了！从卦象上看，你应该身在皇宫，坐在皇帝的御榻上，与我共同饮酒。"张韶听了，心中大喜。

　　苏玄明说者无心，张韶听者有意，动起了歪脑筋。张韶知道，当今皇帝贪玩，白天游乐，晚上猎狐，大部分时间都不在宫中。朝廷官员和宫中之人都很懒散，皇宫防守松懈，要想混进皇宫，并不是一件很难的事情。前不久，有个叫徐忠信的普通百姓，就混入皇宫，在宫中游玩半天，一直走到皇帝洗澡的浴堂才被发现，引起轰动。

张韶动了一番脑筋，制订了混入皇宫的计划。染工中有少部分人，本来就有进入皇宫的通行证，可以借口送货，大摇大摆地进入皇宫。可没有通行证的人怎么办？张韶想到了运送紫草的车辆。紫草是印染的原料，用量很大。张韶的计划是，把人藏在车内，上面覆盖紫草，混入皇宫后，找地方躲藏起来，晚上再统一行动，偷袭皇宫。

张韶把自己的计划，向同伴们一说，立刻引起热议。这些染工们，头脑简单，平时怨声载道，听说能进皇宫享受，一个个跃跃欲试。也有一些胆小的，不敢参加。张韶又联络了一些长安街上的流氓混混，总共凑了一百多人。

824年四月，一场匪夷所思的染工暴动发生了。张韶按照计划，带着数辆满载紫草的大车走向皇宫。张韶与守门人员很熟，第一道门顺利通过。可是，皇宫里有许多道门，越往里走，防守越严。好在张韶经常带车进入皇宫，没有引起守门人怀疑，一连通过了好几道门。

张韶一路顺利，心中暗喜，眼看进入了皇宫核心区域。不料，在一道门前，车辆被拦下了。紫草本来很轻，即便满满一大车，也没有多重的分量，可是，车里藏了人，就显得很沉重了。守门人员起了疑心，要检查车辆。

这一下露了馅，再也瞒不住了。张韶只好从紫草里抽出刀来，把一守门人砍了。藏在车里的人，也不得不跳出来，把几个守门人全杀了。张韶见出了意外，只得由夜间偷袭改为白天强攻了。张韶集合起人员，分作两队，一队去攻占武器库，夺取兵器；一队直扑皇帝居住的清思殿，打算捕获皇帝。

这一天，唐敬宗偏偏没有出宫游玩，而是在清思殿打马球。唐敬宗正玩得高兴，忽然听说发生了暴乱，立刻惊慌失措。他打算出宫躲避，可是，张韶熟悉宫中情况，已经关闭了清思殿向南出宫必经的浴堂大门。清思殿守卫人员不多，耳听喊杀声渐近，唐敬宗心慌意乱，匆忙从后门逃跑。

唐敬宗逃出清思殿，打算到神策军军营避难。神策军分左右两军，右军一直支持唐敬宗，而左军的统领曾经是吐突承璀，因反对唐敬宗被杀，所以，唐敬宗长期偏爱右军，不喜欢左军。在这危急时刻，唐敬宗自然想到右军去。

可是，右军驻扎西面，距离较远；左军驻扎东面，路途较近。唐敬宗手下纷纷劝谏，说："不知道造反的有多少人，右军路远，万一路上碰到贼人，就麻烦了，还是去左军保险一些。"唐敬宗觉得有道理，只好向东而逃。

此时的左军统领，是宦官马存亮。马存亮因为左军曾经反对过唐敬宗，一直小心谨慎，委曲求全，如今听说皇帝前来避难，激动不已，一路小跑迎出营外，跪在地上，用舌头舔皇帝的靴子，并亲自背着皇帝进了军营。唐敬宗觉得安全了，松了一口气，这才想起老妈来，急令马存亮派兵，把太后也接进军营。唐敬宗又令马存亮整顿兵马，前去平叛。

张韶带领染工兄弟，顺利冲入清思殿。清思殿已空无一人，皇帝吃的御膳，还在御案上摆着。张韶一屁股坐到御榻上，开心极了。他真的进了皇宫，坐上了御榻，苏玄明的占卜真灵。

张韶令人把苏玄明请来，深深地向他施了一个长揖，说："苏兄，您老人家的卦真灵啊！"苏玄明也喜笑颜开，二人坐在御案两边，享用着御膳，大吃大喝起来，感觉就像神仙一样快活。

两人推杯换盏，正喝得高兴，苏玄明问："张兄，下一步怎么办？"张韶一愣，说："咱们坐着御榻，吃着御膳，已经应验了您的占卜，哪里还有下一步？"

苏玄明一听，大吃一惊，顿时把酒意吓跑了。他从御榻上跳起来，睁圆了眼睛，急匆匆地说："官军肯定快打过来了，我们在这里等死吗？"张韶的酒也吓醒了，他拉着苏玄明，召集手下，急忙跑去武器库。此时，攻打武器库的那队人员，仍未得手。守卫武器库的官兵奋力抵抗。

张韶把全部人员集中起来，又把宫中珍宝分发给大家，令众人拼死也要攻占武器库。占领武器库，虽然不是长久之计，但有了大量兵器，起码可以抵挡一阵子。此时此刻，张韶也没有别的办法了。

武器库战斗正酣之际，左神策军兵马使康艺全率兵赶到。张韶那百余名乌合之众，怎能敌得过装备精良、训练有素的禁军。官军如同砍瓜切菜一般，三下五除二，转眼之间，染工队伍全军覆灭，无一幸存，张韶、苏玄明自然也身首异处了。可怜那些染工兄弟，连御膳都没吃上一口，就同赴黄泉。

染工暴动，事出突然，而且毫无征兆，当时皇帝也不知去向，闹得朝廷百官四处逃散，长安城中人心惶惶。第二天，唐敬宗在禁军护卫下，返回皇宫，前来迎接的朝廷官员，只有寥寥数十人。

唐敬宗对马存亮、康艺全等有功人员予以奖励，因左军护驾有功，还特地免了吐突承璀之罪，令其子将他重新安葬。同时，将染坊官员田晟、段政免官流放，对守门失职的三十五人一并笞打。轰动京城的染工暴动，终于落下帷幕。

从史书记载来看，染工暴动显得荒唐滑稽，似乎是一场闹剧。后来，有许多学者认为，染工暴动并非这么简单，可能有深层次的原因。学者们纷纷进行研究，但没有得出一致的结论。

染工暴动发生以后，大臣们纷纷上书，认为是唐敬宗不理朝政，贪图游乐，才招致了这场灾祸。

甘露之变宦官逞威

　　唐敬宗被谋杀之后，宦官们拥立唐敬宗的弟弟李昂称帝。李昂痛恨宦官专权，联合朝中大臣，发动"甘露之变"，企图一举消灭宦官势力。然而，宦官们手握兵权，软禁了皇帝，对朝臣展开疯狂屠杀，大逞淫威。宦官势力达到鼎盛。

　　两唐书记载，李昂生于 809 年，是唐穆宗李恒的次子，母亲萧氏，是唐穆宗的侍女。

　　826 年，宦官刘克明、苏佐明等人谋杀唐敬宗，伪造遗诏，欲迎敬宗叔叔李悟入宫为帝。两天之后，宦官王守澄、梁守谦率神策军入宫，杀死刘克明、李悟等人，拥立李昂为帝，是为唐文宗。

　　唐文宗当时十七岁，他恭俭儒雅，博通群书，擅长作诗，但性格软弱，也缺乏治国才干。唐文宗在位期间，"牛李党争"更加激烈，许多正直的大臣被排挤出朝廷。由于宦官执掌禁军，很有权势，有些大臣就与宦官勾结，沆瀣一气，使得宦官势力更加强大，以至于连皇帝的生死废立，也操纵在宦官手里。

　　唐文宗虽然软弱，但知道宦官专权会危害朝廷，很想清除宦官势力。唐文宗登基不久，就与宰相宋申锡暗中商议，想剥夺王守澄的兵权。不料，王守澄早有警惕，抢先下手，罗织罪名，诬告宋申锡谋反，逼得唐文宗把宋申锡贬官流放。宋申锡不久病死。

　　后来，唐文宗重用李训为宰相，郑注为御史大夫，将二人视为心腹。但二人不和，而且缺乏才干。李训建议，利用宦官之间的矛盾，进行分化瓦解。王守澄有个部下，叫仇士良，两人有矛盾。唐文宗就提拔仇士良当中尉，分了王守澄一部分兵权，不久，又升王守澄为左右神策观军容使，明升暗降，夺了他的兵权，由仇士良统领神策军。王守澄失去禁军兵权，犹如老鹰失去翅膀，唐文宗派一使者，将他毒死在家中。

唐文宗除掉了王守澄，松了一口气，但没高兴几天，就发现仇士良比王守澄还要跋扈，真是前门驱狼，后门进虎。唐文宗意识到，宦官已经形成了一个庞大的集团，只有把他们全部消灭，才能重振皇威。于是，唐文宗与李训、郑注商议，联络金吾大将军韩约，大臣罗立言、李孝本等人，设下计谋，打算以观看甘露为名，将仇士良等宦官诱至金吾院内全歼。设想虽然不错，但谋划不够周密。

消灭宦官需要兵力，当时，禁军全由宦官掌控着，韩约手下的士兵不多。唐文宗便任命户部尚书王璠为太原节度使，任命大理卿郭行余为邠宁节度使，让他俩在上任之前，以节度使的名义，在京城招募士兵，作为消灭宦官的主要兵力。可是，这临时拼凑的士兵，怎么能是禁军的对手呢？

835年的一天，计划开始实施。唐文宗上朝时，韩约按照事先安排，向皇帝奏报说，金吾院内石榴树上，昨晚发现有甘露降临，是祥瑞的征兆。唐文宗故作惊喜，命宰相李训带中书、门下两省官员去察看。官员回来后，说法不一，有的说是真甘露，有的说是假的。唐文宗又令宦官仇士良，多带些人再去察看。仇士良没有怀疑，带领一批宦官，前往金吾院。

宦官刚走，李训急忙召集王璠、郭行余带兵前来，准备配合韩约，全歼宦官。结果，王璠害怕，没敢来，只有郭行余率领刚招募的数百士兵来到，兵力明显不足。

仇士良等人跟着韩约，进了金吾院。韩约十分紧张，满脸流汗。仇士良觉得奇怪，问："将军为何这样？"韩约更加紧张，结结巴巴地说不出话来。仇士良顿时起了疑心。恰在这时，一阵风吹过，把院中帷幕掀起一角，露出了全副武装的士兵。仇士良情知不妙，大喊一声，撒腿就往外跑，守门士兵还没来得及关门，仇士良一伙就冲了出去。

仇士良心里明白了，这是一场阴谋，而且主谋可能是皇帝，当务之急是要控制住皇帝。仇士良一伙一路飞奔，冲进朝堂，不由分说，抬起唐文宗，口称有人造反，拼命往后宫跑。

李训急忙上前阻挡，抓住轿子不放，被宦官一拳打倒在地。这时，郭行余带领士兵杀出，罗立言、李孝本也带手下人赶到，一齐追杀宦官，杀死宦官数十人。仇士良不管不顾，抬着皇帝，狂奔入宫，关上了宫门。

仇士良喘息未定，立即调集禁军，说朝臣造反，咬牙切齿地下达了斩杀令。宦官刘泰伦、魏仲卿各领禁军五百人，呐喊杀出。郭行余临时招募的士兵，顿时作鸟兽散。宦官们闯入各司衙门，不分青红皂白，见朝臣就杀。各司的大印、地图、户籍档案和办公用品多被捣毁。朝廷上自宰相，下至小吏，纷纷向城外逃命。仇士良下令，出动骑兵一千多人，出城追杀。

堂堂朝廷，经历了一场浩劫。李训、王涯、贾𫗧、舒元舆四位宰相和郑注、韩约、郭行余、罗立言、李孝本等数十名大臣，均遭杀害。那个临阵退却的王璠，也未能幸免，被宦官杀死。城中无辜百姓，也死伤数千人，尸体狼藉，血流成河，这就是历史上著名的"甘露之变"。唐文宗等人的计划未能成功，反而深受其害。

事变之后，唐文宗战战兢兢地上朝，发现朝臣少了一大半，朝堂几乎一空，不禁流泪叹息。但他已经被宦官控制，身不由己，没有任何办法了。

从此，唐文宗被软禁，国家大事均由宦官做主，宰相和大臣们形同虚设。宦官们盛气凌人，藐视天子，视群臣如草芥，宦官势力达到极盛。

唐文宗对此一筹莫展，整日饮酒求醉，麻痹自己。有一次，唐文宗对当值学士周墀说，自己的处境，还不如历史上的周报王和汉献帝。周墀听了，忍不住伏地痛哭，君臣相对而泣。

840年，唐文宗抑郁成病，感觉不久于人世，便让太子李成美监国，准备继位。可是，由谁继位当皇帝，唐文宗说了不算。仇士良见皇帝快不行了，便废掉太子，立唐文宗的弟弟李炎为皇太弟，准备接班。仇士良把李炎带到朝堂上，与百官相见，明确了他的继承人

身份。唐文宗知道后，只能唉声叹气，无可奈何。群臣更是无人敢
反对。

不久，唐文宗带着无限的惆怅，与世长辞，时年三十一岁。在宦
官拥立下，其弟李炎继承帝位，是为唐武宗。

宦官势力如此之盛，究其根本原因，是皇帝软弱和无能。唐武宗
登基以后，英武果敢，重振皇权，宦官势力受到压制，就难以兴风作
浪了。

唐武宗会昌中兴

    唐朝后期，唐武宗李炎是一位比较有作为的皇帝。他知人善任，重用宰相大臣，削弱宦官势力，加强皇权，改革积弊，发展经济，稳定边疆，唐朝一度呈现中兴局面。因唐武宗年号是会昌，史称"会昌中兴"。

    两唐书记载，李炎是唐穆宗李恒的第五子。唐穆宗游乐无度，只当了四年皇帝就出意外死了，可他的三个儿子李湛、李昂、李炎，在他死后相继称帝，分别是唐敬宗、唐文宗、唐武宗。这种情况，在历史上极为罕见。

    唐武宗被宦官拥立为帝，称帝时二十七岁，正值年富力强。唐武宗与文弱的哥哥唐文宗不同，他喜欢骑马射箭，结交朋友，性情刚毅，雄谋勇断，很想有一番作为。

    唐武宗登基时，遇到的主要问题，仍然是宦官专权。唐武宗想削弱宦官的势力，但他吸取"甘露之变"的教训，没有像他哥哥那样，采用极端措施，而是采取表面尊重、实则冷淡、逐步削弱的办法，让宦官们在不知不觉中失去了权力。

    唐武宗首先加强中书省的力量，选用一批忠诚能干的大臣，强化中书省的职能作用，皇帝颁发诏令、朝廷事务运转，都通过中书省。唐文宗之所以斗不过宦官，一个重要原因，是他用人不行，很多大臣的才能赶不上宦官，所以宦官才能为所欲为。而唐武宗有知人之明，他选用的大臣，个个精明强干，对付宦官绰绰有余，时间不长，宦官们就处于下风了。

    唐武宗重用李德裕为宰相。李德裕可不是一般的人物，他是唐朝杰出的政治家、战略家、文学家，后世有学者将他与管仲、商鞅、诸葛亮、王安石、张居正并列，称为封建时代六大政治家之一。不过，李德裕大搞"牛李党争"，被人诟病。唐文宗时期，牛党得势，李德裕被贬出朝廷。唐武宗称帝后，重用李德裕，李党又得势了。

李德裕才能出众，多谋善断，宦官岂是他的对手？时间不长，李德裕就总揽了朝廷大权。直到这时，仇士良才察觉不妙，他鼓动禁军，围攻李德裕，想把他排挤掉。唐武宗挺身而出，支持李德裕，平息了事端。仇士良见李德裕势力已经稳固，大势已去，主动要求告老还乡。唐武宗看在他有拥戴之功的份上，没有为难他。仇士良六十三岁病死，算是善终了。

在封建社会，皇权还是高于一切的，唐武宗没有大动干戈，就削弱了宦官势力。仇士良这棵大树一倒，其他宦官就树倒猢狲散，不能兴风作浪了。

在唐武宗时期，皇权、相权都得到加强，朝廷运转有序，大臣们各司其职，歪风邪气减少，政治风气大为改观，社会稳定，经济发展，人口比"安史之乱"时期增长一倍多，达到四千九百多万，出现了难得的兴旺景象。

唐武宗改革积弊，大力整顿官吏队伍。由于前几个皇帝软弱，朝纲混乱，致使官吏队伍庞大，贪污腐败盛行。唐武宗听从李德裕建议，大量裁减冗官，曾经一次就减掉官吏两千多人。唐武宗对官吏贪污现象深恶痛绝，专门下诏敕，规定凡贪污千钱以上的，一律处以死刑。唐武宗曾经搞过几次大赦，但犯有贪赃之罪的，不予赦免。唐武宗还下诏提高官吏俸禄，用以养廉。

唐武宗打击藩镇势力，进一步加强中央集权。藩镇势力经唐宪宗打击以后，老实了一段时间，近些年来，由于朝廷软弱，藩镇势力又有所抬头。唐武宗毫不妥协，对敢于反叛中央的藩镇势力，坚决予以打击。

841年，唐武宗即位不久，卢龙军大将陈行泰叛乱，擅自杀害节度使史元忠，还胆敢上表，要求自己当卢龙军节度使。唐武宗大怒，迅速出兵，一举平定叛乱，诛杀陈行泰。各地节度使为之震惊。

843 年，昭义节度使刘从谏病故，其侄刘稹要求接任。当时，朝廷刚与回鹘打了一仗，军队疲惫，有人建议接受刘稹要求，息事宁人。李德裕极力反对，认为这会形成一个不好的风气。唐武宗接受了李德裕的意见，坚决予以拒绝。刘稹恼怒，举兵反叛。李德裕亲自指挥平叛，用了半年多时间，平定叛乱，刘稹被杀。平定昭义叛乱以后，各地节度使再也不敢与中央对抗了。

唐武宗在任期间，成功抵御了回鹘南侵，给回鹘以重创，重新控制奚、契丹等少数民族。"安史之乱"的时候，朝廷驻守西域的军队被撤回，之后，唐朝基本上失去了对西域的控制。唐武宗雄心勃勃，打算重新收复西域，为此做了大量准备工作，可惜他在位时间短，没来得及实施就去世了。他的继任者唐宣宗完成了这一使命。

唐武宗还干了一件轰动一时的大事，就是开展灭佛运动，成为历史上著名的"三武灭佛"之一。

佛教自东汉传入中国以来，历经磨难，曾经有三个皇帝灭佛。一是北魏太武皇帝拓跋焘；二是北周时期周武帝宇文邕；三是唐朝时期唐武宗李炎。因这三个皇帝的谥号或庙号都带有武字，所以称为"三武灭佛"。

唐武宗灭佛的主要原因，是他信奉道教而不信佛教。唐武宗在灭佛诏令中说，佛教规模宏大，浪费了大量财物，寺院建得比皇宫还好，天下有十分财，佛占去了七八；寺院不纳税，僧人不参加劳动，影响了经济发展。所以，要对佛教进行打击。

唐武宗灭佛决心大、时间长、规模广。从他即位第二年开始，一直持续到 845 年。全国共拆除寺院四千六百余所，没收寺院田地数千万顷，遣散寺院杂役十五万人，强令二十六万僧尼还俗，给佛教以沉重打击。不过，唐武宗灭佛手段过于强硬，引起佛教徒和许多人反对。京城有七十多名尼姑，集体上吊自杀，以示抗议。

唐武宗打击佛教，笃信道教，迷恋长生不老，长期服用不老仙丹。不料，不老仙丹不仅无益，反而有害，唐武宗身体每况愈下，而且喜怒无常。

846 年，当了六年皇帝的唐武宗驾崩，时年只有三十三岁。

唐武宗死时，他的几个儿子幼小，宦官马元赞等人拥立李忱登基称帝。李忱是唐穆宗李恒的弟弟、唐武宗的叔叔。李恒的三个儿子相继为帝以后，皇位又回到他这一辈来了。

宦官们拥立李忱为帝，是看中了他的软弱无能，便于操控。然而，谁也没有料到，李忱的软弱无能是装出来的，他称帝以后，便开始大显身手了。

唐宣宗大智若愚

唐朝最后一个有作为的皇帝，是唐宣宗李忱。李忱在当皇帝之前，呆头呆脑，很少说话，一副愚笨的样子；他当了皇帝之后，却英姿勃发，精明强干，大展宏图，开创了"大中之治"，而且他聪慧睿智，从谏如流，有李世民之风，被人誉为"小太宗"。好一个大智若愚的皇帝！

两唐书记载，李忱，810年出生在大明宫，是唐宪宗第十三个儿子，是唐穆宗的弟弟、唐武宗的叔叔。李忱的母亲姓郑，侍女出身，地位卑贱。

李忱有二十多个哥哥弟弟，母亲又身份低微，因而不受宠爱，长期默默无闻。李忱年少时曾经做过一个梦，梦见他乘龙上天，便告诉了母亲。母亲吓了一跳，赶紧叮嘱他说："这梦千万不要让别人知道，你以后也不要再说这事。"

李忱从小就不爱说话，显得傻乎乎的，众人都认为他不聪明。李忱长大以后，目睹了宫廷争斗和尔虞我诈，深知宫廷险恶，更加沉默寡言，特别对于时政，从不发表任何意见。人们都认为他不懂政治。

李忱虽然是文宗、武宗的叔叔，但年龄差不多，甚至比文宗还小一岁，因而他们并不拿他当叔叔尊敬。尤其是武宗，很看不起这个窝囊叔叔，时常在公众场合取笑他。李忱只是傻笑，似乎并不在意。

846年，唐武宗病危，已经十多天不能说话了，经常处于昏迷状态。李德裕等大臣求见，被宦官阻拦，不能入内。眼见皇帝不行了，由谁继位就成了头等大事。唐武宗没有立太子，他有五六个儿子、七八个兄弟、二十多个叔叔，都有资格继承皇位。按照正常情况，李忱并没有优势，可他有愚笨这个优点，所以，宦官们看中了他。

宦官马元赞精心设计了两步棋。他以唐武宗诏令的名义，先让李忱监国，执掌了朝廷大权；很快唐武宗驾崩，李忱就名正言顺地继位当上皇帝，被称为唐宣宗。

唐宣宗称帝时三十七岁，已经相当成熟了。唐宣宗登基第二天，就一反常态，干了一件出乎意料、一鸣惊人的大事，震动了朝野。原来，唐宣宗下诏免去了李德裕的宰相职务，把他逐出朝廷，贬为荆南节度使，宣布由自己亲理朝政。

李德裕在朝中执政多年，位重功高，唐宣宗却一脚把他踢开，众臣无不惊骇。大家这才知道，唐宣宗并非软弱无能之辈，而是杀伐果断、具有雷霆手段的强人。

李德裕才能出众，辅佐唐武宗开创"会昌中兴"，功勋卓著。但他揽权过多，独断专行，不把他拿掉，唐宣宗难以亲政。另外，李德裕大搞党争，排斥牛党，在朝中有很多政敌。李德裕平时看不起李忱，唐宣宗早就对他不满意。所以，唐宣宗上台之后，首先拿他开刀。

唐宣宗此举，有两个重要含义，一是强化皇权，二是宣告延续四十多年的"牛李党争"结束。不过，唐宣宗对待功大于过的李德裕，明显有失公允。李德裕后来被一贬再贬，最终在崖州（今海南三亚崖州区）病逝，终年六十三岁。

唐宣宗崇拜唐太宗李世民，决心仿效，开创清明社会。唐宣宗把《贞观政要》端端正正地书写在屏风上，天天拱手拜读。

唐宣宗勤于政事，每天天不亮就上朝，亲自处理朝政，大小事务都由自己决断。他明辨事理，行事果断，雷厉风行，从不拖泥带水，所有事务，都处理得干脆利索，井井有序。群臣都被折服，惊呼："皇帝好像变了一个人。"

唐宣宗特别佩服唐太宗的善于纳谏，他知道，只有多听别人的意见，才能少犯错误。唐宣宗鼓励群臣直言进谏，他也做到了从善如流，凡是正确的谏言，无不听从。唐宣宗十分尊重大臣们的奏议谏言，凡有大臣重要的奏议，唐宣宗都是洗手焚香之后才进行阅读，其虔诚态度，超过了李世民。

唐宣宗重用忠诚正直的大臣。魏徵的五世孙魏谟，继承了祖辈的遗风，敢于犯颜直谏，唐宣宗提拔他当了宰相。其他大臣进言时，大都委婉而谏，魏谟却不管这些，总是开门见山，无所忌讳，语言犀利。唐宣宗常对别人说："魏谟有他祖辈的风范，朕敬重他。"

唐宣宗十分重视人才，千方百计进行收罗。他佩服白居易的才华，登基后派人四处打听他的下落，打算予以重用。可惜白居易八个月前就病逝了，唐宣宗感叹不已，专门写了《吊白居易》一诗。诗曰："缀玉联珠六十年，谁教冥路作诗仙。浮云不系名居易，造化无为字乐天。童子解吟长恨曲，胡儿能唱琵琶篇。文章已满行人耳，一度思卿一怆然。"

唐宣宗宽厚仁义，平易近人。宫中有些地位低下的杂役，只要唐宣宗见过一面，就能记住他的名字，从来没有弄错过。有时宫女杂役生了病，只要唐宣宗听说了，就派御医前去诊治，甚至亲自去探视病情和赏赐物品。这在历代皇帝中，是罕见的。宫中上下，全都盛赞唐宣宗是明君仁君。

唐宣宗对天下百姓，也是十分关心，经常深入民间，访贫问苦。唐宣宗知道，天下之大，他不可能全都走遍，于是想了个办法，专门组织一批翰林学士，将全国各州的风土人情和民生利弊编成册子，供他每天阅览。这样，皇帝不出门，便知天下事。

有一次，邓州刺史薛弘宗入朝奏事，唐宣宗与他谈起邓州的情况，头头是道，十分详尽，有些情况连薛弘宗都不知道。薛弘宗大为惊讶，逢人就说："皇上真是神仙，天下事他怎么知道得那么清楚！"

唐宣宗效法贞观之治，用心治理国家，自然是成效显著。在政治上，唐宣宗加强中央集权，限制宦官势力，整顿吏治，严明法纪，为"甘露之变"中的受害官员平反，纠正唐武宗灭佛的过火做法，允许佛教发展，努力形成政治清明、社会风尚良好的氛围。在经济上，实行勤俭治国，减轻百姓负担，鼓励农耕，百姓日渐富裕。在军事上，击败北狄，稳定北方；驱逐吐蕃，收复西域；平定安南，都护南疆。

唐宣宗当皇帝十二年，使混乱的大唐王朝有了很大起色，特别是唐宣宗的为政之道，颇有贞观之风。这一时期，被后人称为"大中之治"，唐宣宗被誉为"小太宗"。

不过，也有学者批评唐宣宗，说他只知道搞小恩小惠，不知大节。唐朝自"安史之乱"以后，长期存在藩镇势大和宦官专权两大弊端，并没有被彻底消除，唐王朝仍然暗藏危机。

859 年，唐宣宗病逝，终年四十九岁。

唐宣宗死后，继任的几个皇帝昏庸无能，国内危机爆发，唐朝再也没有中兴过，而是走向末路了。

书法大家柳公权

在中国书法史上，唐代书法大盛，是继晋代以后又一高峰，涌现出许多书法大家，柳公权是其中之一。柳公权历经穆宗、敬宗、文宗、武宗、宣宗五朝，他既是著名书法大师，也是朝廷重臣。

两唐书记载，柳公权，778年出生，京兆华原（今陕西铜川）人，出身官宦世家。他的祖父柳正礼、父亲柳子温，都当过朝廷官员；他的兄长柳公绰，担任兵部尚书。

柳公权从小受到良好教育，他勤奋好学，十二岁就能写诗作赋。柳公权成年后，参加科举考试，考中进士，步入仕途。他先是被授予秘书省校书郎，后进入夏州李听幕府，任节度掌书记。

柳公权酷爱书法，初学王羲之，后来遍观名家书法，取其之长，融汇新意，自创一体，被称为"柳体"。柳公权的书法刚劲有力，超脱清逸，以骨力劲健见长，与颜真卿齐名，素有"颜筋柳骨"的美誉，受到人们广泛喜爱。

820年，唐穆宗李恒即位。唐穆宗喜欢书法，把柳公权召进宫来，对他说："朕在佛寺中看到过你的笔迹，早就想见你了。"唐穆宗任命柳公权为右拾遗，补翰林学士，后又升任右补阙、司封员外郎。从此，柳公权在朝中为官。

唐穆宗死后，长子唐敬宗继位。唐敬宗只当了两年皇帝，就被宦官害死了，他的弟弟唐文宗当了皇帝。唐文宗喜欢文学，欣赏柳公权的文才，擢升他为尚书右司郎中、弘文馆学士，后又升任谏议大夫、中书舍人。

有一天，柳公权随唐文宗在花园游玩。唐文宗说："最近有一件高兴的事：过去守卫边疆的将士，常常不能按时发放服装，现在刚到春天，就换上春季衣服了。你能不能像曹植那样，即兴作诗一首？"

柳公权答应了，踱步吟诗，刚走出三步，一首诗就脱口而出："去岁虽无战，今年未得归。皇恩何以报，春日得春衣。"

唐文宗大悦，说："曹植七步成诗，你只用了三步，真给我朝增辉。"

柳公权的性格，就像他的书法一样，刚劲正直。有一次，唐文宗与朝臣谈起了节俭问题。唐文宗举起自己的袖子说："这件衣服，朕已经洗过三次了。"群臣纷纷赞扬唐文宗的节俭美德。

等到别人拍完了马屁，柳公权才不慌不忙地说："臣以为，像穿衣这样的小事，对君主来说，并不重要。当君主的，应该注重选用贤良，黜退佞臣，听取忠言，赏罚分明，这才是大节。"搞得唐文宗一脸尴尬。好在唐文宗是个有涵养的皇帝，并没有怪罪他。

唐武宗即位后，也很器重柳公权，升任他为右散骑常侍。当时，宰相李德裕权倾朝野。李德裕本来很尊重柳公权，但柳公权不善于搞人际关系，与另一个宰相崔珙走得较近，而崔珙与李德裕是政敌，所以李德裕一时生气，找了个借口，把柳公权降为太子詹事，后又改为太子宾客。

李德裕并不是心胸狭窄之人，后来，柳公权又获升迁，历任紫金光禄大夫、上柱国、国子祭酒、工部尚书等职，封为河东郡开国公，食邑二千户，成为朝廷重臣。

唐宣宗称帝后，很敬重柳公权，让他担任了太子少师。这个时候，柳公权已经七十多岁了，对他来说，官职爵位、功名利禄，都无足轻重，柳公权一心追求的，是他的书法艺术。

唐朝是个重视书法、名人辈出的朝代。在初唐时期，有"唐初书法四大家"，即欧阳询、虞世南、褚遂良、薛稷，另外还有钟绍京、陆柬之、王知敬等书法名人。到了中唐时期，不仅书法名人大量涌现，而且书法艺术呈现百花齐放态势，真、行、草、篆、隶等各种书体大放异彩，张旭、怀素、颜真卿、柳公权、李阳冰等人的书法艺术，都对后世影响深远。

柳公权是楷书书体的总结者和创新者，他的书法，在当时就名气很大。公卿大臣为先人立碑，如果得不到柳公权亲笔所书的碑文，会被别人斥责为不孝。柳公权的声誉还远播海外，外夷到唐朝来，都专门备好钱财，购买柳公权的书法。柳公权创造的"柳体"，至今仍在广泛流传，成为后世百代之楷模。

865年，一代书法大家柳公权辞世，高寿八十七岁。

柳公权兼有朝廷重臣和书法家双重身份，后者的成就和影响力，远超过前者。

唐懿宗昏庸骄奢

唐宣宗死后，长子李漼继位，是为唐懿宗。唐懿宗与他父亲正好相反，相貌雄壮威武，显得精明强干，不同于常人，实际上是个绣花枕头。唐懿宗当皇帝十四年，既昏庸无能，又骄奢淫逸，不仅败坏了"大中之治"的成果，而且把大唐王朝推向崩溃的边缘。

两唐书记载，李漼生于833年，是唐宣宗的长子，其母晁氏，是唐宣宗的妃子。唐朝中后期有个奇怪现象，从唐宪宗开始，穆宗、敬宗、文宗、武宗、宣宗等帝，都不立皇后。这样，后宫嫔妃们的地位大体相同，难分上下。

史书没有记载李漼年轻时的表现，只是说他长得相貌堂堂，一表人才，与众不同。不过，父亲唐宣宗并不喜欢他，而是宠爱四子李滋。李滋比李漼小十一岁。唐宣宗有意立李滋为太子，但李漼是长子，李滋年龄尚小，所以迟迟没有确定下来。

859年，唐宣宗病重，他还是想让李滋继位。当时，李滋十五岁，李漼二十六岁。不知道唐宣宗是怎么想的，他生前并没有册立李滋为太子，而是在临终时，把李滋托付给王归长、马公儒、王居方三个大臣，让他们扶立李滋登基。交代完以后，唐宣宗似乎完成了任务，闭眼归天了。

王归长、马公儒、王居方三人接受了遗命，却感到很为难。当时，王归长、马公儒任内枢密使，王居方任宣徽南院使，他们虽然属于朝廷高官，但并无实力，更无兵权，而掌管禁军的宦官王宗实，却倾向长子李漼当皇帝。王归长三人经过商议，决定暂时隐瞒唐宣宗死讯，赶紧伪造诏令，调王宗实去淮南监军，想要搬掉这个绊脚石。

王宗实接到皇帝诏令，想要动身去淮南。他的副职亓元实提醒他说："皇上已病多时，诏令不知是真是假，最好先面见皇上。"王宗实觉得有道理，立刻进宫。王归长等人阻拦，王宗实起了疑心，硬闯进去，发现皇帝已死多时了。

王宗实大怒，派兵把王归长三人抓起来，然后把李漼接进宫。王宗实如法炮制，伪造皇帝遗诏，拥立李漼当了皇帝，是为唐懿宗。此时，王归长等人即便浑身是嘴，也说不清楚了。王宗实以伪造诏令、图谋叛乱的罪名，将他们处死。不久，李滋也不明不白地死了。唐宣宗聪明一世，临终办了一件糊涂事。

唐懿宗称帝时，正值年富力强，本应该有所作为，可他胸无大志，又无才能，根本不关心国家大事，只知道吃喝玩乐，纵情享受。唐懿宗不喜欢上朝理政，他最感兴趣的三件事，一是宴会，二是乐舞，三是游玩。

唐懿宗喜欢举办宴会。宫中每天一小宴、三日一大宴，每个月都要大摆宴席十几次。每次大宴，都要把皇亲国戚、朝廷百官请来，大吃大喝，猜拳行令，好不热闹。唐懿宗一边吃着山珍海味，喝着美酒佳酿，一边听着阿谀之臣歌功颂德，感到十分满足，觉得这才是皇帝应该过的日子。

唐懿宗喜欢观舞听乐。宫中养了优伶乐工五百多人，置办了大量乐器。宫中除了举办宴会，就是举行歌舞表演，皇宫之中，整日回荡着悠扬的旋律，一幅歌舞升平的景象。唐懿宗眯着眼睛，观看着翩翩舞姿，耳听着优美的乐曲，感觉浑身上下每个毛孔，都浸透着欢乐。

唐懿宗喜欢游山玩水。他在宫中待腻了，就四处游玩，而且飘忽不定，只要心血来潮，想去哪就去哪，搞得负责安全和接待的官员手忙脚乱，苦不堪言。唐懿宗每次出行，都带领大批人员，有时多达十余万人。优伶乐工自然必不可少，唐懿宗一天不听音乐，就浑身难受。出行队伍规模宏大，浩浩荡荡，唐懿宗觉得，这才能显示天子气派。

唐懿宗还喜欢奢侈豪华。他在任期间，搞了一次大规模的迎奉佛骨活动。从京师到法门寺，禁军和仪仗绵延数十里，场面之壮观，超过了祭天大典。京城中披红挂绿，张灯结彩，搭台唱戏，热闹非凡，比起唐宪宗的迎佛骨活动，可是豪华气派多了。

唐懿宗自己不爱理政，如果能选用贤良之人处理朝政，也能支撑局面。可是，唐懿宗昏庸无能，既不识人，更不会用人，那就糟糕透了。唐懿宗在任期间，总共任用了二十一位宰相。这些人，大多数碌碌无为，尸位素餐。有的爱财如命，甚至贪污受贿，行不法之事。贤能之臣没有几个，而且不能发挥作用。由于用人不当，朝纲混乱，致使朝廷腐败现象严重，加重了唐朝的统治危机。

唐懿宗昏庸无能，骄奢淫逸，很快葬送了"大中之治"的成果，造成中央集权削弱，朝廷威望丧失，藩镇势力又起，经济衰退，社会动荡，许多地方民不聊生。在唐懿宗统治后期，浙东、安南、徐州、四川等地，相继发生动乱和农民起义，大唐王朝已经到了崩溃的边缘。

873 年，唐懿宗病逝，终年四十岁。其子李儇继承皇位，是为唐僖宗。

唐僖宗也是一个昏庸之君，大唐王朝在他父子俩接力败坏下，终于分崩离析了。

唐僖宗败坏江山

唐懿宗当了十四年皇帝，已经把大唐江山败坏得差不多了。他的儿子唐僖宗李儇，又继续败坏江山，其骄奢游乐程度，比其父有过之而无不及。民众不堪重负，终于爆发了大规模的黄巢起义，大唐王朝开始崩溃。

两唐书记载，李儇生于 862 年，是唐懿宗第五子，其母姓王，是唐懿宗的妃子。李儇继位时，只有十一岁。事情有点奇怪，李儇前头四个哥哥没有接班，他年龄幼小，却坐上了皇帝宝座，而且那四个哥哥，不久全都死了。大概又是宦官搞的鬼。

《旧唐书》记载说，873 年七月十八日，唐懿宗在病危弥留之际，下了一道遗诏，说："朕即位以来，以宗庙神器和人民为上，小心谨慎，如履薄冰，夜以继日地操劳国事，以至于身染重病，需要确定皇位继承人。朕的第五子李儇，孝顺庄重，温良谦恭，宽容和蔼，博爱仁厚，因而立为皇太子，处理军国政务。希望众卿尽忠辅佐。"遗诏发布当天，唐懿宗就死了。不知道这遗诏是真是假？

《新唐书》没提遗诏之事，而是说在唐懿宗病危时，神策军统领刘行深、韩文约立李儇为皇太子，拥立他登上帝位。

《新唐书》还大发感慨说，自穆宗之后，有八代皇帝，其中七人是被宦官立的。朝廷是天下的根基，皇帝是朝廷的根基，登基就位是皇帝的根基，而根基从一开始就不正，想要正天下，可能吗？

唐僖宗年轻，宦官刘行深、韩文约控制着朝廷，两人一起被封为国公。宦官专权，一般不会考虑国家大事，一心只为宦官集团谋利益。他们结党营私，扩大势力，排斥异己，朝廷更加混乱不堪。

唐僖宗是被宦官田令孜服侍长大的，两人日夜在一起，睡觉也同居一室。唐僖宗对田令孜很依赖，称他为阿父，即养父的意思。唐僖宗称帝以后，自然要大力提拔田令孜。

田令孜读过很多书，颇有学问，头脑灵活，也有智谋。在刘行深、韩文约之后，田令孜当了神策军统领，控制了朝廷。田令孜很有权势，许多事情不用报告皇帝，他自己就可以发号施令。官员想提升，都必须给他送礼。田令孜有个哥哥，是在街上卖烧饼的，竟然被提拔为大将军。朝廷和地方官员，多数是田令孜提拔安插的。这些人无才无德，只会鱼肉百姓，民众苦不堪言。

唐僖宗生于深宫，自幼跟随宦官长大，宦官没有教他别的，只教会了他娱乐玩耍。唐僖宗继承了父亲不爱理政、喜欢游乐的作风，甚至青出于蓝而胜于蓝。他对斗鸡、赌鹅、骑射、剑槊、音乐、围棋等，都兴趣浓厚，无不精通，但对治国理政，既无兴趣，也没有能力。朝廷大小事务，都由田令孜决断。

唐僖宗最喜欢打马球，几乎天天打，乐此不疲，因而马球技术十分精湛，没有人能胜过他。有一天，唐僖宗对一个叫石野猪的人说："科举考试应该增加打马球的项目，如果有这一项，朕一定能中个状元。"

石野猪哭笑不得，嘲笑他说："那要看是谁当主考官，如果是尧舜主考，陛下不仅不能考中，反而会受到责罚。"

唐僖宗对马球十分迷恋，他虽然没有把马球列入科举项目，但却别出心裁地用来选拔官员。有一次，西川、东川、山南西道三个地方节度使空缺，吏部推荐了一些人，由皇帝选定。唐僖宗把他们召集起来，进行马球比赛，赢者去当节度使，这就是历史上臭名昭著的"击球赌三川"。

在唐僖宗的父亲唐懿宗时期，唐朝已经危机四伏。翰林学士刘允章，曾经上奏《直谏书》，提出了"九破论"，说唐王朝的十分天下，已经破了九分，形容局势十分危急。唐僖宗即位后，不仅没有革新弊政，弥补过失，反而变本加厉，更加昏庸。这样，唐王朝的十分天下，就全都破了。

那时候，灾祸频发，涝灾、旱灾、蝗灾、地震接连不断。朝廷黑暗腐败，不知体恤救济百姓；地方官吏如狼似虎，迫害压榨民众。百姓们衣不蔽体，食不果腹，饥寒交迫，流离失所，已经活不下去了，不得已铤而走险，聚众造反。

875 年，山东菏泽人王仙芝，聚集数千农民起义，自称天补平均大将军，发布文告，揭露朝廷罪恶，号召人们起来造反，天下纷纷响应。菏泽人黄巢，参加了王仙芝的起义军。

起义军声势浩大，攻城略地。唐僖宗慌了手脚，急忙派兵围剿。面对强敌，王仙芝避实就虚，进入河南，十天连破八县。唐僖宗害怕起义军进入关中，调集重兵，在潼关至洛阳一带形成防线。王仙芝掉头南下，转战于湖北、安徽，队伍发展到三十多万人。

878 年，王仙芝在战斗中牺牲，众将推举黄巢为黄王。黄巢有勇有谋，号称冲天大将军，势力得到进一步发展。黄巢率军南征北战，所向披靡，摧毁了唐朝的统治基础，给唐王朝以沉重打击。

880 年，黄巢率兵西进，一举攻占洛阳。大军继续西进，攻破潼关天险，兵锋直指长安。唐僖宗吓破了胆，一溜烟逃到了四川。黄巢顺利占领长安城，建立政权，国号大齐。唐僖宗龟缩在四川，避难长达四年之久。

883 年，黄巢在各路官军围攻下，被迫退出长安，流动作战。不久，黄巢兵败身死。黄巢起义虽然失败了，但动摇了唐王朝的根基，加速了唐朝崩溃。在镇压黄巢起义过程中，各地节度使趁机扩大势力，形成了藩镇割据局面，唐王朝即将分崩离析。

885 年三月，唐僖宗回到长安。但只过了十个月，各节度使之间展开混战，兵逼长安，唐僖宗只好再次逃亡，跑到凤翔避难。

唐僖宗在外又颠沛流离了几年，终于在 888 年二月重回长安。由于战乱和逃亡的折腾，唐僖宗身心饱受摧残，身体被搞垮了。他回到长安一个月后，一病不起，撒手人寰，时年二十六岁。

黄巢起义唐朝崩溃

在中国历史上，每当朝廷腐败、政治黑暗、经济衰退、民不聊生的时候，就容易发生农民起义，实际上是官逼民反。

唐朝自 618 年建立以来，到唐懿宗、唐僖宗父子时期，历经二百五十年左右时间，已经日渐衰落，进入末期。唐懿宗父子昏庸奢侈，败坏江山，导致社会矛盾尖锐，贫富悬殊严重，人民难以生存，不得已铤而走险，奋起反抗，各地爆发了许多农民起义。

在各地民变中，王仙芝、黄巢起义规模最大，持续时间最长，影响最深远。黄巢起义摧毁了唐朝的统治基础，加速了唐王朝的崩溃，显示出人民推动历史前进的巨大力量。

《旧唐书》和《新唐书》都撰写了《黄巢传》，记述了黄巢起义这一重大历史事件。不过，由于历史局限性，作者是把黄巢作为"反贼"来写的，不少地方进行了歪曲和抹黑。

两唐书记载，黄巢，生于 820 年，是曹州冤句（今山东菏泽西南一带）人，世代以贩卖私盐为业。那个时候，盐被官府垄断着，贩卖私盐属于违法行为，十分危险。因经常要与官府对抗，黄巢从小练就了一身好武艺，剑术、骑术、箭术都很精湛。

黄巢胸有大志，他知道贩卖私盐是没有前途的，于是刻苦学习文史，打算走科举这条路子，出人头地。可是，朝廷已经腐败，考场充满黑暗，黄巢几次参加考试，均名落孙山。

黄巢心中愤懑，在一次考试落榜之后，愤而写下了著名的《不第后赋菊》一诗。诗曰："待到秋来九月八，我花开后百花杀。冲天香阵透长安，满城尽带黄金甲。"该诗借咏菊以抒抱负，气魄恢宏，塑造了一位身披甲胄、手擎长剑、气冲霄汉的英雄形象。

黄巢的这首诗，收录在《全唐诗》中。黄巢有三首诗流传后世，还有一首叫《题菊花》，写得也很精彩。诗曰："飒飒西风满院栽，蕊寒香冷蝶难来。他年我若为青帝，报与桃花一处开。"

黄巢的诗，无论是意境、形象、语言、手法，都使人耳目一新，尤其是豪气冲天，令人过目不忘。从他的诗作来看，黄巢是颇有文才的。如果他生活在唐太宗或唐玄宗时代，完全可能成为另一类人，可惜，黄巢生活在腐朽的晚唐时期，他只能当"反贼"了。

875 年，各地发生灾害，山东、河南尤为严重，粮食歉收，饿死了不少人。地方官吏不上报灾情，朝廷更是不管不问，百姓饥寒交迫，流离失所，饿殍遍地，不少人相聚为盗。《旧唐书》记载："仍岁凶荒，人饥为盗。"同时还记载说，当时社会动荡不安，到处流传民谣："金色蛤蟆争努眼，翻却曹州天下反。"

在这种形势下，同是私盐贩子的王仙芝，在长垣聚众造反了。起义军攻陷曹州、濮州、郓州等地，声势大振。黄巢深受鼓舞，与儿子、侄子以及外甥林言等人，聚集了数千人，响应王仙芝起义。黄巢起兵造反的时候，已经五十六岁了。不久，黄巢与王仙芝合兵一处，共同抗击官军。黄巢有勇有谋，体恤士兵，作战身先士卒，在起义军中威望很高。

878 年，王仙芝战死，众将推举黄巢为黄王，号称冲天大将军。黄巢胸有谋略，文武兼备，他成为领袖之后，起义军发展很快，达到数十万人。但是，黄巢毕竟出身社会底层，缺乏战略眼光，没有建立可靠的根据地，而是率军四处流动作战，被称为"流寇"。

黄巢势力大增，起初在黄河领域作战，企图占领中原，攻击关中。唐朝紧急调兵遣将，重兵防守。黄巢见南方空虚，率军挺进长江流域，在浙东、婺州、衢州、江西一带作战，多次打败官军。

878 年底，黄巢率军通过七百里山路，突然兵临福州（今属福建）城下。守城官员畏惧，弃城逃命，起义军顺利进入福州。黄巢入城后，下了一道军令，不准杀害儒者。因此，起义军在城中杀官吏、烧官府，但不危害百姓，特别对读书人十分优待。

879 年，黄巢率大军翻越五岭，攻陷桂管，兵围广州。起义军把广州城围得水泄不通，但没有急于攻城。黄巢设了一个计谋，他向朝廷写了一封信，表示愿意归顺，条件是让他当广州节度使。黄巢是想把广州作为他的地盘，扩充实力，然后再图天下。

朝廷看穿了黄巢的意图，没有同意，只答应授予他一个名高但无实权的官职。黄巢大怒，撕碎诏书，下令攻城。只用一天时间，起义军就攻破城池，活捉守城将领李超。黄巢打算把广州作为根据地，设置官吏，休整军队。可见，黄巢并不是不想建立根据地，只是没有选中地方而已。

黄巢的起义军将士，大多数是北方人，不服南方水土，不久疫病流行，死者十之三四。黄巢无奈，只得率军返回北方，先后转战湖南、湖北、浙江、安徽、江西等十二个省，往返一万五千余里。起义军所到之处，杀掉官吏，摧毁地方政权，沉重打击了唐王朝的统治基础。

880 年十一月，黄巢率六十万大军抵达洛阳。洛阳留守刘允章投降，迎接起义军入城。起义军纪律严明，秋毫无犯，街市晏然，百姓称颂。

黄巢占领洛阳后，随即向西进兵，一举攻克潼关天险，兵锋直指长安。唐僖宗惊慌失措，弃城逃入四川避难。起义军兵不血刃，进入长安城，立即发布安民告示，说："黄王起兵，本为百姓，百姓可安居无恐。"黄巢乘坐金色肩舆，身穿锦袍，在甲胄兵士簇拥下，威风凛凛地进入长安城。城中百姓夹道欢迎。起义军沿途向贫穷者施舍钱物。

880 年十二月十二日，黄巢在长安登基称帝，国号大齐。此时，黄巢六十岁。黄巢封其妻为皇后，设置百官。参加黄巢起义有功的朱温，被封为卫大将军；著名诗人皮日休，被拜为翰林学士。

唐僖宗逃得仓促，文武百官多数没有随行。黄巢下令，四品以下的一律官复原职，三品以上的全部杀掉。黄巢对百姓和低级官吏采取保护政策，而对唐室宗亲、公卿士族和朝廷高官，却进行镇压，使得这些人铁了心与黄巢作对。另外，黄巢对握有兵权的各地节度使，没有采取分化瓦解策略，致使节度使们联合起来，共同对付起义军。

唐僖宗在四川下发诏令，令镇东、太原、代州、凤翔等地节度使，带兵围攻长安。朝廷还起用了沙陀人李克用，用来对付起义军。沙陀兵凶猛，成为起义军的劲敌。黄巢派出大将朱温、孟楷等人，与唐军对抗。两军在关中混战两年，互有胜负。

882 年，手握重兵的朱温被唐朝收买，率部变节投敌。朱温为了高官厚禄，泯灭良心，像疯狗一样，回过头来，撕咬曾经患难与共的起义军兄弟。朱温凶狠狡诈，又熟悉起义军情况，成为起义军大敌。在朱温、李克用两大劲敌的夹攻下，起义军屡次失败，损失惨重。此时，长安城中粮食已经用完，难以坚守。

883 年，黄巢不得已撤离长安，向东而去。此时，起义军尚有十五万兵马，仍然有相当强的战斗力。在东返途中，起义军攻占蔡州，蔡州节度使秦宗权战败投降。黄巢接着下令攻打陈州，却不料形成了耗时费力的攻坚战，铸成大错。

陈州刺史赵犨，深通谋略，他料定黄巢不能在长安持久，必然东返，而陈州则首当其冲。因此，他早早就做好了准备，招兵买马，储备粮草兵器，加固城防，并且把方圆六十里之内的百姓强行迁到城中，以壮大力量。

起义军将领孟楷奉命攻打陈州，不料碰壁，孟楷阵亡了。孟楷是黄巢的爱将，身经百战，屡立战功。黄巢异常悲愤，亲自领兵攻城，发誓要为孟楷报仇。结果陈州就像铜墙铁壁一般，起义军围城近三百天，大小战斗数百次，却始终不能攻克。

黄巢围攻陈州，是一大失误，甚至是犯了关键性错误。这个时候，朝廷权威已经丧失，各节度使心怀鬼胎，如果黄巢迅速东返或南下，脱离唐军重兵把守的中原地区，各节度使可能不会全力追击，黄巢是有机会获得喘息，以图东山再起的。而攻打陈州，并无战略意义，而且旷日持久，损兵折将，形成胶着状态，十分不利。

更为不利的是，起义军已经断粮。《旧唐书》记载，为了让将士充饥，黄巢下令吃人，抓来百姓、俘虏，不分男女老幼，悉数吃掉。所以，有人称黄巢为食人恶魔。

不过，许多学者认为，这是对黄巢的丑化和诬蔑。两唐书在许多地方记载，起义军纪律严明，并不扰民，怎么会吃人呢？岂不自相矛盾？

黄巢久攻陈州，遇到的最大危险，是朱温、李克用已经率军围了上来，企图一举消灭起义军。直到这时，黄巢才不得已撤军，但为时已晚。起义军屡战屡败，死伤惨重。有些将领见大势已去，纷纷投降了朱温。黄巢只得带领残兵败将向东逃窜。

884 年六月，黄巢逃到泰山狼虎谷时，身边剩下不到千人。黄巢自知已无生路，对外甥林言说："你把我的头砍下来，献给朝廷，应该能保住你的性命。"林言大哭不肯。黄巢拔出剑来，自刎而死，终年六十四岁。这是《新唐书》记载的。

《旧唐书》记载说，林言见走投无路，砍下黄巢、黄邺等七个人的脑袋，连同他们的妻子儿女，都献给了朝廷。

也有史籍说，黄巢并没有死，他兵败后逃脱，出家当了和尚，法号翠微禅师。

《全唐诗》收录了黄巢三首诗，其中一首叫《自题像》。诗曰："记得当年草上飞，铁衣著尽著僧衣。天津桥上无人识，独倚栏干看落晖。"如果此诗真是黄巢所写，倒能证明他确实没死。不过，许多学者认为，这诗应该不是黄巢写的。

轰轰烈烈的黄巢起义虽然失败了，但它敲响了唐王朝灭亡的丧钟。黄巢起义之后，朝廷已经无法统治天下，形成了藩镇割据、天下大乱的局面。大唐王朝名存实亡了。

藩镇割据天下大乱

在镇压黄巢起义过程中，各地节度使纷纷趁机扩充实力，招兵买马，力量更加强大。黄巢起义之后，各节度使再也不听昏庸皇帝的号令了，而是各自为政，称霸一方，相互攻打，抢占地盘，导致藩镇割据，天下大乱。

节度使，是一个官职名称，出现甚早，在东汉时期就有。因官员受职时，朝廷赐以旌节，可以凭此节调度事务，故称节度使。唐朝加重了节度使的职权，使之成为地方上的最高军政长官。

唐玄宗李隆基时期，设置了北庭、陇右、岭南、河西、河东、范阳等十个节度使，号称十镇。一开始，节度使的主要任务是统领军队，抵御外族入侵。但抵御外侵，离不开动员民众、后勤保障等行政工作，因而节度使的职权越来越大，最终成为地方上的最高长官，拥有军事权、行政权、财权等一切权力。

节度使权力过大，容易滋生骄横，拥兵自重，对抗朝廷。755年，就爆发了"安史之乱"。为了平息叛乱，朝廷在重要的州都设立了节度使，军镇制度扩展到全国，而且势力逐渐增强。

凡是有作为的强势皇帝，都想削减节度使的权力。唐宪宗、唐武宗、唐宣宗都曾经对藩镇势力进行压制，取得明显成效。各节度使虽然仍有不小的权势，但表面上要听从中央号令，不敢搞割据分裂活动。

黄巢起义，全国震荡，皇帝逃到四川，失去了对天下的有效统治，这给了各地节度使一个难得的发展机会，他们抓紧扩大势力，抢占地盘。实力增强之后，他们就藐视中央，开始搞割据了。

黄巢起义被镇压之后，全国出现大大小小的割据势力不计其数，比较大的有五十多个。他们称霸一方，不听中央号令，而且为了扩充实力，相互攻打，弱肉强食，大唐王朝陷入混战之中。这有点像东汉末年军阀混战的景象。

885年，邠宁节度使朱玫和凤翔节度使李昌符联合起来，向河中节度使王重荣开战。王重荣不敌，向李克用求救，两人联手，与朱玫、李昌符在长安附近大战，打得天昏地暗，危及京城。唐僖宗刚从四川回来不久，吓得又逃到凤翔避难去了。

乱兵果然进了长安。黄巢进长安时，社会稳定，秩序良好，可是，这些官军入城以后，却烧杀抢掠，无恶不作，连宫室坊里都被纵火烧毁。唐僖宗如果不是跑得快，有可能会死在自己兵的手里。最后，朱玫、李昌符兵败被杀。

在割据藩将中，最骁勇善战的，要算李克用了。李克用是沙陀族，因从小一目失明，号称独眼龙。李克用擅长骑射，武艺高强，十三岁时，曾经一箭射落两只野雁，声名大振。李克用从十五岁开始，随父出征，在战场上冲锋陷阵，没有遇到敌手，被誉为"飞虎子"。

李克用对唐朝皇帝本来不感兴趣，他带领沙陀部，杀了唐朝官员段文楚，占据云州。朝廷派兵讨伐，李克用逃到鞑靼。黄巢攻占长安后，唐僖宗在大臣建议下，重金收买李克用，任命他为代州刺史，让他对付黄巢。沙陀兵果然凶猛善战，在镇压黄巢起义中立了大功。

黄巢起义被剿灭以后，李克用因功升为河东节度使。可是，李克用依然不忠于唐朝，而是一心发展自己的势力。李克用派兵攻占昭义，又夺取泽、潞二州，占据山西一带，成为最有实力的藩镇之一。

在藩镇割据中，实力最强、野心最大的，要数朱温了。朱温是安徽砀山人，起初参加黄巢起义，得到黄巢信任。朱温见利忘义，叛主求荣，回过头来镇压起义军。唐僖宗给他改名叫朱全忠，任命他为宣武军节度使，兼左金吾卫大将军，给予他高官厚禄。

然而，朱温并不全心全意忠于朝廷，而是全心全意地谋取个人私利。朱温以河南为中心，攻占了蔡州、河中、淄青等地区，成为中原最大的割据势力。实力增强之后，朱温就开始觊觎皇帝宝座了。

在大唐王朝即将分崩离析的时刻，888 年，唐僖宗李儇病死，时年二十六岁。唐僖宗的同母弟弟李晔继承了皇位，是为唐昭宗。

面对山河破碎、天下大乱的局面，唐昭宗该怎么办呢？

唐昭宗贤能却无力回天

　　唐僖宗死后，他二十一岁的弟弟李晔继位，是为唐昭宗。唐昭宗倒是一位贤能的皇帝，他神气雄俊，喜好儒学，尊礼朝臣，励精图治，企图革除弊病，希望能够修复破碎的江山。可是，唐朝大厦已经倾斜，唐昭宗不仅无力回天，甚至连自己的性命也保不住了。

　　两唐书记载，李晔生于867年，是唐懿宗第七子、唐僖宗的同母弟弟。李晔自幼聪慧，喜欢读书，颇知礼节，与兄长唐僖宗关系很好。唐僖宗逃亡在外时，李晔跟随，不离左右。

　　888年，唐僖宗再次逃亡回到长安，不久患病，眼看不治。当时唐僖宗儿子幼小，众臣都认为，在唐僖宗现存的弟弟中，排行第六的李保年长，按顺序应该由他继位。但神策军统领、宦官杨复恭，极力主张由排行第七的李晔接任皇帝。直到唐僖宗病危的那天傍晚，继承人还没有定下来，众臣都焦虑不安。

　　过了一会儿，杨复恭出来，宣布皇帝驾崩，留下遗诏由李晔继位。李晔随即在灵柩前即皇帝位，被称为唐昭宗。

　　唐昭宗即位时，朝廷依旧面临两大严峻问题：一是宦官专权；二是藩镇割据。这两大问题，是唐朝后期的顽疾，导致皇权衰弱，朝纲混乱，危及江山社稷。唐昭宗年轻气盛，血气方刚，决心革除这两大弊病，复兴大唐。

　　当时，最有权势的宦官是杨复恭。杨复恭从小入宫，粗通文墨，唐懿宗、唐僖宗都很宠信他，经常让他出监各镇军队。在田令孜之后，杨复恭担任禁军统领，把持了朝廷。杨复恭结党营私，大力培植个人势力，收了众多干儿子，有些干儿子当了节度使。杨复恭自恃拥立唐昭宗有功，专权跋扈，为所欲为，连皇帝的舅舅都敢杀害。

唐昭宗决心铲除宦官势力，他对杨复恭的干儿子们进行分化瓦解，同时收集杨复恭罪状。等到时机成熟，唐昭宗宣布将杨复恭免官逮捕。杨复恭率兵抗拒，又令亲信杨守信带兵入城相助，双方在城内进行大战。唐昭宗身披甲胄，亲自上阵督战。禁军将士见了，不知所措。宰相刘崇望大喊："你们都是皇上的卫士，应该跟随皇上，杀敌立功。"

皇帝毕竟还是有权威的，禁军将士都表示愿意听从皇帝命令。杨复恭见禁军倒向了皇帝，自料难以对抗，带少数亲信逃出城去，借助几个节度使的力量，继续与朝廷对抗。经过一年多的战斗，杨复恭兵败被杀。唐昭宗趁热打铁，铲除了杨复恭在朝中的势力，宦官专权的日子结束了。

宦官专权，实质上是反映了皇帝软弱无能；皇帝强势有为，宦官势力是不难被消灭的。可是，藩镇割据问题，就没有那么简单了。

唐昭宗知道，皇室微弱的主要原因，是朝廷没有一支强大的武装力量，所以藩镇才拥兵自重，目无天子。唐昭宗夺回了禁军的领导权，便招兵买马，扩大军队，使禁军达到十万之众。禁军人数是不少了，可武器装备、兵员训练等问题，不是短时间就能解决的。

在割据藩镇中，唐昭宗最没好感的，是占据山西的李克用。因为李克用是沙陀族，历来对唐室不忠，他在镇压黄巢起义中崛起，日后恐为朝廷大患，特别是李克用兵多将广，势力庞大，唐昭宗十分担心。

朱温也把李克用当作自己的主要竞争对手，他心生一计，联合几个节度使，给朝廷写了奏章，说李克用是夷族，怀有二心，终为国患，他们愿意出兵，帮助朝廷灭掉李克用。

唐昭宗接到奏章之后，喜出望外，他认为朝廷有十万大军，再加上朱温等几个节度使的兵力，消灭李克用不成问题。灭掉李克用，其他藩镇就容易对付了。

唐昭宗下发诏令，命宰相张浚统领中央禁军，令朱温、李匡威、赫连铎等节度使率本部兵马，联合攻打李克用。唐昭宗在宫中满心喜悦，静等捷报。

然而，没有想到的是，朱温等几个节度使，为了保存实力，只是象征性地出了一点兵；中央禁军未经训练，属于乌合之众，宰相张浚是文官，不会打仗，结果一败涂地，几乎全军覆灭。唐昭宗接到噩耗，心疼得吐了血。

唐昭宗苦心拼凑的十万禁军，瞬间化为乌有，他再也没有力量控制藩镇了。同时，朝廷威望损失殆尽，各节度使也不拿皇帝当主子了。各藩镇展开混战，相互攻打，甚至攻入长安，唐室十一个王被杀。唐昭宗逃到华州，被华州刺史韩建软禁了三年。

898 年，朱温势力大增，占据洛阳，控制中原，大有统一全国之势。朱温扬言要把唐昭宗接到洛阳去。李克用、韩建与陇右节度使李茂贞结成联盟，对抗朱温。他们认为，宁可让唐昭宗回到长安，也不能让他落到朱温手里。

此时的唐昭宗，已经形同囚徒，任人摆布。由于他诛灭了宦官势力，宦官们对他恨之入骨。唐昭宗回到长安宫中，宦官们见他已成孤家寡人，将他锁到一个小黑屋里，熔铁浇在锁上，只在墙角挖一小洞，饮食从小洞送入，如同喂狗一般。

朱温率兵攻打长安。李茂贞挟持唐昭宗逃到凤翔。朱温紧追不舍，将凤翔包围起来，一直围了一年多。城中粮尽，每天饿死一千多人，出现人吃人现象。街市上公开出售人肉，每斤一百钱，狗肉则需五百钱，不少人争相抢购人肉。唐昭宗也没有吃的，李茂贞给他弄了个小磨，每天自己磨豆麦喝粥，饿得他头昏眼花，浑身没有一点力气。

李茂贞实在不能坚持了，与朱温讲和，把唐昭宗交给了他。朱温带着唐昭宗，撤兵东返。朱温路过长安时，把宫中剩下的几百个宦官全部杀光，然后，把唐昭宗带到洛阳，并宣布迁都洛阳。

唐昭宗为了感激朱温的救命之恩，加封他为梁王，并赐给他"回天再造竭忠守正功臣"的荣誉称号。可是，朱温此时看中的是帝位，已经不稀罕这些了。唐昭宗落在朱温手里，再也无法施展抱负了。

904 年，朱温见唐昭宗为人精明，年富力强，恐为后患，便把他杀了，另立了一个十三岁的小皇帝。唐昭宗死时三十七岁。

可叹唐昭宗，空有满腔抱负，又有才能，却因唐朝大厦已倾，无力回天，死于非命，令人悲哀！

朱温灭唐开启五代

朱温杀了唐昭宗之后，立了一个小皇帝，完全控制了朝廷。不久，朱温夺取大唐江山，建立梁国。历时近三百年的大唐王朝就此灭亡，历史进入五代时期。

两唐书记载，朱温挟持皇帝迁都洛阳以后，李克用、李茂贞等节度使以此为借口，组成联盟，讨伐朱温，倡议天下共伐之，局势一片混乱。

朱温打算灭掉各藩镇，准备率军出征。可他担心自己领兵走后，颇有能力的唐昭宗会趁机有所动作，于是起了杀心，将年富力强的唐昭宗杀害。

唐昭宗有十七个儿子，其中前八个已长大成人，朱温觉得不好控制，便选了第九子李柷当皇帝。李柷只有十三岁，明摆着是个傀儡。

朱温心狠手辣，他怕皇子和众臣不服，便展开大规模屠杀。朱温命亲信蒋玄晖，把唐昭宗年龄较大的九个儿子召集起来，在九曲池喝酒。九个皇子喝醉后，蒋玄晖将他们全部勒死，把尸体抛到九曲池中。

朱温认为，朝臣中还有不少人忠于唐室，是他日后篡位的障碍，计划全部铲除。朱温的得力谋士李振，原本是学子，因屡试进士不中，怨恨朝廷，也痛恨朝廷官员，极力主张把他们全部杀掉。于是，便发生了历史上著名的"白马驿之祸"。

905 年，朱温下令，将朝中大臣裴枢、崔远、陆康、王溥等三十多人，绑赴滑州白马驿，在黄河边上全部斩首。李振望着这些尸首，意犹未尽，对朱温说："这些家伙们，常夸自己清流，应当把他们扔进黄河，让他们变成浊流。"朱温大笑，遂命人抛尸于黄河。

朱温通过残暴的屠杀手段，巩固了后方，便开始对外用兵。朱温先是渡过淮河，攻打淮南。淮南节度使杨行密奋力抵抗，击退朱温。后来，朱温攻取唐、邓、复、郢、随、均、房等七州，又攻占广陵，占有了荆襄之地。

李克用、李茂贞等几个节度使，写了讨伐朱温的檄文，声称要兴师问罪，但只是说说而已，大家各怀鬼胎，联合出兵的事情没有下文。各藩镇见唐朝已经名存实亡，纷纷称帝称王，谁也不关心唐朝皇帝的事了。李茂贞称为岐王，割据自立，设置百官，后来归顺了后唐。

李克用也专心发展自己的势力，他与契丹首领结为兄弟，相互为援，势力更加强大。李克用为扩大地盘，与燕王刘仁恭产生了矛盾。朱温最忌惮李克用，见刘仁恭与李克用闹翻，觉得有机可乘，便攻打刘仁恭的地盘沧州。朱温势大，眼看沧州就要沦陷，刘仁恭无奈，只好厚着脸皮，向李克用求救。

李克用不想答应，他的儿子李存勖说："现在天下形势，依附朱温的十有七八。黄河以北，朱温最忌惮的，就是我们和刘仁恭。如果朱温占据了沧州，势力增强，对我们不利。干大事者不能计较小节，还是帮助刘仁恭为好。"

李克用认为儿子说得有理，于是出兵支援刘仁恭。李克用果然厉害，大败朱温军队，解了沧州之围。刘仁恭感激不尽，与李克用重归于好。朱温一时不敢觊觎河北了。

朱温原打算统一天下之后，再篡唐称帝，但看目前的情况，统一天下遥遥无期，他已经五十六岁，不想再等了，便决定尽快改朝换代。

朱温急于称帝，但其心腹蒋玄晖、柳璨等人，都认为天下未平，不可太急，急于称帝，会成为众矢之的。朱温恼怒，找借口把蒋玄晖、柳璨杀掉，众人再也不敢进言了。

907年四月，朱温登基称帝，废除唐朝国号，改国号大梁，定都开封，史称后梁。唐朝末代皇帝李柷被毒杀，史称唐哀帝。

朱温降唐以后，唐僖宗赐名为朱全忠，希望他全心全意效忠于唐朝。朱温篡唐后，觉得朱全忠这个名字特别别扭，于是改名为朱晃。

历时二百八十九年的大唐王朝，终于落下帷幕，从此开启五代时期。

朱温建梁称帝时，并没有统一天下，各藩镇仍在混战。后来，在中原地区相继出现五个政权，即后梁、后唐、后晋、后汉、后周，史称五代。同时，在南方和一些边境地区，出现许多割据政权，史称十国。所以，这个时期，也叫五代十国时期。

五代历经五十三年，十国历经七十七年。这是中国历史上又一段分裂、割据和混乱时期，人民重新遭受战火蹂躏。

记述五代十国历史的正史，是《旧五代史》和《新五代史》。笔者将依据这两部正史的记载，继续撰写《新视角读五代史》，敬请广大读者给予指导帮助。